DE MEISJES VAN RAVENSBRÜCK

Anna Ellory

De meisjes van Ravensbrück

Vertaald door Els van Son

UITGEVERIJ LUITINGH-SIJTHOFF

Oorspronkelijke titel: *The Rabbit Girls*
Vertaling: Els van Son
Omslagontwerp: Studio Jan de Boer
Omslagbeeld: Arcangel Images SL
Opmaak binnenwerk: Crius Group, Hulshout

ISBN 978 90 245 8258 7
ISBN e-book: 978 90 245 8259 4
NUR 302

www.lsamsterdam.nl
www.boekenwereld.com

Uitgeverij Luitingh-Sijthoff vindt het belangrijk om op milieuvriendelijke en verantwoorde wijze met natuurlijke bronnen om te gaan. Bij de productie van dit boek is daarom gebruikgemaakt van papier waarvan het zeker is dat de productie niet tot bosvernietiging heeft geleid.

Opgedragen aan de vrouwen die de tijd vergat.

Draaiend in de steeds wijdere spiraal
Hoort daar de valk de valkenier niet meer;
Alles valt uit elkaar; de kern begeeft het;
Wanorde barst over de wereld los,
Een bloeddonkere stormvloed overspoelt
Alom de rituelen van de onschuld
De besten missen elk geloof,
de slechtsten zijn met hartstochtelijke kracht bezield.

W.B. Yeats, 'The Second Coming'
[vert. Paul Claes]

Proloog

Januari 1945

Het kan niet haastig. Ze zit voorovergebogen, al haar aandacht bij het uniform op haar schoot, terwijl ze met dikke, stijve vingers een klein stukje van de naad lospeutert. Heel, heel voorzichtig schuift ze het papiertje in de zak. Het moet helemaal platliggen, onzichtbaar verborgen tussen de stof. Dan duwt ze nog een papiertje in de opening en schuift dat zo ver door als ze kan, ze controleert de achterkant, de voorkant en de naad. Daarna nog een en dan, uiteindelijk, de laatste. De allerlaatste van de reeks. De tijd vliegt, glipt weg. Het einde nadert. Haar vingers proberen vliegensvlug de draad in de naald te krijgen, maar het oog is klein en het draadje dun. Het gegil en geroep komt donderend naderbij, steeds harder, steeds wanhopiger. Haar handen beven, haar kin, haar lippen en haar hart beven. Het is gelukt. Ze zitten erin. Verborgen. Veilig. Ze windt de draad behendig om haar vinger en duwt die in de opening. Dan haalt ze de naald een paar keer door de stof, ze sluit ze in. Nu valt er niets meer te doen, behalve...

1

MIRIAM

December 1989

De Muur tussen Oost en West is open. De deur tussen haar en de rest van de wereld is dicht. Op slot en gecheckt. Twee keer. Ze laat haar vinger langs de spleet tussen de deur en de deurpost glijden en voelt dat het zachte kleine veertje nog op z'n plek zit. Haar vinger volgt het ruwe oppervlak van het versleten hout naar de klink. Om het voor de derde keer te checken. Op slot.

Ze pakt de hoorn van de intercom en luistert.

Stilte.

Op de gang naar het appartement ligt dik tapijt.

Zonder een blik op hem te werpen, strijkt ze de fluwelen gordijnen glad. Dan schuift ze ze open en onthult een lavendelkleurige hemel. De regen van die nacht heeft de lucht schoongewassen. De keitjes van de Klausenerplatz glimmen nat. Ze is blij met het briesje.

'Het wordt een prachtige dag,' fluistert ze en ze wenst vanuit de grond van haar hart dat dat waar kan zijn.

Het gebouw aan de overkant torent in al zijn klassieke dominantie boven hen uit, een strenge façade, de ramen gesloten en afgeschermd door oude, krullerige hekwerken. Er sijpelt licht door de kieren in de sponningen. *Berlijn is Berlijn weer.* En Miriam is thuis.

Als het gezoem van de drukmatras vervaagd tot witte ruis,

keert ze zich af van het raam en kijkt naar de man op het bed. Hij ligt plat op zijn rug, de witte lakens ingestopt om zijn lichaam.

Ze wacht.

Dan maakt het circuit weer contact en begint ze opgelucht aan de dagelijkse routine.

'Heb je goed geslapen?' Ze kletst maar wat omdat ze bang is voor haar eigen gedachten als er een stilte valt.

Ze pakt de *B.Z.* van het nachtkastje en slaat die open. Het is de krant van 10 november; ze heeft geen nieuwe gekocht. Bij de geur van de woorden gaat er een scherpe steek van nostalgie door haar heen.

Ze leest de vetgedrukte kop: 'WE DANKEN GOD' en slaat de pagina om. Gezichten – glimlachend, schaterend, huilend, mensen die elkaar omhelzen, opgeheven bierflesjes en op de achtergrond: de Muur.

'Wat vind jij, pap? Denk je dat dit...' de krant ritselt in haar hand, '... Gods werk is?' Ze glimlacht omdat ze weet wat hij zou antwoorden. Of dat dénkt ze in elk geval te weten.

'Ze noemen ze "*wallpeckers*", de mensen die zich er met hamer en beitel een weg doorheen hakken. Wel een grappige variatie op "*woodpeckers*", hè? Menselijke spechten. Het zou ze tien jaar kosten om op die manier aan de andere kant te komen, maar kijk...' Ze keert de krant naar hem toe zodat hij, als hij zijn ogen opendoet, de zwart-witfoto kan zien van een klein jongetje met een nog veel kleiner hamertje. In gedachten hoort ze het tik-tik-tik van de wallpeckers, jong en oud. 'Je zou het moeten zien,' mompelt ze.

Geen reactie, niet eens een trilling van zijn oogleden.

Hij had het altijd druk gehad, nooit stilgezeten. Tot nu toe. Zijn verstand was nog altijd snel geweest, maar hij botste regelmatig tegen iets aan; zijn lichaam verraadde zijn leeftijd terwijl zijn geest sprankelde.

Miriam vouwt de krant op en legt die weer terug op het nachtkastje; een moment dat blijft hangen in de tijd. De wereld om haar heen draait verder; het nieuws is zo enorm dat het niet te bevatten is. De euforie, de vreugde... De Berlijnse Muur is gevallen, maar voor haar heeft het nieuws nauwelijks impact, de emotie is buiten haar bereik omdat ze verzorgt, verschoont en verpleegt.

Een routine waar een einde aan zal komen – binnenkort.

'Ik til je op.' Ze buigt over het bed en schuift haar beide armen onder zijn oksels, haar gezicht van het zijne afgedraaid. Door haar lichaamsgewicht te gebruiken kan ze hem een paar centimeter omhoogtrekken. Ze schudt de kussens op en laat hem er weer in terugzakken. Geleid door haar kleine handen zit hij nu iets meer overeind.

'Zo,' praat ze verder terwijl ze water uit een plastic kan in een mok giet. 'Kleine slokjes,' zegt ze. Ze houdt een schone handdoek onder zijn kin.

Volgens de verpleging maken de afgeschuinde rand en de twee oren aan de mok het drinken gemakkelijker, maar toch loopt het water langs zijn gesloten lippen en druppelt het in zijn baard. De artsen gebruiken termen als 'vochtbalans', 'uitdroging' en 'comfortabel'. Hun gezichten staan verveeld. Ongeïnteresseerd. Herhaling. Ze kijken, maar ze zien niet. Ze praten, maar ze horen niet. Hij moet zich comfortabel voelen, niet uitdrogen, alle in- en output moet gemeten worden. Maar desondanks had hij nog maar een paar dagen te leven, zeiden ze. Weken later ademt hij nog steeds, maar de prognose is hetzelfde: de dood. Proberen dat een 'comfortabele' ervaring te maken, voelt net zo onbeduidend als een pleister plakken.

'Nog een paar slokjes.'

Toen hij in het ziekenhuis lag, raadde de verpleging haar aan hem te scheren, maar dat voelde te intiem. Dus heeft hij een baard waarlangs het water op de handdoek druipt.

Miriam leegt de katheterzak in het niervormige bekken en draagt het de kamer uit, attent op de drempel tussen de slaap- en de badkamer. Ze gooit de vloeistof in de wc. Er stijgt een scherpe geur uit op, bijtend voor neus en maag. Ze probeert niet te kokhalzen. Als ze heeft doorgetrokken en het bekken in de afvalemmer ligt, gaat ze op de rand van het bad zitten wachten tot het water warm is. Het stroomt over haar vingers en ze weerstaat de aandrang om haar handen te wassen terwijl ze wacht.

Ze vult een kom en loopt ermee terug naar de slaapkamer, waar ze hem uitkleedt. Ze zegt niets terwijl ze bezig is. Geen woord.

Ze wast hem, droogt hem af met een zachte witte handdoek en smeert zalf op de doorligplekken. De lucht in de matras deint mee met het bewegen van zijn lichaam.

Ze pakt zijn linkerarm en duwt die door de mouw van een schoon pyjamajasje. Als ze zijn pols omdraait, ziet ze dat zijn horloge stilstaat. Ze tikt op het glas, maar het komt niet op gang. Zijn oude horloge, gouden wijzers en een gouden wijzerplaat met zwarte cijfers, de laatste in de loop van de tijd verbleekt tot haarfijne contouren.

Ze legt zijn pols met de binnenkant naar boven op het bed om de gesp te zoeken. De brede gouden band heeft geen zichtbare sluiting die ze open kan maken. Ze buigt er dichter naartoe en laat haar vinger langs de rand van het metaal glijden.

Haar aandacht is helemaal bij het horloge en ze merkt niet dat zijn ademhaling verandert. Ze merkt niet dat er iets gebeurt. Ze merkt niet dat zijn andere arm beweegt. Ze merkt helemaal niets, totdat een ijskoude hand zich om haar pols sluit. Ze kijkt naar zijn gezicht, maar dat is onveranderd. Zijn ogen zijn nog dicht.

En dan niet.

Zijn greep verstrakt en Miriam is plotseling terug in de tijd;

een jongere, opgewektere versie van zichzelf, nog geen twintig en in de dierentuin met vriendinnen. Een groep vage gezichten, vergeten namen; een kleurig plaatje van *tie-dye*, oogschaduw en veren.

Het was een klein stukje grond bedekt met zaagsel, omsloten door een laag houten hek. Het was er warm en benauwd. Haar vriendinnen hadden haar als 'vrijwilliger' naar voren geduwd en er zat een enorme roofvogel op haar arm. De handschoenen die ze had gekregen boden nauwelijks bescherming tegen de leerachtige poten en scherpe klauwen van het beest. Zijn ogen schoten alle kanten op. Ze voelde zich claustrofobisch. Iedereen keek naar haar. Het publiek bewoog als een soort caleidoscoop langs haar heen. Maar de vogel bleef zitten en omklemde haar arm steeds harder. Toen werd alles zwart.

Miriam probeert met haar vrije hand zijn ijzeren greep los te maken, maar hij slaat de waskom tegen de grond. Het zeperige water klotst eruit. Ze is eraan gewend zijn dichte oogleden te zien, zijn geopende ogen zijn te wit, te direct. Ze wil wegkijken, waarnaar maakt niet uit. Maar zijn starende ogen houden haar blik vast, hij kijkt dwars door haar heen.

'Wat is er?' vraagt ze op vriendelijke toon, hoewel hij haar pols nog steeds als een bankschroef omklemt. Hij trekt aan haar arm en haar lichaam buigt ongewild verder naar hem toe; hij trekt zichzelf op tot zijn gezicht op gelijke hoogte is met het hare.

'Wat is er?'

Zijn adem heeft een ranzige, weeë geur, als rottend fruit. Ze probeert haar gezicht af te draaien maar voelt zijn adem over haar wang strijken. Haar pols – gevangen in zijn hand – versnelt en haar hart bonkt in haar oren. Haar ogen worden nog steeds vastgehouden door de zijne, en als hij zijn blik op haar focust, ziet ze de uitdrukking erin veranderen. Zijn gezicht verzacht.

'Het is goed. Ik ben hier,' zegt ze haastig. Ze klinkt schor.

'Frieda,' zegt hij zo zacht als de fluistering van een vallend blad. 'Frieda.'

Nu ze zijn stem hoort, is hij opeens terug. Papa. De man die haar in slaap zong, die haar verhaaltjes voorlas en over haar haren streek. Haar vader, de man die ze tien jaar niet heeft gezien of gesproken.

Ze schraapt haar keel. 'Pap, ik ben het, Miriam,' zegt ze zacht.

Een milliseconde van herkenning. Ze legt haar vrije hand op de zijne, die haar pols nog steeds omklemt. Hij hoest. Het geluid galmt door de kamer.

'Pap?'

'Frieda!' roept hij zo luid als een lange, lage misthoorn. 'Frieda!'

Hij probeert uit bed te komen, maar zijn lichaam wil niet meewerken. Hij worstelt, klauwt en plukt aan het laken, maar het lukt hem niet. Het is zo'n vruchteloze poging dat ze haar ogen niet kan afwenden. 'Frieda' roept hij nog een keer. Dan zakt hij uitgeput achterover. Zijn ogen vallen dicht en zijn rechterhand gaat naar zijn linkerpols om het horloge af te schermen.

Ze wacht tot hij inademt.

Uitademt.

En dan niets...

En weer inademt.

Nerveus laat ze de lucht uit haar longen ontsnappen. Dan blijft ze een tijdje roerloos staan kijken naar zijn rijzende en dalende borstkas. Zijn gezicht ontspant. Uit zijn mondhoek loopt wat speeksel. Ze veegt het weg met een washandje.

HENRYK

'Papa!' roept ze. Ik hoor een vrouwenstem, zo zacht als bloesem.

Maar ik ben verdwaald...

Verdwaald in het verleden.

Verdwaald met Frieda...

Het was 1942 en ze zat bijna een halfjaar in mijn klas. Ze sprak zelden, glimlachte nooit, maar luisterde met een intensiteit die iedere docent zou verheugen – mits hij niet onder het naziregime lesgaf.

Haar oplettendheid bij alles wat ik zei en de teksten die we bestudeerden, maakten me juist steeds nerveuzer.

Ze was aantrekkelijk, op dezelfde manier als iedereen in de klas. Man en vrouw. Blond en sterk. Maar ze nam mijn aandacht in beslag en ik wilde onnoemelijk graag weten wat ze dacht. Wat vond ze van de teksten? Tot dan moest ik het eerste woord nog uit haar mond horen komen.

Buiten viel de sneeuw in een dicht gordijn en de klas was rusteloos, verveeld; als een stel jonge honden dat naar buiten wil.

Ik liep met een krijtje in mijn hand op en neer achter mijn lessenaar. Ik had *Schmerz* – verdriet – op het bord geschreven; mijn vingertoppen waren wit. Ik had de theorie achter dood, sterven en 'een groter goed' behandeld. Allemaal acceptabel.

Toen keek ik toevallig naar haar en nam een enorm risico.

Ik week af van de lesstof. Voor haar.

Om te zien of ze reageerde.

'Over verdriet...' Ik vormde de woorden bedachtzaam en liet ze even rollen in mijn mond voor ik ze uitsprak. 'Hedendaagse schrijvers kunnen die emotie niet zo treffend tot leven brengen als schrijvers uit vorige eeuwen.'

Ze keek op, recht in mijn ogen.

Ik stond vlak voor haar; één seconde als aan de grond genageld. Na een kleine hapering vervolgde ik: 'Verdriet is een oude emotie en... Tja, misschien kunnen we uiteindelijk toch iets leren van de Russen...'

'Hoe je doodgaat van de honger,' zei een van de jongens grinnikend.

Ik keek hem aan totdat hij zijn ogen neersloeg. 'Russische schrijvers maken hun verdriet voelbaar, zodat hun lezers echt begrijpen wat lijden is,' zei ik.

De klas lachte, hoewel ik niet wist wat er grappig aan was.

'Nou, als het aan de Führer ligt zullen die Russen binnenkort allemáál weten wat lijden is!' merkte een andere jongen op.

'Nee!' Zíj had gesproken, zíj was het die hem onderbrak. 'U bedoelt dat we hun verdriet voelen alsof het ons eigen verdriet is.'

Het was de eerste keer dat ze haar mond opendeed en de rest van de klas staarde, net als ik, haar kant op, geïntrigeerd, verbaasd dat ze iets had gezegd. Een van de leerlingen floot – er ging gelach op en iedereen begon door elkaar te kletsen.

Maar ze richtte zich tot míj en praatte verder, samenzweerderig, op gedempte toon, en ik boog me naar haar toe. 'De kracht van schrijven ligt niet in de woorden of de gebeurtenissen, maar in het oproepen van elke nuancering van een gevoel dat iemand heeft, vindt u niet?' vroeg ze. In het Frans!

Ik checkte de andere leerlingen maar die waren druk bezig haar te bespotten. Ik ging op het randje van mijn lessenaar zitten.

'Dat ben ik met je eens,' antwoordde ik in het Frans, behoedzaam mijn woorden vormend omdat ik vermoedde dat het een val was. De Franse woorden voelden verfijnd maar ook een beetje roestig.

'Als we Russische, Franse en Ierse schrijvers bestuderen, kunnen we een verdriet ervaren dat wij ons niet kunnen indenken,' zei ze, nog altijd in het Frans. Ze had een hese stem die niet bij haar leeftijd paste. Terwijl ik naar haar luisterde, werd de taal fris, opwindend, bevrijdend.

De klas was nog steeds onrustig. Ze keken naar ons.

Ik dempte mijn stem. 'Onze geschiedenis zit ook vol verdriet.'

'Inderdaad,' zei ze. Toen schakelde ze van Frans over op Engels en vervolgde: 'Maar onze geschiedenis is ook afhankelijk van degene die de leiding heeft; steeds minder feiten en meer fictie – afhankelijk van de grillen en fantasieën van een opgeblazen *Schwachkopf*.' Het laatste woord zei ze in het Duits en de schok die op mijn gezicht te lezen moest zijn, echode door de klas. De rest van ons gesprek hadden ze geen van allen kunnen verstaan, maar het woord 'Schwachkopf' leek alle kanten op te kaatsen. Ze keek me aan. Uitdagend.

'Pagina zesenzeventig,' zei ik tegen de klas, per ongeluk in het Engels. Ze lachte. Ik schakelde over op Duits, gaf nog een keer dezelfde instructie en voegde eraan toe: 'Discussieer met degene naast je over de technieken die de schrijver toepast om het verdriet weer te geven.'

De klas ritselde en mompelde, waarna een geanimeerd geklets opklonk.

Ik zette een stap naar haar lessenaar toe en boog me naar haar over. 'Wat is de bedoeling hiervan?' vroeg ik.

'Pas als we de taal begrijpen, kunnen we ons werkelijk onderdompelen in het collectieve verdriet van de cultuur en de tekst begrijpen zoals die is bedoeld. Niet zo oppervlakkig als die klootzakken hier.' Ze ging weer over op het Frans. 'Deze *con-*

nards; voorgeprogrammeerde stomkoppen die niet zelf kunnen denken. "Ja meneer, nee meneer",' imiteerde ze hen. Ik keek om me heen en zag de meeste leerlingen gezellig met elkaar babbelen of uit het raam staren; er waren er slechts een paar bezig met de tekst, zoals ik hun had opgedragen.

'Dit is heel riskant, Fräulein,' zei ik in het Engels, de taal waarnaar ze weer was overgeschakeld. De Engelse taal was eenvoudiger voor mij om uit te spreken, maar de woorden vormden zich trager in mijn hoofd. Ik genoot van de complexiteit van de talen die ik al jaren niet had kunnen oefenen. Het heen en weer switchen was lastig, maar mijn geest sprankelde door de uitdaging.

'Riskant?' Ze glimlachte, alsof die gedachte haar amuseerde. 'Ik zou denken dat u, als docent, een echt gesprek wel zou waarderen. Een...' Maar toen veranderde ze weer van taal en wist ik het niet meer, ik keek naar haar bewegende lippen en verstond er niets van.

Ze lachte. 'Geen Nederlands dus?' Ze ratelde zo snel door dat de woorden klonken als een geweersalvo.

'Hoeveel talen spreek je?'

'Een paar,' antwoordde ze, nu weer in het Frans.

'Je moet tegenwoordig voorzichtig zijn als je iets in de taal van de vijand zegt,' zei ik zachtjes, opnieuw in het Engels.

'Zijn ze de vijand?' vroeg ze langzaam. 'Of onze toekomstige bevrijders?'

Ik blikte om me heen, maar de klas was te druk aan het kletsen om te volgen wat wij zeiden. Toen ik mijn ogen weer op haar richtte, keek ze in haar boek, alsof ons gesprek nooit had plaatsgevonden.

'Dank u, Fräulein...' Mijn stem ging omhoog, zodat het klonk als een vraag. Ik wilde ons gesprek voortzetten.

'Frieda,' zei ze zonder op te kijken.

'Frieda.'

MIRIAM

Frieda? Wie is Frieda? denkt ze.

De hand van haar vader ligt nog steeds op het horloge. Ze wil het afdoen maar bedenkt zich, het is beter haar vader nu met rust te laten. Wanneer ze de knoopjes van zijn pyjamajasje dichtdoet, bewegen haar handen net zo snel als haar hart klopt.

Zijn ogen zijn dicht maar bollen op uit hun kassen, ze worden op hun plek gehouden door papierdunne oogleden – als heteluchtballonnen die met een staak aan de grond worden gehouden. Zijn mond is wijd open en ze wil eigenlijk wegstappen om zijn adem niet te ruiken maar voelt zich te schuldig om dat ook te doen.

Haar moeder is verweven met dat schuldgevoel. Mama zou beter voor papa hebben gezorgd, beter geweten hebben wat te doen, wat te zeggen. Mama was nooit onhandig en deed nooit iets verkeerd; ze was er altijd en deed precies het juiste. Maar toen mama háár nodig had, Miriam, haar dochter, was ze er niet voor haar. Ze was er niet bij toen haar moeder stierf.

Ze durft er niet aan te denken dat ze net zo heeft geleden als haar vader nu en weigert dat te geloven. In plaats daarvan houdt ze zich vast aan één beeld: een gesteven wit laken waar een streep zonlicht op valt waar kleine stofspikkeltjes in opglanzen, mama in haar 'mooie' nachtpon en papa's gebogen hoofd terwijl hij mama's hand met beide handen omvat.

Miriam omvat papa's hand met beide handen en werpt een

blik op het horloge. *Tien over vier*. De wijzers staan stil, maar het horloge zelf is verschoven. Miriam ziet een grijzig lijntje op de huid erboven. Ze keert de arm om, alert op een reactie van hem.

En dan ziet ze het.

Ze heeft dit al eerder gezien. In leerboeken en op de televisie.

Maar nu. Hier. Zwart op wit, verborgen onder goud. Op de pols van haar vader.

Cijfers.

Grijszwarte cijfers, nauwelijks een centimeter groot, keurig recht, getatoeëerd in zijn huid. Hij heeft dáár gezeten!

Geschokt schuift ze het horloge weer op de goede plek. Er staan tranen in haar ogen en ze knijpt in zijn hand. Dan buigt ze zich naar hem toe om hem een kus op zijn hoofd te geven, maar ze bedenkt zich en staat op terwijl ze zijn hand nog een laatste kneepje geeft.

In de keuken draait ze de kraan open, laat het water stromen en legt haar voorhoofd op het koele aanrechtblad. Ze huivert. De cijfers. Een nummer. Ze herinnert zich de video's en de foto's die ze als kind zag: strepen, uitgemergelde gezichten, stapels lijken. Ze kan zich haar vaders gezicht niet voorstellen als een van die vele gezichten.

Ze denkt aan mama. De enige die haar nu zou kunnen helpen. *Was mama maar hier,* denkt ze vluchtig. Was ze maar even niet zo alleen.

Als ze haar ogen dichtdoet, ziet ze haar voor zich. Zo duidelijk. Zo'n diepe emotie. Alsof ze terug is in de tijd. Mama, ze heeft een schort voor, met een van haar mooiste jurken eronder – zonnebloemgeel. Haar hoge hakken tikken op de vloer van de keuken, waar het gezellig naar eten ruikt, eten dat niet alleen gegeten wordt, maar ook het hart verwarmt.

Miriam draait de kraan dicht en veegt haar gezicht droog met een oude theedoek die naar aardappelpuree ruikt. Met de theedoek als troost tegen haar borst geklemd loopt ze de kamer van haar moeder binnen; ze wordt er als vanzelf naartoe getrokken. Er hangen dunne gele gordijnen die het licht filteren dat er buiten nog is. De muren en de meubels hebben een bloempatroon en de kamer is nog helemaal intact; met lakens en dekens op het bed en een kast vol kleding.

Vol mama.

Ze schuift een paar schoenendozen opzij en gaat in de kast zitten, waar ze omringd wordt door een gordijn van jurken; een regenboog van kleuren en texturen die haar in de bekende zoete geur van oranjebloesem hult. De jurken hangen op haar moeder te wachten, lijkt het.

Ze ziet haar moeders hand, hoe ze een lippenstift vasthield, hoe ze theedronk met haar pink in de lucht. De hand is bleek, als een handschoen, en later, toen ze ouder was, bedekt met donkere vlekken. Ze ziet hoe ze draaide en achteromkeek om een nieuwe jurk te bekijken in de lange spiegel aan de binnenkant van de oude kast. Mama die haar been over de knie van haar andere been legde om haar schoen aan te trekken, eerst de tenen en dan de hiel, zo voorzichtig alsof het een glazen muiltje was.

Er zijn te veel beelden om ze vast te kunnen houden; ze flitsen een seconde op in haar gedachten en zijn dan weer weg, als het licht van een vuurtoren. De lichtflitsen komen en gaan, ze tuimelen door haar hoofd en zetten haar verlies in een helder wit licht.

De diepe kloof van mama's afwezigheid.

Haar hart bonkt tegen haar ribben. Niet in staat om de maalstroom aan herinneringen te stoppen, vlucht ze de kast uit. Er vallen jurken van hun hangers en schoenendozen tuimelen de kamer in.

Wegkijkend van de spiegel boven de wasbak in de badkamer, dwingt ze zichzelf rustiger te worden en zet de warme kraan open. Ze houdt haar handen eronder, in elkaar gevouwen, alsof ze ondersteboven bidt. Het water is koud en stroomt over haar vingers en handpalmen. Zodra ze het warmer voelt worden, draait ze de kraan helemaal open.

Dan de zeep.

Ze houdt hem in haar handen totdat hij warmer is.

Ze wrijft tot ze een dikke laag schuim heeft, legt het stuk zeep terug in het bakje en schuurt haar handen, schraapt het vuil onder haar vingernagels weg en schrobt haar handpalm met haar knokkels, ruw en heftig. Net zo lang tot de zeep, niet langer zijdeachtig, prikt op haar huid.

De bekende pijn verergert en ze schrobt en schuurt door zodat die al het andere overstemt. Iets concreets. Het vult haar op de plek waar het gemis smeult als een vergeten vuur dat wacht op een vonkje om te ontvlammen.

Haar hand, klein in die van mama. Voorbij.

De zeep trekt als klittenband aan de zachte huid en verdringt de herinnering aan een aanraking die alles voor haar betekende.

Ze steekt haar handen weer onder de waterstraal, die zo heet is dat ze naar adem hapt – ze is meteen terug in het heden –, maar houdt ze er halsstarrig onder zodat elk schuimbelletje en elk restje zeep wordt weggespoeld. De huid van haar handen kleurt dieproze. Ze staart er lang naar en denkt aan het bloed dat onder de huid van haar pols door de aderen jaagt.

Dan pakt ze de nagelborstel en schrobt en schrobt en schrobt nog langer onder het stromende water. Elke nagel krijgt een beurt, de bovenkant, de linkerkant, de rechterkant. Bij haar duim houdt ze het borsteltje verkeerd en steken de harde haren door haar huid. Er kolkt een klein druppeltje bloed lichtrood weg met het water.

Ze spoelt de borstel onder de kokendhete straal en houdt haar handen er dan nog één keer een voor een onder. Onder de verschroeiende pijn. Ze telt.

Drie.

Twee.

Eén.

Dan draait ze de kraan langzaam dicht, stevig. Ze probeert haar wild kloppende hart niet te voelen en dept haar glimmende handen droog met een handdoek. Alle vingers, een voor een. Dan inspecteert ze de schade aan haar duim.

'Het komt wel goed,' mompelt ze in zichzelf.

Ze voelt zich kalmer, minder gespannen en getroost door het water en het tintelen van haar handen. Haar gedachten mogen weer naar boven komen, de paniek is onderdrukt.

Voorlopig.

2

MIRIAM

Ze zit in de oude leunstoel, die toen hij thuiskwam van zijn studeerkamer naar zijn slaapkamer is verhuisd. Een stoel waarin ze al zat toen haar voeten de vloer nog niet eens raakten. En toen ze de losse draadjes bij de naad tussen haar gelakte vingernagels heen en weer rolde. Hoe vaak had ze zich er niet in teruggetrokken, met een kussen tegen haar borst geklemd...

De regen tikt tegen het raam. Miriam zet de radio aan en draait aan de zenderknop tot ze de bekende piepjes hoort.

'Dit is het nieuws van elf uur.' De stem van de nieuwslezer is luid en ze zet het volume zachter. 'Oost-Berlijners maken gebruik van hun herwonnen vrijheid om naar West-Berlijn te gaan. Er staan lange rijen voor alle belangrijke controleposten. Deze vrijheid...'

Bij het woord 'vrijheid' mijmert ze weg. Hoe heeft zíj gebruikgemaakt van haar herwonnen vrijheid?

Aan de overkant van de straat zit een klein café waar de koffie en de cake vroeger heerlijk waren. Het is lang geleden. Zou dat nog zo zijn? Zal ze er even naartoe gaan?

Ze staat bij het raam en kijkt naar de verste straathoek, waar ze mensen ziet lopen. Misschien kan ze snel iets gaan halen en dat mee naar huis nemen? Dan is ze maar een paar minuten weg en Hilda heeft gezegd dat hij zelfs wel een paar uur alleen gelaten kan worden. Dat zegt ze vaak, maar Miriam is het huis nog niet uit geweest.

Tot nu toe.

'Ik ben even weg,' zegt ze en de zekerheid in haar stem verbaast haar. 'Zo terug!' De geur van verse koffie in huis zal hem goed doen, denkt ze. Als ze haar laarzen aanheeft en haar jas van de kapstok pakt, gaat de telefoon. Het schrille geluid schalt door het appartement en Miriam versteent; ze denkt aan wat er een maand geleden gebeurde toen de telefoon ook ging, een andere telefoon, in een ander appartement...

Die avond nam ze op terwijl het nieuws nog beelden vertoonde van drinkende en zingende mensen die dansten op de Muur.

Ongelofelijk dat dat al een maand geleden is, en nu...

Ze zaten al uren op de bank tv te kijken. Twee uur rijden van Berlijn, twee uur van haar vader vandaan.

'Frau Voight?' had een vrouw aan de andere kant van de lijn gevraagd.

'Ja,' fluisterde Miriam.

'U staat genoteerd als de naaste familie van Herr Winter. Ik moet u tot mijn spijt mededelen dat uw vader ernstig ziek is.'

Terwijl de vrouw doorpraatte, liet Miriam zich op een traptrede neerzakken, ze staarde naar de achterkant van *zijn* nek. Hij keek televisie. Hij draaide zich niet om.

Ze luisterde wat de vrouw vertelde. Beroerte. Niet operabel. Prognose.

De onderkant van *zijn* haar en nestelde zich in de kraag van *zijn* overhemd.

De voordeur lag voor haar, vlak voor haar. Vijf stappen en ze was er. Zes en ze was buiten.

Vijf stappen. Ze stelde ze zich voor, hoe ze zouden voelen; zou het anders voelen omdat het vijf stappen naar de vrijheid waren? Maar uiteindelijk bleken het toch vijf stappen te veel.

Miriam klemde de hoorn nog tegen haar oor toen de kiestoon al lang weer te horen was. Bij de voordeur stonden hun schoenen naast elkaar. Hun matchende jassen hingen naast elkaar aan de kapstok maar raakten elkaar nooit.

En toen stond *hij* voor haar. *Hij* pakte de hoorn uit haar hand en luisterde.

'Verkeerd verbonden,' zei ze, en zonder een blik op hem stond ze op om weer naar de bank te lopen.

Hij legde de hoorn op de haak.

Ze zat weer op de bank en hoorde *zijn* voetstappen achter haar rug zachtjes dichterbij komen. Ze ademde diep in en rook de geur van *zijn* hand, papier en olie, die haar schouder vastgreep.

Er hangt nog steeds een flauwe oliegeur om haar heen.

Ze staat abrupt stil en doet een stap naar achteren.

Dan trekt ze haar laarzen weer uit, controleert of de deur op slot zit en loopt terug naar de stoel.

Om haar vingers te beletten dat ze hun eigen weg zoeken over haar huid en gaan krabben, klemt ze een kussen tegen haar borstkas. De dag gaat voorbij in een waas van Bach, Brahms en symfonieën die ze niet kent, afgewisseld met de piepjes van de radio en elk uur hetzelfde nieuws.

Als ze de ontroerende snarenklanken van de *Kinderszenen* hoort, voelt ze een brok in haar keel. 'Ik wist het niet,' zegt ze. 'Ik wist niet dat je... daar... hebt gezeten. Waarom heb je me dat niet verteld, pap?'

Ze steekt haar hand uit en raakt de zijne aan. 'Ik begrijp niet waarom... En mama?' Ze schudt haar hoofd en keert hem om in zijn bed, zodat hij met zijn gezicht naar de stoel ligt.

'Je had gelijk. Over alles. Alles. Het spijt me,' zegt een stem die lang verloren was. 'En nu is het te laat.' Ze trekt het laken verder over hem heen en strijkt zijn witte haren achter zijn oor.

'Dit is je laatste reis, pap. Dus laat me je alsjeblieft helpen.' Ze gaat weer zitten en omklemt zijn hand – ze kan de botten voelen.

'Alsjeblieft pap, als je me kunt horen. Wie is Frieda?'

Hij reageert niet. Maar ze ziet zijn oogleden knipperen en probeert het nog een keer.

'Is Frieda iemand die je kende toen je... dáár zat?' Ze formuleert de vraag steeds anders. Opnieuw en opnieuw.

Niets.

'Waar zat je? Auschwitz? Bergen-Belsen?' Er waren er veel, weet ze, door heel Europa, maar ze kan zich de namen niet herinneren. 'Het is zo lang geleden,' zegt ze. Ze doet haar best zich te herinneren wat ze op school heeft geleerd. Het enige wat ze zich nog herinnert is de les over de opkomst van het Derde Rijk. De hele klas werd stil onder het zware gewicht van het besef dat hun ouders en grootouders in een fascistische periode hadden geleefd en waarschijnlijk aanhangers van Hitler waren geweest. Zelfs haar vader, zelf docent, had nooit met één woord met haar over de oorlog gesproken.

HENRYK

Emilie en ik vonden dat we geluk hadden dat ik in het voorjaar van 1942 nog steeds een baan had. De uittocht van docenten aan de universiteit was zowat begonnen toen ik er arriveerde. Sommige werden gedwongen te vertrekken, andere 'kozen' ervoor.

Ik bleef, hield me gedeisd en onderwees keurig wat ze van me eisten. 'Duits – goedgekeurd door de nationaalsocialisten.' Duitse taal. Duitse geschiedenis. Duitse literatuur. Ik slikte het allemaal. Emilie wilde een kind, ik moest een gezin kunnen onderhouden. Maar het was een bittere pil.

Ik keek naar mijn klas, elke student een kloon van de vorige en de volgende. Overal hingen propagandaposters. Alle ogen volgden me door het lokaal. Ik werd in de gaten gehouden, stond in een licht dat alle scherpe hoeken van de zon reflecteerde; de volgspot was op mij gericht.

Alleen. Eenzaam. De enige.

Tot Frieda. De geheime fluisteringen van haar stem lokten me elke dag opnieuw naar de universiteit.

Ik speelde het spel zoals de faculteit het voorschreef, zodat ik mijn baan hield. Ik doceerde de goedgekeurde literatuur en protesteerde niet wanneer mijn boekenlijst semester na semester terugkwam van het hoofd van de afdeling met de helft van de titels weggestreept.

Ik deed het allemaal voor de gesprekken die ik – in het Engels of in het Frans – met haar voerde. Ze hield me op tot in de kleine uurtjes; dan dacht ik na over wat ze had gezegd en oefende ik wat ik de volgende dag tegen haar zou zeggen.

Ik las met een gretigheid die ik zelf niet begreep; ik verslond alle Engelse en Franse boeken die ik had; ik las hardop voor, voor Emilie en mezelf, en hoewel Emilie van mijn eigenaardigheden hield, vond ze dat ik een beetje ver ging in mijn nieuwe obsessie met taal.

Ik wilde lesgeven, écht lesgeven, dus gaf ik Frieda mijn *Ulysses* in het Engels, verstopt in haar eindpaper. Ze zei niets, alsof ze niet voelde hoeveel de papieren die ik haar teruggaf wogen.

De week daarop praatten we gedempt en fluisterend met elkaar, in het Engels, terwijl de andere studenten aan het werk waren. Ik besefte dat ik niet de gewillige student had gevonden op wie ik had gehoopt. In plaats daarvan daagde Frieda, tien jaar jonger dan ik, me uit. Ze bleef me verrassen. Meestal praatten we door tot lang na het einde van de les; de rest van de studenten verliet vaak het lokaal zonder dat ik dat opmerkte.

We praatten in boeken, woorden, geheimen. We dwaalden nooit af, het ging altijd over de teksten, maar we exploreerden en stimuleerden elkaar. *Les Misérables*, de Franse editie, maar alleen deel twee, we konden geen van beiden het eerste deel vinden. Van Hemingway hielden we allebei niet. Daarna een stukgelezen, halfvergane en uit elkaar vallende André Gide. Ik wist dat we allebei in de gevangenis konden belanden vanwege het bezit van dit soort literatuur. Het risico groeide met elke week die voorbijging en elk boek dat we uitwisselden.

Toen, aan het begin van het voorjaarssemester, gaf ze me *Karl und Anna*. Ik had nooit iets van Leonhard Frank gelezen. Met de smoes dat ik het boek samen met haar wilde bekijken, nodigde ik haar uit op mijn werkkamer.

'Het is te gevaarlijk,' vertelde ik haar. 'We moeten hiermee ophouden. Het kan me mijn baan kosten en jou je studie.' Ik gaf het boek aan haar terug, vol verlangen het te lezen, het vast te houden, de bladzijden om te slaan en me te verliezen in het verboden proza, vrije proza. 'Het is afgelopen. Voorbij. Sorry.'

'Het is nooit voorbij,' zei ze. Ze vertrok en liet het boek achter, zwaar op mijn bureau.

MIRIAM

Als de avond valt, draait ze hem op zijn rug, laat hem water drinken en leegt de zak van zijn katheter. De stilte in het appartement is zo langzamerhand een oorverdovend gebrul. Ze haalt een fles wijn met een stoflaag om de hals tevoorschijn, schenkt een flinke bel in en gaat met het glas en de fles weer naast hem zitten.

'Weet je nog dat ik thuiskwam van de dierentuin? Die keer dat ik was flauwgevallen?'

Ze drinkt. De wijn brandt in haar maag, maar brengt ook troost.

Ze denkt terug aan de keer dat ze *hem* voor het eerst ontmoette. Wit openstaand overhemd, zonnebril in de v-vormige opening. Zijn borsthaar kriebelde op haar neus toen hij haar optilde en meenam, weg van de hitte, het zaagsel en de strakke blik waarmee de vogel haar aankeek. Hij had haar naar buiten gedragen, naar de blauwe lucht en het frisse gras.

Haar vriendinnen kwamen achter hen aan en stonden naar hen te kijken. Maar hij praatte tegen háár. Hij was ouder en zijn ogen keken alleen naar háár. Hij behandelde haar als een volwassen vrouw. Voor het eerst had ze het gevoel dat ze werd gezien, werd bewonderd. 'Schoonheid,' had hij haar genoemd.

Maar niet lang.

Ze neemt nog een slok, die verandert in een flinke teug.

'Het is zo lang geleden.' Ze ijsbeert door de kamer en neemt grote slokken uit het glas, dat ze even later weer volschenkt. 'Die kerst heb ik hem voorgesteld aan mama en jou...'

Een steek in haar binnenste: de tijd raakt snel op. Ze wil elke seconde vasthouden, maar ze weet dat elke dag *hem* dichterbij brengt. Ze is niet bang voor de dood; de gedachte eraan stelt niets voor.

Ze huivert en klokt een half glas naar binnen in een poging in het nu te blijven en de echo van haar herinneringen te dempen.

'Was Frieda de naam van je moeder? Of van een zus misschien?' Ze zakt weer in de stoel neer en brengt het glas naar haar lippen. Haar adem rimpelt rood over het wijnoppervlak. 'Ik wist van niks, hè?'

Ze streelt met haar duim over de geaderde, gevlekte huid van haar vaders hand; de huid plooit, reptielachtig. Ze glimlacht flauwtjes.

'Ik ben hier nog steeds,' zegt ze, meer tegen zichzelf dan tegen hem, terwijl ze staart naar de huid die onder haar duim beweegt.

'Je moet...' Zijn stem klinkt op in het donker en de wijn klotst over de rand van het glas als ze rechtop schiet.

'Je moet... weg.' Hij zegt het heel zachtjes, elk woord een vleugje adem dat zijn lippen uitdroogt. Hij laat zijn hoofd weer op het kussen zakken. Beenderen van een skelet, omhuld door loshangend vel, het enige wat overblijft. Zijn hoofd verzonken in de kussens, met openhangende mond en zijn ogen nog steeds dicht.

Ze maakt een beweging om zijn gezicht aan te raken maar trekt haar hand weer terug omdat ze niet weet wáár. 'Ik bén weg, pap. Ik heb hem verlaten. Het is voorbij,' zegt ze en ze meent het.

'Het. Is. Nooit. Voorbij,' zegt hij, zijn woorden benadrukt doordat hij tussendoor steeds naar adem hapt.

Ze springt op. Geestdriftig. 'Maar pap, écht... de Muur! Je zei dat het nooit zou gebeuren, maar het is wél zo! Hij is weg! Het is voorbij!' Maar als ze zijn gezicht ziet, beseft ze dat hij heel ergens anders is. Hij heeft niet gehoord wat ze zei. Ze wankelt een beetje en zet het glas op tafel.

Hij frunnikt aan het horloge om zijn pols maar zijn vingers krijgen er geen grip op en het ziet eruit alsof hij de metalen schakels plukt – als veren. Ze probeert zijn handen te kalmeren, maar hij blijft doorgaan.

'De rituelen...' hijgt hij, de woorden komen verbeten uit zijn mond door de inspanning die het hem kost, '... van de...' Er reutelt iets in zijn borstkas, '... onschuld.' In zijn ogen wellen tranen op, die steeds heviger en sneller over zijn wangen glijden.

Ze probeert zijn hand stil te houden, maar hij slaat haar weg. Er gaat een hevige snik door zijn borstkas die ze net zo sterk voelt als hij.

'Mijn. Lief. Mijn. Licht,' jammert hij, het lijden in zijn stem zo erbarmelijk dat ze haar hand voor haar mond slaat en haar hoofd schudt. Het moeten aanzien van zo'n kwelling.

Dan is hij stil, en onbeweeglijk.

Haar voeten graven zich in de vloerbedekking. Haar handen ballen zich tot vuisten in haar mouwen.

Ze doet een pas naar het bed. 'Pap?'

Tranen doorweken zijn kussen, zijn haar plakt tegen zijn voorhoofd en zijn wangen zijn nu rood aangelopen. In zijn binnenste trilt de voorbode van een jammerkreet.

'Miriam?' vraagt hij, nog steeds bij haar, nog steeds in het nu.

Hij begint radeloos te snikken. Zijn ademhaling, moeizaam en snel, struikelt over zichzelf.

Hij raakt haar arm aan zodat ze zich naar hem overbuigt.

'Frieda,' begint hij.

Voordat ze iets kan zeggen, gooit hij zijn hoofd naar achteren en verstijft zijn lichaam. Hij schiet overeind, krimpt ineen en stort weer achterover op het bed neer.

Angstig doet ze een stap terug.

Dan gebeurt het nog een keer.

Elke spier in zijn lichaam aangespannen. Hevig trillen. Het bed schudt van de kracht. Zijn handen klauwen. Zijn tanden knarsen. Zijn hoofd slaat tegen het kussen, sneller en sneller.

'Nee!' roept ze uit. Dan weet ze weer wat ze moet doen.

Ze opent het nachtkastje. Het bed bonkt tegen haar scheenbeen.

Midazolam. Door de haast en de alcohol voelen haar vingers als onhandige duimen als ze de dop eraf haalt en een millimeter van de vloeistof in de spuit opzuigt.

De lucht in het matras fluit en kreunt. Het bed ratelt. De herrie echoot door de kamer. Hol.

Er druipt speeksel uit zijn mondhoek.

Ze plaatst de injectiespuit tussen zijn lippen, spuit het middel in zijn wang en masseert het vervolgens in zijn stoppelige kaak en tandvlees.

Zijn mond is vertrokken in een grimas, de tanden stijf op elkaar geklemd.

Eigenlijk moet ze nu geruststellend tegen hem praten, maar ze merkt dat ze geen stem heeft.

Ze wacht.

Hoopt.

Bidt.

Zijn lichaam trilt nog steeds, maar nu minder krachtig. Hij ademt in lange luide reutels.

Tranen vallen, hoop lekt uit haar ogen.

Ze wordt overrompeld door de behoefte hem te omhelzen, zijn sterke armen om zich heen te voelen. Veilig en geborgen. Nog één keer.

Ze legt hem in de stabiele zijligging en loopt naar de telefoon. Daar draait ze met stijve vingers het nummer van de ambulance, hangt op en belt Hilda.

3

HENRYK

Vanaf het moment dat ze mijn werkkamer uit liep, sprak Frieda in de klas geen woord meer tegen me, maar desondanks bleef ik door haar geïntrigeerd. Ze likte aan haar vinger om een bladzijde om te slaan – ik wist het. Ze wreef met haar duim over haar onderlip – ik wist het. Ze schreef iets op – ik wist het en wilde weten wat ze dacht, waarom ze de pen dieper dan nodig in het papier duwde. Ze klemde haar lippen op elkaar als ze zich concentreerde en als ze haar haar los droeg, licht gekruld aan de uiteinden, veegde ze het regelmatig uit haar ogen. En al te vaak raakte ik verdwaald in de draaikolk van die ogen; diep donkergroen.

Ze was niet zonder bewonderaars en trok veel op met een jongen die Felix heette; lang, mager en zo schichtig als een muis. Ik begreep niet wat ze in hem zag. Ik probeerde me er niet mee bezig te houden, maar leek niet anders te kunnen dan doorlopend aan haar denken. Als ik mijn klaslokaal binnenkwam, keek ik elke dag meteen naar haar plek. Als ik de droge lesstof doornam die ik moest doceren, zag ik die door háár ogen en maakte er een punt van iets te bedenken om over Yeats of Joyce te zeggen, zodat ik haar nog íéts te bieden had.

Haar ogen boorden zich in de mijne en vertelden me iets wat ik niet kon weten.

Het liefst had ik teruggenomen wat ik in mijn werkkamer tegen haar had gezegd, zou ik het risico lopen dat we werden betrapt met verboden boeken – zodat ik haar stem kon horen, kon luisteren naar wat ze te zeggen had, de talen die van haar tong rolden kon absorberen. Het was gevaarlijk en dat wist ik, maar toch bleef ik gekluisterd aan elke beweging die ze maakte.

Ik kon niet anders.

MIRIAM

De ambulance is geweest en weer vertrokken, papa slaapt, zo wit als een doek, en Hilda, kreukelig en kleurrijk als altijd, drinkt thee uit een dun wit porseleinen kopje met een saffierblauw randje; mama's beste servies.

'Je hebt het goed gedaan,' zegt Hilda. 'Ik denk dat het einde nadert nu; dat is altijd zwaar, maar je hebt het goed gedaan.'

Haar toon vereist dat Miriam haar aankijkt, dus tilt ze haar hoofd even op. Dan richt ze haar blik meteen weer op het zuurstofmasker – scheef op zijn gezicht, het beslaat door zijn adem.

'Hij ligt comfortabel.'

'Er is zoveel wat ik nooit heb geweten,' zegt Miriam.

'Dat gevoel kun je hebben, dat is echt heel gewoon,' zegt Hilda terwijl ze het kopje naar haar mond brengt. 'Het is normaal om meer tijd te willen.'

'Hij praatte eerder vandaag, iets over verloren onschuld... een plechtigheid,' vertelt Miriam met bevende stem. 'En hij heeft een nummer op zijn pols.'

'Een nummer? Getatoeëerd?'

Miriam knikt en slaat twee handen, verborgen onder haar mouwen, voor haar gezicht. 'Ik dacht dat ze samen waren,' zegt ze. Ze klinkt gedempt door de schone stof van haar trui. De geur van strijken roept een andere tijd op – toen ze een jaar of twaalf was en ze midden op het bed lag te kijken naar de stoom die van de kleren af sloeg terwijl mama alle kreukels naar de eeuwigheid perste.

'Wat deed jij in de oorlog?' had ze opgewekt gevraagd.

'De wat?'

Mama draaide haar rug naar haar toe en pakte een hangertje.

'De oorlog, mam, weet je nog.'

'Waarom vraag je dat?'

'We hebben het er vandaag over gehad op school.' Toen mama niet meteen antwoordde, niet binnen de tijd die daar volgens Miriam voor stond, ging ze verder: 'Anita's ouders zijn van Frankrijk naar Engeland gevlucht en daarna teruggekomen en Dieter zei dat zijn grootouders in een kamp hebben gezeten, een vernietigingskamp. En jij, wat deed jij in de oorlog? Was jij toen ook al verpleegster?'

'Hm.'

'We lezen over...'

Maar mama had haar hoofd gebogen, haar vingers waren druk bezig met een lastig knoopje van de kraag.

'O, mam, niet huilen!' Miriam schoof naar de rand van het bed.

'Het is goed, schat,' zei ze, terwijl ze snel haar tranen wegveegde. 'Heb je het er al met papa over gehad?'

'Nee – hij is...'

Hij zat in zijn studeerkamer. Ze had haar hoofd om het hoekje gestoken en gezien dat hij in een dikke mist van rook gehuld zat. Dat betekende dat hij een van zijn 'periodes' had. Ze had hem een kus op zijn voorhoofd gegeven en het raam opengezet. Toen was ze naar de slaapkamer, naar mama, gegaan. Het was beter als ze er zelf achter kwam dat hij een periode had...

'Wat is er toen gebeurd? Als je dat wilt vertellen, tenminste...'

'Ik werkte in het ziekenhuis, we lapten gewonde soldaten op zodat ze terug naar het front konden,' zei ze terwijl ze begon aan het volgende overhemd. Na een lange stilte vertelde ze verder: 'We woonden in een kamertje vlak bij het ziekenhuis, er waren niet eens ramen. Het was zo klein, het leek wel een muizenhok.'

'Een hondenhok,' verbeterde Miriam.

'Waarom geen muizenhok?'

'Omdat het hondenhok is.' Ze schoten allebei in de lach.

'Kun jij even in de soep gaan roeren voor me?' Ze liep om de strijkplank heen naar het bed om haar een kus op haar voorhoofd te geven.

'Ik dacht dat ze samen waren,' zegt Miriam weer.

Hilda loopt met grote stappen om het bed heen. 'Ik heb voor veel overlevenden gezorgd.' Ze legt haar arm om Miriams schouders. 'Het is heel moeilijk voor de familie, vooral als ze er niets van wisten.'

'Hij is niet Joods, dus waarom zou hij... daar... hebben gezeten?'

'Er is veel documentatie over, het is verbazend hoeveel er tegenwoordig te vinden is.' Hilda werpt een bezorgde blik op Miriam. 'Je kunt je vader best een uur of twee alleen laten, weet je. En het is goed voor je om er even uit te zijn.'

Het idee om de veiligheid van het appartement te verlaten jaagt haar angst aan. Ze heeft een droge mond en probeert te slikken.

'Sorry Hilda, maar ik...' De woorden vormen zich, verdwijnen dan en vormen zich opnieuw. Ze denkt na, checkt en checkt nog een keer hoe ze moet zeggen wat ze wil zeggen. Denkt twee keer na. Checkt het voor de derde keer. Wringt haar handen onder haar trui. Haar gedachten springen van veren naar het omklemmen van haar pols, Frieda, haar moeder, en belanden uiteindelijk bij *hem*.

'Dat kan ik niet,' zegt ze. 'Maar dank je wel, Hilda.'

Hilda kijkt haar aan en verandert dan van onderwerp. 'Ik denk dat het ergste voorbij is. Hij moet slapen, maar dit kan nog vaker gebeuren.' Hilda werpt een blik op hem en alsof het verband houdt met wat ze zegt, gaat er een lichte trilling door zijn benen. 'Het kan de manier zijn waarop hij sterft.'

Miriam versplintert vanbinnen en legt haar hand over haar maag om dat tegen te houden.

Zijn benen houden op met trillen terwijl hij 'Frieda' mompelt.

HENRYK

Op een woensdag in maart bleek ik niet langer in dienst van de universiteit. Haar plek was die dag leeg.

Ze hadden het me niet aan het einde van het semester verteld, niet aan het einde van de week en zelfs niet aan het einde van de dag. Het hoofd van de afdeling, Herr Wagner, een enorme ex-officier van het Derde Rijk, kwam samen met Erik Scholl, de miezerige rector van de universiteit, mijn klaslokaal binnen.

'Het spijt me, Herr Winter, maar uw les is opgeheven. U maakt niet langer deel uit van deze universiteit. Pakt u alstublieft uw jas.' Hij legde een enorme hand op mijn schouder en draaide me een halve slag naar de deur.

'Waarom?' vroeg ik. Maar dat deed er waarschijnlijk niet toe.

'Sorry Henryk,' zei Erik. 'Alleen nazi-ambtenaren hebben tegenwoordig de vereiste papieren om hier les te geven.' Met zijn borst vooruit veegde hij mijn handschrift van het bord en begon het vol te schrijven met dat van hem.

Ik pakte mijn jasje van de stoelleuning. Sommige studenten keken belangstellend toe, andere medelijdend en de meeste richtten hun ogen op hun boeken terwijl ik mijn aktetas dichtdeed.

'Kan ik mijn spullen uit mijn werkkamer meenemen?'

Erik draaide zijn hoofd om en richtte zich tot mijn klas. Míjn klas.

Ik werd het lokaal uit geduwd, de gang op. Onze voetstappen waren het enige geluid terwijl ik naar de hoofdingang werd begeleid. Herr Wagner deed de deur voor me open, maar bleef zelf binnen staan.

'U mag Berlijn niet verlaten, u zult een aantal vragen moeten beantwoorden,' waren zijn laatste woorden. En op dat ogenblik bedacht ik dat het Frieda moest zijn die me had verraden. Herr Wagners enorme handen knepen in mijn armen en lieten hun afdruk erop achter. 'Goedendag,' zei hij.

Mijn ogen en mijn keel prikten. Er groeide een ijspegel in mijn borstkas. Ze zouden de boeken vinden, ze zouden me arresteren. Ik vluchtte, de angst gaf mijn voeten vleugels, en sloeg de hoek van de ingang, die net in mijn uitgang was veranderd, haastig om.

Vanuit mijn ooghoek zag ik haar aankomen.

'Herr Winter,' riep ze.

In een impuls keerde ik me naar haar toe, hoewel ik wist dat ik dat juist níét moest doen.

Haar haren lichtten op en lagen als een krans om haar gezicht, wit in de zon.

Ze kwam op me afrennen en ik stond als aan de grond genageld, niet wetend hoe ik mijn voeten neer moest zetten. Moest ik wegrennen, dekking zoeken, naar haar toe hollen? Ik weet nog dat ik vergat adem te halen, dus toen ze voor me stond was ik net zo buiten adem als zij.

'Herr Winter,' hijgde ze, haar stem nu een octaaf lager. 'Ik heb iets voor u.'

Ik hield mijn armen voor mijn borst gekruist, in een poging me voor haar af te schermen. We waren even lang en ik was niet in staat mijn ogen af te wenden. De intimiteit van haar gezicht zo vlakbij bracht me van mijn stuk. 'Heb je nog niet genoeg gedaan?' zei ik.

Ze keek gekwetst.

Ik liet mijn handen langs mijn lichaam vallen om te voorkomen dat ze zich naar haar uitstrekten om haar aan te raken. Hoewel ik bang was dat zij dit alles had veroorzaakt, kon ik mezelf niet genoeg onder controle krijgen om weg te rennen – zoals ik had moeten doen.

Zij was het symbool van mijn ondergang.

MIRIAM

Het schrikbeeld van haar vader die steeds toevallen krijgt en daar uiteindelijk aan sterft en de wetenschap dat niemand daar iets tegen kan uitrichten, drukken zwaar op Miriam.

Er valt een stilte die lang duurt, tot Hilda het laatste slokje thee opdrinkt, haar kopje met een zachte tik op het schoteltje neerzet en haar tas van de vloer pakt – waarbij ze de krant van het nachtkastje stoot.

Hilda tikt op de krantenkop. 'Gods werk, ja...' Ze lacht. 'Dat doet me eraan denken, ik had een discussie met je vaders arts vandaag. Dokter Baum. Dat wilde ik je morgenochtend vertellen, maar nu ik hier toch ben...'

Miriam kijkt op en ontmoet Hilda's blik.

De richting die het gesprek op gaat zet haar zintuigen op scherp. De rode vlag is gehesen. Bij het horen van zijn naam, ook al is het tien jaar later, voelt ze de bekende steek.

Dokter Baum zat achter zijn bureau. Vanachter de dichte deur klonk het geroezemoes van de wachtkamer en een verblindende baan zonlicht viel door het raam naar binnen, zodat ze zijn gezicht niet goed kon zien.

Ze graaft haar nagels diep in de nagelbedden en pulkt aan de huid die ze losmaakt. In een flits ziet ze alle afspraken daar voor zich, alsof het er één is. De oude koffie, de dikke stapel met haar medische gegevens. De ontsmettende middelen. De recepten. En de klamme zweethand van haar echtgenoot zwaar op de hare.

Ze wordt overvallen door een onbedwingbare, duizeligmakende behoefte om haar handen te wassen. Om de lagen huid weg te pellen, de klok terug te draaien naar een tijd waarin *zijn* handen de hare nog nooit hadden aangeraakt. Ze probeert uit alle macht zuurstof in haar longen te zuigen zodat ze niet flauwvalt.

Ze kan dokter Baums kantoor ruiken. Ze is in de kamer van haar vader, ze is thuis, Hilda staat voor haar, haar gezicht vertrokken in een bezorgde uitdrukking, maar desondanks is de lucht doordrongen van de geur van de met dikke wol beklede stoelen in de spreekkamer van de dokter.

Ze voelt de hand van haar echtgenoot als een handschoen over de hare, ruikt zijn warme adem en hoort dokter Baum zijn keel schrapen als hij met een theatraal gebaar zijn bril op de stapel papieren legt, haar meelevend aankijkt en zijn prognose geeft. Er worden opties bediscussieerd voor háár, ze worden het eens over hoe nu verder met háár, er worden handen geschud en pillen meegegeven, voor háár.

Ze klemt de stof die haar buik bedekt tegen zich aan. Het is een zachte nylon, bijna doorschijnend, haar vingertoppen worden erdoor omhult wanneer die haar warme lichaam aanraken in een poging weer tot zichzelf te komen.

'Volgende week vindt de bespreking van het verzorgingsplan plaats,' zegt Hilda. De woorden vallen als loodzware druppels.'Ik ben niet ziek.' Ze neemt Hilda op om te zien of ze van haar verleden weet. En haar heden...

Maar Hilda neemt haar vader de pols op. 'Voor je vader. Routine. Om te checken of we alles doen om je te ondersteunen.'

Miriam drukt haar vingers in haar buik. Duim. Wijsvinger. Middelvinger. Ringvinger. Pink. Ze voelt ze een voor een op haar vel. En terug. Pink. Ringvinger. Middelvinger. Wijsvinger. Duim.

'Je hebt het echt goed gedaan. Het is akelig hem zo te moeten zien. Dat begrijp ik heel goed.' Hilda kijkt op haar horloge. 'Het is laat, of eigenlijk is het heel vroeg. Ik laat je alleen. Je moet slapen.'

Hilda tilt haar tassen op.

'Hou zijn ademhaling in de gaten en bel als het nodig is de ambulance nog een keer. Zodra de midazolam is uitgewerkt, komt alles weer op gang. En Miriam: jij gaat slapen, oké?'

Ze weet een flauw lachje tevoorschijn te toveren.

Hilda is een wervelwind van kleuren en stoffen, haar bril in haar krullen geduwd als een vogel op zijn nest. Ze omhelst Miriam, die dat, in een wolk van Hilda's parfum, stijfjes ondergaat. 'Blijf waar je bent, ik kom er zelf wel uit.'

Zodra ze de voordeur hoort dichtgaan, rent Miriam erheen om hem op slot te draaien en de grendel ervoor te schuiven. Ze ziet haar veertje – dat tussen de deur en de deurpost woont – met wat stof eraan vastgekleefd op de vloer liggen en stopt het in haar zak.

4

MIRIAM

De dag erop is haar vader gekalmeerd en heeft hij weer wat kleur op zijn wangen. Niet in staat de energie op te brengen om met haar gewone wijdlopige geklets te beginnen, verzorgt ze hem in stilte. Haar ogen zijn rood en zwaar, ze heeft niet geslapen maar over hem gewaakt en alleen op de stoel gezeten. De wereld lijkt hard in het ochtendlicht.

De keukenkastjes zijn bijna leeg: crackers en koffie, veel meer is er niet.

'Ik moet eruit vandaag,' zegt ze tegen zichzelf terwijl ze een cracker pakt. Ze loopt de woonkamer in en zet de televisie aan. Oost-Berlijn ontmoet West-Berlijn is nog steeds, na een maand, het nieuws van de dag.

'Ik was doodsbang.' Een jongeman met een bos zwart haar en een spijkerjack praat in de camera; er wordt een microfoon vlak voor zijn mond gehouden. Het is oud beeldmateriaal, ze heeft het al gezien, maar terwijl ze eet bekijkt ze het nog een keer.

'De eerste stap was de moeilijkste; toen ik die had gezet dacht ik... nou schieten ze me dood. Hier en nu... Maar ik liep door...' Hij kijkt om naar de Muur achter hem. 'En ik ga niet terug.' De camera zwaait terug naar de verslaggever terwijl de man meegevoerd wordt in de menigte.

'En de feestelijkheden gaan door. Kerstmis is heel vroeg gekomen hier bij Checkpoint Charlie.' De verslaggever verdwijnt uit beeld en er wordt weer naar de studio geschakeld.

Terwijl er foto's van Helmut Kohl, Gorbatsjov en president Bush over het scherm rollen, hoort Miriam dat er post in de brievenbus wordt gedaan.

Ze zet de televisie uit en laat een halve cracker op het bordje achter, voordat ze een brief aan haar vader van de mat pakt. Het adres is in een bekend priegelig handschrift geschreven.

'Herr Winter', staat er, maar de brief is voor haar.

Hij weegt akelig zwaar als ze zich omdraait en naar de slaapkamer wankelt.

Papa slaapt.

Ze is alleen.

Ze kust zijn perkamentachtige wang. 'Alsjeblieft, blijf bij me, laat me niet alleen,' zegt ze, terwijl ze zijn haar uit zijn gezicht strijkt en een extra deken van het bed van haar moeder over hem heen legt. Ze peutert aan het korstje naast haar duimnagel en staart naar de vloer. Ademhalen is al inspannend genoeg voor hem. Ze kan niets anders doen dan wachten.

Vóór zijn toeval drukte de tijd al zwaar op haar, als een zwijgende metgezel, maar sinds gisteravond hoort ze hem tikken. Luid.

'Sorry dat ik er zo lang niet voor je ben geweest,' zegt ze tegen haar vader. 'Ik wil je helpen.' Ze scheurt de envelop open. Het doet er niet toe wat erin zit. Ze weet dat het van *hem* komt. Er komt een polaroid uit, met de achterkant naar boven gericht. Ze leest haar naam. *Frau Voight.* In zijn kriebelige handschrift. 'Frau Voight', staat er achter op de foto. Maar op de envelop staat papa's naam.

'Hij heeft dit aan jóú gestuurd,' zegt ze, geschrokken van de foto van zichzelf. Ze krijgt het warm, het trekt op vanaf haar borst naar de bovenkant van haar hoofd.

Miriam staat abrupt op. Ze gaat naar de studeerkamer van haar vader, de plek met de meeste herinneringen aan hem.

Als ze de deur opendoet ruikt het er muf, naar een bibliotheek in de zomer. Vol woorden en gedachten die aan papier zijn toevertrouwd en weer zijn vergeten. Ze loopt rechtstreeks naar zijn zware, walnoothouten bureau en zoekt zijn lucifers. Het bureau neemt de hele breedte van de kamer in beslag. In het schrijfblok staan nog afdrukken van de woorden die door zijn hand zijn geschreven.

Er staat een foto in sepia van zijn ouders in een lijstje, het enige ornament. Deze kamer is nooit aangeraakt door mama's smaak. Hoewel twee vouwen de foto verdelen, spreekt er eenheid uit het beeld.

Het bureau staat voor het schuifraam, dat uitkijkt over de straat, met haar kale skeletachtige eiken- en kastanjebomen. De cafés hebben hun rode, blauwe en groene luifels opgetrokken en de terrasstoeltjes en -tafeltjes opgeslagen, maar de bakkerij heeft een bord met VERS BROOD erop buiten staan. De broden, rogge-, volkoren- en boerenbrood, liggen opgestapeld achter het glas van de toonbank en ze herinnert zich dat de zoetigheid erboven ligt uitgestald.

Ze had de deur opengeduwd, er klingelde een belletje boven haar. Met twee handjes op het glas had ze staan peinzen welke geglazuurde donut voor haar, welke voor papa en welke voor mama was, die met de bakker kletste over gistsoorten, of zoiets.

Haar maag knort als ze zich weer omdraait. Boekenplanken vol serieuze titels in vele talen bedekken beide muren van de kamer tot aan de achtermuur, die leeg is. Vier afdrukken in de vloerbedekking; de schaduw van waar de stoel ooit stond.

Ze vindt de lucifers in de bovenste la, steekt er met bevende handen eentje aan en laat de vlam langs de hoek van de polaroid likken. Als de foto vlam vat, legt ze hem in de stenen asbak die op het bureau staat en ze kijkt hoe hij opkrult, hoe het vuur eerst de afbeelding zwart blakert en dan uiteindelijk haar naam wegvreet. De rook vult de kamer en verstikt haar.

Ze opent het raam terwijl de as grijs wordt en denkt aan

schoorstenen. Rook en as. De kampen. En haar vader. Daar.

Dan gaat ze terug naar zijn bureau en begint in de laden te rommelen. Alles ademt hém in deze kamer. Ze haalt dossiers tevoorschijn, dikke boeken, stapels en stapels papier. Op zoek naar antwoorden. Ze kijkt elk document vluchtig door, op zoek naar zijn handschrift. Het lijken aantekeningen uit de jaren zestig, sommige zelfs in steno, de meeste neergekrabbeld met een pen.

Miriam legt alles wat ze heeft doorgekeken op een stapel midden op de vloer. Voor ze het weet zit ze verstrikt in een warnet van zijn werk en puzzelt ze haar weg door notitieblok na notitieblok. Als de hele inhoud van het bureau op de vloer ligt, begint ze aan de boekenkast.

Haar ogen glijden langs de titels, de planken staan vol Duitse, Engelse en Franse boeken. Studieboeken, maar ook fictie. Poëzie, romans en toneelstukken.

De vertaalde werken van Yeats zijn prominent aanwezig en staan zij aan zij met de Engelse originelen. Ze pakt er een: *Michael Robartes and the Dancer*, en wrijft met haar vinger over haar lippen. Op de plank eronder staat meer Yeats. Hetzelfde boek. Een hele plank met dezelfde titel, in allerlei uitgaven en vertalingen. Ze haalt er een tevoorschijn en slaat het open om het te bekijken. EIGENDOM VAN DE BIBLIOTHEEK VAN BERLIJN, staat erin gestempeld. En nog een. Precies hetzelfde. En nog een en nog een. Ze telt twintig uitgaven. De meeste afkomstig van de bibliotheek. Waar is haar vader mee bezig geweest? Waarom had hij er zoveel nodig?

Ze neemt er een mee terug naar zijn slaapkamer en zakt op de stoel neer. Het ritme van zijn ademhaling begint hypnotisch te worden. Ze opent het boek en waaiert de pagina's voor zijn gezicht. Oud en versleten.

'Het laatste wat iemand kwijtraakt is de reuk!' zei een van de constant veranderende gezichten in het ziekenhuis.

Ze bladert een paar pagina's verder en komt bij het eerste gedicht, dat dezelfde titel draagt als het boek.

Ze leest en de woorden dansen door de kamer – als het mobiel van een kind. Ridders met speren, draken en de dame met een hoge punthoed en een sluier die zich voorstelt.

Na het eerste couplet kijkt ze op.

'Ik herinner me dit gedicht. Jij?' Ze leest door en raakt het goudgekleurde papier voorzichtig aan, het boek buigt in haar handen. De spieren in haar vingers herinneren zich de keren dat ze het eerder vasthield.

'Zorg dat je op tijd naar school gaat, Miriam,' had mama gezegd toen ze de deur uit ging. 'Ik heb slaapdienst. Ik zie je morgenochtend.'

'En papa?' Miriam pakte een geroosterde boterham van haar bord.

'Dat gaat vanzelf weer over.'

Ze ging naar zijn kamer. De gordijnen waren dicht en de lucht was zwaar van de slaap. Hij lag in bed.

'Morgen,' zei ze en ze was naast hem op het bed neergevallen en had hem een kusje op zijn voorhoofd gegeven. Hij rook veel te warm, zijn zachte huid ongewassen.

Het was een 'periode'.

Ze schopte haar schoenen uit en kroop over het bed naar de kussens, waar ze tegenaan ging zitten terwijl ze haar voeten onder de dekens stak.

'Wat wil je vandaag?' vroeg ze terwijl haar oog viel op het boek van Yeats op het nachtkastje. 'O, dat is mijn lievelings...' Ze pakte het boek op en vroeg: 'Lig je lekker? Dan begin ik...'

En dat had ze gedaan. Hem voorgelezen. Gedurende zijn 'periodes'. Altijd. Dan spijbelde ze van school en zat ze de hele dag naast hem, maakte ze hem beter. Ze had er nooit over nagedacht waarom hij die periodes had, periodes van totale inertie.

Dat wás gewoon zo. Ze denkt terug aan de kindertijdversie van zichzelf. Ze had het normaal gevonden, er zich niets over afgevraagd. Het was gewoon zoals het was. Ze las hem gedichten voor. En dat werkte.

Haar moeder wist van niets.

'Op school zeggen ze zulke andere dingen,' leest ze de laatste regel.

Haar gezicht is nat van de tranen en de woorden zwemmen voor haar ogen. Als het werkt, zal ze het doen: hem eindeloos voorlezen om hem te helpen terug te komen.

Ze heeft er nooit aan gedacht hem iets te vragen over zijn leven vóór haar. Hitler roeide Joden uit en haar ouders waren niet Joods. Verder heeft ze er nooit over nagedacht, over de geschiedenis, hoe gruwelijk die ook was. En die geschiedenis is nog nooit zo dichtbij geweest.

HENRYK

Frieda en ik stonden niet ver van het universiteitsgebouw vandaan op wat mijn laatste dag bleek te zijn. Haar haren deinden op een vroeg lentebriesje naar me toe over haar schouders en hals. Het was niet koud, maar ze droeg een dikke katoenen jurk en er welden zweetpareltjes op bij haar haarlijn.

'Heb je nog niet genoeg gedaan?' vroeg ik kwaad.

'Nee, ik heb lang niet genoeg gedaan.' Ze kneep in mijn arm – op dezelfde plek als waar Herr Wagner me had vastgegrepen – en vervolgde: 'Hier.' Ze haalde boek na boek uit de tas die zwaar om haar schouder hing en stapelde ze op in mijn armen. De kaften en eerste pagina's waren eraf gescheurd – lang voordat ze in mijn bezit kwamen. Maar ik kende ze zo goed als mijn eigen broekzak.

'Hoe kom je hieraan?'

'Ik heb ze gestolen voor u; u zou gearresteerd zijn als ze ze hadden gevonden.'

'En wat betekent dit?'

'Ik geef ze terug. Ik wist niet zeker welke ik moest hebben, dus heb ik er zo veel mogelijk gepakt en ook alle papieren uit de afgesloten la in uw bureau.'

Ze zweeg even.

En als een ouder die zijn verloren kind vindt, was ik tegelijkertijd woedend maar ook onvoorstelbaar opgelucht.

'Hier, u kunt die tas net zo goed ook meenemen.' Ze haalde de tas van haar schouder en gaf die aan mij, maar met mijn aktetas en die stapel boeken in mijn handen kon ik die niet aanpakken. Ze schoot in de lach – een diepe keelklank – die ik beantwoordde met een glimlach. Terwijl ze naar me teruglachte, veranderde haar gezichtsuitdrukking. Haar ogen waren naakt – haar wimpers waren zo licht dat ze niet omlijst leken – groot en groen.

'Kom, ik doe het wel,' zei ze en ze pakte de boeken van me over, deed ze in de tas en gaf die aan mij. Het gewicht ervan verraste me. 'Ik kon niet alles meenemen,' zei ze, 'ik kwam er pas vanmorgen achter en het heeft me uren gekost om in uw werkkamer binnen te komen.'

'Ik dacht dat de boekverbrandingen voorbij waren, maar ik had er natuurlijk nooit zoveel in mijn werkkamer moeten bewaren,' zei ik terwijl ik de tas over mijn schouder hing.

'Als ze boeken verbranden, duurt het niet lang voordat ze ook mensen verbranden,' zei ze triest. Ze staarde naar de grond en ik volgde haar blik omlaag langs haar jurk, naar haar bruine schoenen.

Voordat ik besefte wat ik deed, legde ik mijn vingers onder haar kin om haar hoofd op te tillen, zodat ze me aankeek. Zodra ik haar aanraakte, ging er een soort elektrische schok door me heen en ik deed meteen een stap naar achteren – als door de bliksem getroffen. Mijn hand viel omlaag. Maar mijn ogen bleven gevangen in de hare.

'Ik begrijp het niet,' zei ik. 'Waarom doe je dit voor mij?'

Ze keek me stralend aan. 'Ik heb nog een afscheidscadeautje voor u.' Ze bloosde dieprood, waardoor ik er nog meer naar verlangde haar huid aan te raken en haar warmte te voelen. Ze haalde een tot op de draad stukgelezen boekje uit haar rugzak. *Michael Robartes and the Dancer*. 'Of hebt u die al?'

Ik keek om me heen, me opeens bewust van mijn omgeving. Door mijn onzekerheid viel er even een stilte, maar ze legde het boekje in mijn handen.

'Yeats? Nee, deze heb ik nog niet,' zei ik, het dunne boekje bewonderend. 'Dank u wel.'

'Tot ziens,' zei ze. Ze leek opgelucht.

Toen draaide ze zich om en liep van me vandaan, dezelfde kant op als ik uit moest. Ik hield mijn pas in, me uiterst bewust van de verboden boeken die ik bij me had. Ik wilde zo snel mogelijk naar huis, maar niet via het universiteitsterrein, ik wilde niet weer de buik van het monster binnengaan. Toen duidelijk was dat zij ook niet terugging naar de universiteit, kon ik niet anders dan dezelfde route nemen als zij.

'Fräulein Hasek, excuseer me,' riep ik haar veel te formeel na. 'We lopen dezelfde kant op en nu lijkt het net of ik je volg. Misschien kunnen we samen oplopen?'

'Ik heet Frieda,' reageerde ze.

'Dat weet ik.'

'Als u mijn voornaam weet, noem me dan niet bij mijn achternaam.'

'Ik...'

'We hebben allemaal familie,' ging ze verder. 'Maar dat betekent niet dat ik geassocieerd wil worden met de mijne, toch?' En hoewel ze vijandig klonk, zag ik een glinstering in haar ogen.

'Klaarblijkelijk niet,' zei ik. 'Dus... Frieda?'

'Ja?'

'Mag ik met je oplopen zolang we dezelfde route volgen? Ik heet Henryk.'

'Leuk kennis te maken, Henryk.' Haar stem werd lager, dieper en sensueler dan ik ooit had gehoord toen ze mijn naam zei.

We liepen zwijgend samen op. Ik wist niet wat ik tegen haar moest zeggen, noch wat ik moest zeggen als ik thuiskwam, maar waar ik echt mee bezig was, was hoe ik het voor elkaar kon krijgen dat ze mijn naam nog een keer zei.

'Je hebt een groot risico genomen toen je deze meenam,' zei ik met een klopje op de tas.

'Niet echt. Ik doe wat dossierwerk voor Herr Wagner en vanmorgen vóór de lessen hoorde ik toevallig wat hij van plan was, dus ben ik zodra het kon je werkkamer binnengeglipt en heb ik alles meegenomen wat ik dragen kon.'

'Maar je had gepakt kunnen worden!' zei ik.

'Ach, een kleine daad van verzet.'

'Dus mijn boeken stelen was een politieke daad?'

'Nee, een verstandige daad,' zei ze.

Ik kon niet antwoorden terwijl ik mijn overbekende route naar huis volgde. Toen ik afsloeg naar de straat waar ik woonde, liep zij rechtdoor.

'Dank je wel, Frieda,' zei ik.

'Tot ziens, Henryk.' Ze glimlachte naar me terwijl ze verder liep.

Ik wilde terugschreeuwen: 'Wanneer dan?'

Ik liep het pad naar de voordeur op en wist dat ik net iets had meegemaakt wat een ommekeer in mijn leven betekende. Een cliché, natuurlijk, maar daardoor niet minder waar. Ik keek om naar de hoofdstraat in de hoop haar silhouet te zien, in de hoop dat ze terug zou komen, in de hoop de onontkoombare waarheid niet onder ogen te hoeven zien: dat ik nu verdacht was, dat Emilie en ik gevaar liepen en dat ik dat straks moest vertellen – en het daarmee allemaal werkelijkheid zou worden.

Ik stond voor de deur en de sleutel voelde zwaar in het slot toen ik hem omdraaide en de deur zachtjes openduwde. Het rook naar boenwas en oranjebloesem, Emilies geur.

Ik keek voor de tweede keer om, maar de straat was verlaten. Ik wist dat proeven van de hemel me naar de hel zou leiden. Hemel en hel? Ik schudde mijn hoofd in een poging de mist die me in zijn greep had van me af te schudden.

De mist die Frieda heette.

5

MIRIAM

In een gedicht stuit ze op een zin die ze herkent; de zin die haar vader de avond ervoor had geciteerd.

'De rituelen van de onschuld.' Het is die zin. Hij staat in het boek in haar handen en blijkt in alle andere boeken te staan die hij uit de bibliotheek heeft meegenomen. Dit gedicht betekent iets, maar ze ziet niet wát. Misschien is dit de weg naar Frieda, de weg om erachter te komen wat er is gebeurd met haar vader, misschien zal het hem steunen in deze fase van zijn leven.

De fase in zijn leven waarin hij doodgaat... Maar misschien, denkt ze, heel misschien, is dit de manier om hem terug te krijgen?

Ze schudt het idee van zich af.

'Hoop past niet aan een doodsbed,' had haar moeder op haar praktische zo-is-het-nu-eenmaal-manier gezegd als ze na een zware dienst thuiskwam uit het ziekenhuis. En ze had gelijk natuurlijk. 'Het enige wat we kunnen doen is het einde zo kalm en vredig mogelijk maken.'

Hij gaat dood. Maar misschien houdt hij zich nu nog ergens aan vast? Ze kijkt naar wat er van hem is geworden. Als ze zich naar hem omdraait en hem water aanbiedt, denkt ze aan de woorden van Hilda. 'Er is veel documentatie over'. Zocht haar vader iets in die bibliotheek? Zo niet, dan kan ze misschien toch iets meer begrijpen van zijn verleden. Tenslotte is het een geschiedenis die miljoenen mensen hebben meegemaakt, hoewel maar weinigen het hebben overleefd en zoveel geluk hebben gehad als haar vader.

Ze kijkt naar zijn slapende silhouet en trekt dan haar jas en laarzen aan. Ze staart naar de voordeur. 'Ik ben zo terug,' stelt ze zichzelf gerust. 'Een paar boodschapjes en even naar de bibliotheek. Ik kán dit.'

Hij wist waar ze was, maar ze had hem verlaten. Dat was het moeilijkste geweest. En nu... nu ging ze naar buiten.

Ze stopt het witte veertje tussen de deur en de deurpost. De pluim is vol maar er missen stukjes uit en de pen is geknakt aan het uiteinde. Ze laat haar vinger over het oppervlak glijden en voelt de interne breuk. Hij heeft geen scherpe kanten.

De sleutel draait om in het slot. Piepend en knarsend. Ze gaat. Meteen voelt ze de veiligheid van thuis aan haar trekken, zelfs nu ze alleen nog maar door de lege gang loopt en de trap af gaat.

Lionel zit achter de balie. 'Middag,' zegt hij als hij opkijkt. 'Ga je kerstinkopen doen?'

Miriam knikt.

'Hoe gaat het met je vader?' vraagt hij.

'Stabiel,' zegt ze terwijl ze de buitendeuren openduwt.

De regen van de dag ervoor is afgenomen. De straten zijn bedekt met een herfstkleed. Dit is de wereld van haar kindertijd.

Eigenlijk is er niets veranderd, alleen hoe zij zich voelt nu ze door deze overbekende straten loopt, is anders. Niet langer veilig; om elke hoek schuilt een gevaar, iets onbekends. Als ze bij het plein aankomt, dringen de winkels en cafés zich op: stemmen, muziek, lichten. Kinderen op straat met dreunende draagbare muziekapparaten en fietsers die waternevels spatten op het trottoir.

Ze vermengen zich allemaal tot één ding: niet *híj*.

Neufertstraße is nu onbekend terrein; haar ogen zoeken niet

meer naar vertrouwde beelden, maar naar herkenningspunten. Haar voeten lopen automatisch door terwijl ze iedereen die ze tegenkomt van top tot teen scant; onder elke capuchon, elke hoed of pet, zoekt ze naar *zijn* gezicht.

Naar *hem*.

De winkel op de hoek staat vol mensen, boodschappenkarretjes, eten. De radio schalt uit de luidsprekerboxen. Met een lege tas in haar hand staart ze naar de schappen en laadt uiteindelijk wat producten in van merken die haar vagelijk bekend voorkomen. Bij de kassa pakt ze nog een krant mee. 'FREIHEIT', schreeuwt de kop haar toe.

Miriam zoekt haar geld onhandig bij elkaar en wacht niet op het wisselgeld. Buiten op straat ademt ze een paar keer diep in en begint dan aan de terugweg. 'De eerste stap was de moeilijkste,' herinnert ze zich de woorden van iemand uit Oost-Berlijn die ze op de tv heeft gezien, 'maar ik liep gewoon verder.' Ze moet door blijven lopen. Doorgaan.

Misschien kan ze dan een paar antwoorden vinden.

HENRYK

Ik hoefde niet lang te wachten op een weerzien met Frieda. Na een hectische week waarin Emilie elke avond huilend in mijn armen lag en we geen van beiden sliepen, probeerden we te bedenken wat we het beste konden doen.

Als we zouden proberen weg te gaan uit Berlijn en daarbij betrapt werden, betekende dat zeker een arrestatie. Een veel groter risico dus. Bovendien wilden we geen van tweeën de stad verlaten die we tot dan toe als 'thuis' hadden beschouwd. We bleven en hielden onszelf voor dat we het alleen hoefden 'uit te zitten'.

Dus vond Emilie een nieuwe plek om te wonen voor ons; een piepklein appartement met een luik naar zolder. We verscholen ons niet, maar we hadden wel een appartement gevonden waarin dat kón. Emilie betaalde een halfjaar huur vooruit en gaf haar meisjesnaam op aan de huisbaas.

We namen afscheid van ons huis en lieten de sleutel met weemoed in ons hart achter bij Frau Voss. Ze klakte met haar tong toen ze hem aanpakte – ik hoopte uit meegevoel, maar het kon net zo goed van ongeduld zijn om de boel binnen eens goed onder handen te nemen.

Ik betwijfelde of ik dat huis ooit nog zou zien en voelde me leeg. Met een enorme hoeveelheid tassen trokken we in het nieuwe, piepkleine, veiligere appartement. Emilie huilde nog steeds, maar de tranen zorgden er nu voor dat ze in slaap viel.

Ik kon me niet ontspannen, wetend dat ze achter elke hoek van elke straat paraat stonden; er was maar één foutje voor nodig en ze zouden achter me aan komen.

Ik wist niet wat de toekomst zou brengen en had geen idee hoe ik mijn vrouw moest beschermen tegen alle gevaren en bedreigingen die mijn hoofd bedacht.

Emilie was bang om naar haar werk te gaan. Maar ze ging toch. Elke dag. Met moedig opgeheven hoofd. Ze was nu eenmaal verpleegster in hart en nieren en dat bleef ze; als het om haar werk ging liet ze zich door niets tegenhouden.

Als zij naar het ziekenhuis vertrok, ging ik wandelen – in een poging wat rust te vinden. Ik wist dat ik altijd binnen zou blijven zitten als ik mezelf niet dwong om erop uit te gaan.

MIRIAM

De bus vanaf Sophie-Charlotte-Platz is vol, iedereen gaat naar het centrum en er wordt druk en vrolijk gebabbeld. Ze rolt haar kaartje tussen haar vingers heen en weer en laat alle gesprekken langs haar heen glijden.

Haar voetstappen echoën luid op de marmeren plavuizen voor de ingang van de bibliotheek. Achter de pilaren schuilen mensen in slaapzakken voor de regen. Ze ziet kogelgaten in de muur; een herinnering aan het verleden, nooit gerepareerd. Ze is hier niet eerder geweest, daar was geen reden voor; haar vader had een hele bibliotheek thuis.

Binnen, tussen de rijen en rijen boeken, wordt ze ondergedompeld in een vochtige warmte; het voelt als lopen in een geopend boek. Er dwalen veel mensen rond en ze is nerveus en onzeker.

Voor de balie staat een vrouw in een roze vest. Er heeft zich een lange rij achter haar gevormd. 'En ík vind...' zegt de vrouw heftig, boos over de balie gebogen.

Miriam loopt erlangs om de boeken op de donkere planken te bekijken. Het is een enorm gebouw met meerdere verdiepingen. De trappen lijken zomaar opeens ergens te beginnen en Miriam moet een hele verdieping over voordat ze de volgende vindt. Ze volgt de bordjes GESCHIEDENIS en dan EUROPA.

Er staan enorm veel boeken en alleen het aantal is op zichzelf al intimiderend. Haar oog valt op een dik boek met HOLOCAUST in grote, brutale letters op de rug. Ze pakt het zware boek en gaat ermee aan een tafeltje in de buurt zitten. Haar handen trillen en ze kauwt op de binnenkant van haar wang tot ze bloed proeft. Dan slaat ze het pas open.

Gezichten.

Mensen.

Ze slaat pagina na pagina om, bang voor wat ze te zien zal krijgen. Ze bekijkt iedereen, alle gezichten. Op zoek naar haar vader. Haar moeder. Na een paar minuten voelt ze zich misselijk worden. Iedere persoon die ze ziet was een moeder of een vader, een broer, een zus, een zoon of dochter. Zo heeft ze nooit gekeken naar deze beelden en bij elke bladzijde die ze omslaat voelt ze zich slechter. Haar hoofd duizelt maar ze blijft kijken en probeert het allemaal écht tot zich te laten doordringen, maar dat kan niet – het is iets wat nooit te begrijpen valt.

'Excuses.' Er staat een vrouw achter haar. De vrouw in het roze vest die voor de balie stond. 'Je zit op mijn jas.'

Miriam springt op uit haar stoel en verontschuldigt zich uitgebreid.

'Maakt niet uit,' zegt de vrouw. En met een knikje naar het boek op tafel: 'Zware kost.'

'Ik ben alleen...' begint Miriam, maar ze maakt haar zin niet af.

'Kom je net van de andere kant?' vraagt de vrouw.

'O, nee... nee... Ik...' hakkelt Miriam.

De vrouw heeft kortgeknipt haar, wit met nog wat jeugdige blonde lokken. Haar huid is gebronsd en ze heeft iets hards.

'Ik was een van de eersten,' zegt ze. 'Ik woonde in Leipzig. Ik dacht, ik ga eens kijken waar ze al die drukte over maken.' Ze trekt het witte truitje onder haar dieproze vest glad en Miriam ziet er een prachtige ketting met rode stenen onder verdwijnen.

'Drukte?' vraagt Miriam.

'Ja, dat "West is Best"-gedoe...' De vrouw is niet opgemaakt maar ziet er sterk en gezond uit.

Miriam voelt zich verbleken bij haar en trekt haar mouwen over haar handen. Ze krabt aan de binnenkant van haar pols terwijl ze haar armen over elkaar slaat.

'Nou, ik weet niet of dat wel zo is. Deze bibliotheek is gebouwd op leugens, op de plunderingen van de nazi's. De boeken hier zijn gestolen.'

Haar intense blik maakt dat Miriam haar ogen afwendt naar het boek op tafel. Ze pakt het op en zet het terug op z'n plek.

De vrouw praat verder: 'Het is weggestopt. Vergeten. Alles. Zoals Stalin zei: één dode is een tragedie, honderdduizend een cijfer en zes miljoen...'

'Zes miljoen...' herhaalt Miriam om de stilte te vullen.

'Inderdaad. Maarre... Sorry. Ik laat je met rust.' En voor Miriam iets kan zeggen loopt de vrouw van haar vandaan.

Miriam kijkt naar de rijen en rijen boeken, plank na plank, oneindig veel. Ze vraagt zich af hoeveel boeken er te vinden zijn in deze bibliotheek. Ze gaat met haar vingers langs de ruggen; in hoeveel huizen moeten deze boeken hebben gestaan voordat ze hier terechtkwamen?

Ze loopt door gang na gang, langs tafels met studenten erachter die in rijen over de hele breedte van de zalen staan opgesteld. Als ze langsloopt, kijken de meesten van hen op. Hun brillen zijn bijna groter dan hun gezichten en ze doen haar denken aan babyuiltjes die met hun ogen tegen het daglicht knipperen. Anderen blijven geconcentreerd over hun boeken gebogen zitten. Hun ernstige gezichten herinneren haar aan haar vader achter zijn bureau.

Ze denkt terug aan de foto's in het boek en voelt een steek van woede in haar maag. Hij moet zijn opgepakt, in een veewagon zijn gestopt en... Ze kijkt om zich heen. Als elk boek hier een mens was... Maar het enorme aantal is niet te bevatten.

De bibliotheek is te groot.

Het enige wat ze nog wil is naar huis...

6

MIRIAM

De ramen beslaan van de muffe geur van klamme jassen en natte passagiers. Ze veegt de condens weg met haar mouw en overweegt even om haar jas uit te doen, maar daar is ze te moe voor. Ze laat zich wiegen door de bus en denkt terug aan al die gezichten, de zwart-witte strepen. Er is iets onzegbaar leegs aan de manier waarop ze opkijken naar de camera, bijna smekend, maar ook kwaad – op zoek naar iets... Erkenning, of misschien slechts registratie van hun lot.

Papa heeft een nummer. Hij heeft daar ook gezeten. Maar het overleefd.

Opeens ziet ze hem thuis op de vloer liggen, ineengerold, schreeuwend om háár. Hij is uit bed gevallen en heeft haar nodig. Er loopt een straaltje zweet over haar rug en ze schuift ongeduldig heen en weer op haar stoel terwijl de bus door het drukke verkeer manoeuvreert.

Ze bijt op haar nagelriemen, pulkt eraan, draait de boodschappentas om en om in haar handen. Terwijl de passagiers om haar heen babbelen, telt Miriam het aantal haltes tot thuis. Ze moet er nog vijf als de vrouw van de bibliotheek instapt. Miriam schuift op om plaats voor haar te maken. 'Hé, hallo!'

'Hoi!' zegt de vrouw en Miriam kijkt weer uit het raam als het verkeer vast komt te zitten bij de Brandenburger Tor. Er slenteren zoveel mensen rond dat ze de Muur nauwelijks kan zien. Ze kijkt hoe iedereen foto's neemt. Ooit een betonnen muur, nu een toeristische attractie. De gedachte maakt haar verdrietig – pijnlijke geschiedenis die verwordt tot een kermis.

Miriam dwingt zichzelf haar handen stil te houden. Het vergt al haar concentratie. Rustig in- en uitademen. Niet aan papa denken.

Nog vier haltes.

'Heb je gevonden wat je zocht?' vraagt de vrouw.

Miriam schudt haar hoofd. 'Ik weet niet goed waar ik moet beginnen.'

'Zoek je iets speciaals?'

'Zo'n beetje, maar ook weer niet. Ik wil gewoon...'

De vrouw naast haar neemt haar zo onderzoekend op, dat Miriam onbewust iets verder naar het raam leunt.

'Ik heet Eva,' zegt ze. Ze steekt een hand naar haar uit.

'Miriam,' zegt ze terwijl ze haar warme hand schudt.

De bus komt piepend tot stilstand en de chauffeur vloekt luid. Er gaat gegrinnik op en Miriam en Eva kijken elkaar glimlachend aan.

'Om eerlijk te zijn weet ik niet goed wat ik zoek. Ik voel me echt heel dom dat ik niet weet wat zij allemaal hebben doorstaan.'

'De slachtoffers van de Holocaust?'

Miriam wordt overrompeld door een gevoel, als een mist die niet wil optrekken. Slachtoffers? Hoe kan haar vader nou een slachtoffer zijn geweest? Opeens glijden er tranen over haar gezicht.

Eva zit naast haar en geeft haar de tijd om te huilen. Het lucht op: ze wordt kalmer en ontspant wat.

Dan zegt ze: 'Ik heb ontdekt dat mijn vader een nummer heeft. Ik denk dat hij in een concentratiekamp heeft gezeten. Ik wilde er meer over te weten komen, denk ik, maar...'

Het is lang stil. De bus stopt en de passagiers stappen uit en in. Een wirwar van lichamen.

Nog drie haltes.

Als de bus weer optrekt, zegt Eva zacht: 'Er werd alleen getatoeëerd in Auschwitz.'

'Sorry?'

'Je vader moet in Auschwitz hebben gezeten als hij een tatoeage heeft,' zegt ze.

'O god!'

De bus is vol, maar er blijven passagiers instappen, ook al zijn er geen zitplaatsen meer. Ze moeten staan en slingeren heen en weer als de bus verder zwoegt.

Twee haltes.

'Auschwitz,' herhaalt Miriam.

'In de bibliotheek hebben ze zeker boeken met meer informatie, als je er écht meer over wilt weten.'

Miriam kijkt op. 'Ik weet het niet, het is allemaal zo afgrijselijk,' zegt ze. Ze voelt Eva's hand op haar schouder en de tranen beginnen weer uit haar vermoeide ogen te stromen. Ze blijven vallen, ze kan ze niet inhouden.

Eva voelt in haar zak en geeft haar een keurig opgevouwen zakdoek aan. Grijs, met een kanten randje erlangs en een blauwe bloem op de voorkant.

Auschwitz!

'Eva?' vraagt ze als de bus vaart mindert. 'Hoe kan het dat mijn vader in Auschwitz heeft gezeten? Ik bedoel... Hij is niet Joods. En zijn familie ook niet.'

'Niet alle gevangenen waren Joods.' Eva zit op het randje van haar zitplaats, met haar voeten al in het gangpad. 'Er zaten ook criminelen, asocialen, politieke activisten, zigeuners. Noem maar op. Als ze het niet eens waren met Hitlers regime, moesten ze naar een kamp.'

'En zouden ze samen zijn gebleven toen? Mijn ouders?' vraagt ze verder. 'Ze zijn vóór de oorlog met elkaar getrouwd.'

'Nee, mannen en vrouwen werden altijd gescheiden, onder alle omstandigheden.'

'Mijn moeder heeft er nooit één woord over gezegd. Maar ze had ook geen tatoeage,' zegt Miriam. Daar is ze zeker van.

'Er waren meer kampen. Kampen waar ze niet tatoeëerden,' zegt Eva. 'En kampen alleen voor vrouwen.'

'Ik... Ik weet hier allemaal niets over.'

'Dat geeft niet. Waar heb je dat nummer gezien?' vraagt ze.

Miriam kijkt haar verward aan.

'Waar op zijn lichaam,' verduidelijkt Eva.

'Op zijn pols.'

'Dat betekent dat het na 1942 moet zijn geweest. Daarvóór tatoeëerden ze op de borst.'

Eva klinkt zo zakelijk dat Miriam een duizeling voelt opkomen.

'Echt?'

Eva knikt en staat op. 'Dit is mijn halte.'

Miriam is tijdens deze korte busreis meer over haar vaders verleden te weten gekomen dan in haar hele leven. Ze wil Eva bedanken, maar kan de woorden niet vinden, dus kijkt ze alleen naar haar op.

Eva, zich ervan bewust dat ze wordt bestudeerd, glimlacht en steekt haar hand naar haar uit.

Miriam geeft haar haar zakdoek terug.

Eva stopt hem in haar zak en stapt uit. Ze tilt haar hand op als groet als de bus optrekt.

Eén halte.

De bus suist langs het paleis en de Spree. De groene bomen vormen een schril contrast met het grijze canvas eromheen.

HENRYK

Precies een week na mijn vertrek van de universiteit wandelde ik naar de paleistuinen. Volkomen verloren in mijn gedachten en dood- en doodmoe, zag ik Frieda pas toen ik bijna langs haar heen liep. Ze zat vlak bij het hoofdpad in de schaduw van de bomen achterovergeleund op een bankje dat uitkeek over de Spree. Ze had een mok in haar hand en bij haar voeten stond er nog een. Haar haar was gevlochten en opgestoken en ze droeg een hemelsblauwe jurk en haar bruine schoenen. Ze zat op de bank en de dennenbomen, het gras en de flauwe geur van bloemen in de lucht maakten me duizelig.

'Hoe wist je dat ik hier was?' vroeg ik.

'Dat wist ik niet.' Ze bleef me aankijken tot het mijn beurt was om te blozen.

'Sorry, dat was nogal arrogant. Die is niet voor mij, hè?' vroeg ik, wijzend op de mok naast haar voeten.

Ze schudde haar hoofd.

'Mijn hoofd zit nogal vol en...' ging ik verder, 'ik kraam onzin uit. Ik laat je met rust; je hebt een afspraak, dat is duidelijk...'

'Maakt niet uit! Hier!'

Ze bood me de tweede mok aan.

'Kom erbij zitten als je wilt. Felix is onze afspraak blijkbaar vergeten.'

Ik pakte de mok van haar aan – de mok die niet door haar lippen was beroerd – en ze schonk er koffie in uit een thermosfles.

Ik probeerde mijn gedachten op te schudden tot iets coherents. Een prachtige vrouw bewonderen was oké, maar kwijlend aan haar voeten liggen niet. Ze nam een slok, haar lippen vol en open en terwijl ik naast haar ging zitten liet ze haar mok zakken en keek glimlachend naar me op.

'Het is koffie,' zei ze alsof ik onzeker had gekeken.

'Dank je.' Ik nam een flinke slok. De koffie was warm en sterk. 'Wat is er met Felix gebeurd?' vroeg ik.

'Die is blijkbaar iets anders aan het doen.'

'Maar jullie gaan met elkaar?'

Nadenkend nam ze nog een slok en ik keek weer hoe haar lippen zich om de rand tuitten. 'Wat zit je naar me te staren.'

Ik kuchte even en ving haar blik. Weer keek ik hoe haar lippen zich openden toen ze de mok opnieuw naar haar mond bracht. Ze glimlachte, liet hem zakken en liet haar tong langzaam langs haar lippen glijden. Ze schoot in de lach, een uitbarsting van plezier, en erdoor aangestoken, lachte ik met haar mee.

'Ik kon het niet weerstaan,' zei ze.

'Ik ook niet,' zei ik. Toen, in een wanhopige poging mijn verwarring meester te worden, zei ik: 'Je had het over Felix.' Ik draaide mijn hoofd af en leunde voorover om door de bomen, die hun bladeren lieten vallen en op skeletten leken, over de Spree uit te kijken. Toen liet ik me weer tegen de rugleuning van het bankje zakken en zaten we zij aan zij, vlak naast elkaar, maar zonder elkaar aan te raken.

'O ja? Felix en ik spelen dat we een koppel zijn. We zijn goede vrienden, maar doen alsof we met elkaar gaan. Dat komt ons allebei goed uit.'

'Huh? Hoezo, als ik vragen mag?'

'Ouders. Van beide kanten. Door te doen alsof we een stel zijn, houden we onze ouders en hun plannen op afstand.'

Ik moet niet-begrijpend hebben gekeken.

'Trouwen en zo,' verduidelijkte ze.

'O, ik snap het.'

'Hebben jouw ouders ook op je huwelijk aangedrongen?'

'Nee. Mijn ouders zijn al overleden toen ik jong was. Ze waren politieke activisten die het druk hadden met marsen en protesten en niet veel thuis waren. Hoewel ze het nooit zo heeft gezegd, schaamde mijn grootmoeder zich voor mijn moeder. Maar ze was dol op mij. Ik ben ergens in de oorlog tussen hen geboren, tussen liefde en plicht,' zei ik. Van de zenuwen praatte ik heel snel. 'Ik herinner me ze niet. Het was mijn oma die wilde dat ik trouwde. Maar ze was niet... echt dol op Emilie.'

'Omdat?' spoorde ze me aan.

'Mijn grootmoeder was conservatief. Emilie niet.'

'Ah! Maar je bent toch getrouwd?'

'Ja! Acht jaar nu en... ze is...'

'Je houdt van haar?'

'Heel veel.' Dat dat waar was, maakte het draaglijker om het tegen de meest intrigerende persoon die ik ooit had ontmoet te zeggen. Naast Frieda zitten verminderde mijn liefde voor Emilie niet. Ze hield niet op voor me te bestaan. 'Jammer dat je ouders moeilijk doen, dat moet lastig voor je zijn,' zei ik in een poging haar aandacht af te leiden van mij.

'Ik denk dat ze bang zijn dat ik eindig als tante Maya. Een lesbienne.'

Ik lachte maar ze keek ongelukkig. 'Is dat de reden waarom Felix er is?'

'Om mijn seksuele geaardheid te verbergen? Nee. Voor hem misschien wel.'

Ik moet geschokt hebben gekeken.

'Je gaat me toch niet vertellen dat je net zo conservatief bent als je oma?'

Ik lachte. 'Hoe gaat het met je tante Maya?'

'O, we hadden zo'n goede band... Ze was een talenwonder en heeft al haar kennis aan me doorgegeven'

'Dus daardoor spreek je zoveel talen?' vroeg ik.

'Ja! Tante Maya reisde veel en kwam altijd met een taal terug. Ik was een leergierige student. Maar ze is vermoord, dat weet ik zeker.'

'Door je ouders?' vroeg ik gealarmeerd. Mijn verstand haperde; ik begreep totaal niet wat ze bedoelde.

Ze zat vlak naast me. Haar arm raakte de mijne toen ze haar beker naar haar mond bracht. 'Nee.' Ze keerde haar hoofd naar me toe om me aan te kijken. 'De "zuivering". Ze is waarschijnlijk al lang geleden opgepakt, want ze stond voor wat ze vond. Ik wou dat mijn familie net zo was. Lafaards, stuk voor stuk.'

'Iedereen gaat op zijn eigen manier om met tijden als deze,' zei ik om haar te steunen.

'Ja! Maar ik zou meer respect voor ze hebben als ze wat ruggengraat toonden!'

'Het spijt me van je tante en je ouders.'

'En het spijt me van jouw ouders.'

'Maar je ouders zien toch wel dat je te jong bent om te trouwen?'

'O ja? Jij bent ook getrouwd!'

Ik knikte. 'Ja, ik denk dat ik ongeveer jouw leeftijd had toen ik met Emilie trouwde.'

'Hoe is je vrouw?'

'Klein, donker, met een scherpe tong en een scherp verstand,' zei ik met een glimlach.

'Hoe heeft ze het nieuws opgevat? Dat je bent ontslagen?'

'Niet erg goed.' Dat was zo zacht uitgedrukt dat het gewoon hilarisch was en dus schoot ik in de lach.

'Dat zal haar spijten,' zei ze terwijl ze met me meelachte.

'Hoeft niet, ík ben degene die spijt zal krijgen.'

Haar lach leek een omhelzing en ik voelde me meteen beter; alsof de oprechtheid van haar lach een gewicht van mijn schouders haalde.

Er stonden lichtjes in haar ogen. Het leek of ik door een enorme kracht naar haar toe werd getrokken. Naar die ogen. Naar die lippen. Plotseling lachten we allebei niet meer.

Ik zette mijn beker op de grond en tilde haar kin op met mijn vinger, net zoals ik al eerder had gedaan. Maar nu schoot ik niet verschrikt naar achteren door de elektrische schok die er door me heen trok. Ik zag mezelf in haar ogen. En er was meer. Iets wat ik niet begreep. De huid onder mijn vinger werd warm, een soort statische elektriciteit die me oplaadde terwijl ik probeerde te begrijpen of wat er in míj gebeurde, ook in háár gebeurde.

'Wat doe je?' fluisterde ze.

'Ik weet niet...' Maar terwijl ik het zei wist ik het zo zeker als mijn hart klopte. Dit was iets wat ik niet kende. Iets onberoerds in mij, onontdekt, en zij riep het op, reflecteerde het. Iets waarvan ik niet kon weglopen.

Ik keek haar aan. Haar gezicht was alles wat ik zag. De omgeving werd weggevaagd door de contouren van haar hoofd. Ik liet mijn vingertoppen over haar kaak glijden, over haar hals, ik voelde haar harstslag versnellen terwijl mijn hand weer omhoogging en zich om haar wang sloot.

Ze had een heel klein moedervlekje dat bijna schuilging achter de welving van haar bovenlip.

Ik keek hoe ze reageerde toen ik mijn gezicht naar haar toe boog. Ze bewoog zich niet. In haar ogen stonden vraagtekens, maar haar lippen gingen iets van elkaar en haar onderlip was vochtig. Mijn mond vond de hare en ik ving haar bovenlip tussen mijn lippen.

Ik schoof iets van haar vandaan om haar ogen weer te kunnen zien. Toen gleed mijn hand van de achterkant van haar hoofd naar haar nek en trok ik haar naar me toe.

We versmolten met elkaar.

Ze vlijde zich tegen me aan en streek met haar lippen langs de mijne, een vederlichte aanraking die diep in mijn binnenste resoneerde.

Het was een kracht die elke gedachte aan iets anders uitwiste.

Haar lippen op mijn lippen.

Zij maakte zich als eerste los en mijn hele lichaam schreeuwde erom haar weer tegen me aan te trekken. Ik boog me naar haar toe om haar opnieuw te kussen, maar ze ving mijn blik en op de een of andere manier hield dat me tegen. Dus legde ik mijn hand om haar schouder en trok haar zijdelings tegen me aan. We zaten naast elkaar, met ons gezicht naar het park gericht.

'Je bent getrouwd,' zei ze.

Mijn hart bonsde in mijn keel. Maar toen ze verder niets zei, slikte ik moeizaam. 'Het land is in oorlog,' bracht ik ertegen in.

'Wat heeft dat ermee te maken?' Ze glipte onder mijn arm uit.

'Dat zijn de feiten, toch?'

'Ja.'

'En een feit staat vast,' zei ik.

'En wat ben ik dan?'

Ik zweeg maar een fractie van een seconde, want ik wist het meteen. 'Jij bent... licht. Licht in de duisternis.'

Onze ogen ontmoetten elkaar en hoewel ze niets zei, zag ik wat ze dacht. Ze bloosde. Ik wilde niets liever dan haar kussen. Aanraken.

'Ik moet terug naar de universiteit,' zei ze en ze stond op. 'Anders kom ik te laat.'

Ik stond ook op en probeerde mijn gedachten te ordenen tot iets zinnigs.

Ze streek haar jurk glad en stopte de bekers terug in haar tas.

'Dank je wel voor de koffie,' zei ik.

'Het was fijn je te spreken, Henryk.'

Ik voelde kippenvel op mijn armen en een tinteling in mijn nek toen ze mijn naam zei.

'Misschien nog eens?' opperde ik. 'Zelfde plek?'

'Zelfde tijd?'

'Morgen?'

Ze glimlachte instemmend en vertrok.

7

MIRIAM

'Auschwitz,' zegt ze. Ze zet de boodschappen in de keuken, geeft haar vader water te drinken en legt hem in een andere houding.

Peinzend over het woord 'Auschwitz' wast ze haar handen lang en uitgebreid. Als ze klaar is bloeden er drie vingernagels en voelt ze zich misselijk van de pijn van het hete water.

Volkomen uitgeput laat ze zich in de stoel neerzakken, trekt een deken over haar knieën en valt in een diepe slaap. Midden in de nacht wordt ze wakker. Vol schuldgevoel begint ze meteen haar vader te verzorgen: ze geeft hem water dat hij gulzig opdrinkt en biedt hem iets te eten aan, wat hij niet wil. Ze dekt hem weer toe nadat ze hem in een andere houding heeft gelegd en als hij weer rustig is, gaat ze uit het raam staan kijken.

Het is zaterdagavond. Ze hoort stemmen. Sirenes. Maar hun straat is rustig.

In het donker haalt ze zachtjes het horloge van zijn pols. Ze kijkt een tijdje naar het nummer – alsof de grijze lijntjes in zijn huid antwoorden bevatten.

Het artikel in de krant dat ze eerder die dag zag, kopte: 'VRIJHEID!' De Muur is dan wel gevallen, maar is haar vader ooit vrij geweest? Ze schuift het horloge weer op z'n plek en slaat de deken over hem heen.

Dan gaat ze naar de keuken om de vergeten boodschappen uit te pakken en de borden die op een stapel naast de gootsteen staan af te wassen. Ze kan geen theedoek vinden, en er ligt ook geen schone in de la. Ze droogt haar handen in de badkamer en ademt diep in voordat ze het licht in de kamer van haar moeder aanknipt.

De chaos die ze er de dag ervoor heeft achtergelaten ligt er nog net zo en ze vindt de theedoek tussen de jurken, die in een hoopje half vóór en half ín de kast liggen.

Toen ze klein was, verstopte ze zich hier, paste ze al haar moeders schoenen aan en speelde ze met de kwastjes en de stof van de jurken, die als regensluiers om haar heen vielen, terwijl ze de bedreigende storm uitzat die in het appartement woedde.

Ze stopt de schoenen terug in hun dozen en hangt haar moeders jurken terug aan de rail; ze zijn gekreukeld. Met een schuldig gevoel strijkt ze ze glad, voorzichtig ze niet met haar gewonde vingers aan te raken om er geen vlekken op te maken.

Ze stapelt alle schoenendozen op: dansschoenen, chique schoenen, zomer- en winterschoenen. Zelfs de schoenen die mama aanhad op Miriams trouwdag. Elk paar onberispelijk en goed verzorgd. Maar er staat iets in de weg, achter in de kast; ze krijgt de stapel niet recht. Dus haalt ze alle dozen weer tevoorschijn en voelt op de bodem. Ze ontdekt het handvat van een oude reistas die blijkbaar is omgevallen.

De tas is zwaar en ze herkent hem niet. Ze zet hem naast zich neer en gaat verder met het inruimen van haar moeders kast. Als ze zich omdraait ligt de tas als een geduldige hond op haar te wachten. Het slotje klikt en de grote muil van het beest spert zich open.

Er komt een vergeeld laken uit, de kleur van een verschoten narcis. Miriam gaat op het voeteneinde van het bed zitten. Hoe meer ze het laken openvouwt, hoe heviger de geur van urine, zweet en vuil is die eruit opstijgt. Het laken is groot en de inhoud ervan valt in haar schoot. Een blouse, lichtgrijs met donkere strepen. Als ze hem optilt, verandert hij in een jurk; lang en gemaakt uit dikke, ruwe katoen. De jurk heeft een puntige kraag en drie knopen middenvoor. Als ze het gele laken helemaal uitvouwt, blijkt het het formaat van een eenpersoonsbed te hebben. Ze staat op, spreidt het uit op de vloer en legt de jurk erbovenop.

Als een schaduw in de zon. Ze kan haar ogen er niet van losmaken.

Er zitten gaten in de jurk, hij is op sommige plekken gerafeld en er zitten vouwen in, alsof hij al heel lang in de tas ligt.

Een gestreepte jurk.

Een uniform.

Ze neemt hem mee naar de kamer van haar vader.

'Wat is er met mama gebeurd?' vraagt ze. 'Pap... Ik heb iets gevonden...' begint ze. Dan zakt ze neer op de stoel en barst in tranen uit – van uitputting, verlies en nog iets.

Angst.

HENRYK

Ik bleef voor mijn gevoel de hele verdere dag op het bankje bij de Spree zitten kijken naar de overvliegende eenden en de roerloze reigers die aasden op een vangst. Toen ik wist dat Emilie thuis moest zijn, stond ik eindelijk op. De hele weg terug dacht ik erover na hoe ik het haar moest vertellen, hoe ik het gevoel dat ik had moest omschrijven, zodat ze het kon begrijpen. Ik had Emilie altijd alles verteld. Praten was als ademhalen met haar. Het leek ondenkbaar haar er niets over te vertellen, maar ondanks mijn omwegen en getreuzel, wist ik toen ik thuis aankwam nog steeds niet wat ik moest zeggen.

'Henryk, ben jij dat?' riep ze ongerust vanuit het kleine hok dat nu onze keuken was. Ons appartement was een soort uitstalkast, het stond propvol met alle mooie dingen die in ons vorige appartement smaakvol her en der verspreid hadden gestaan. Hier werd elk vrij plekje in beslag genomen door schilderijen, snuisterijen of boeken. En daar was mijn vrouw, met haar schort om, de banden niet vastgestrikt maar loshangend op haar rug.

'Hoi.' Ik liep naar haar toe en gaf haar een kus op haar wang.

'Waar heb jij gezeten?' vroeg ze.

'Wandelen.' Ik pakte de losgeraakte banden van haar schort, strikte die vast en streek het ziekenhuisuniform eronder glad. Ik pakte haar pols en trok haar in mijn armen, leidde haar kleine gestalte de veel te volle woonkamer in. Ik neuriede een deuntje en nam haar mee in een nogal snelle wals.

'Wat doe je?' vroeg ze lachend.

'Ik voel me gelukkig,' zei ik en ik wilde net gaan uitleggen waarom, de woorden gewoon uit mijn mond laten dansen, haar laten delen in mijn blijheid, toen ze abrupt bleef staan.

'Wat is er om gelukkig om te zijn?' zei ze. Ze stond op haar tenen en de blik in haar ogen was zo doordrenkt van verdriet dat ik het voelde tot op het bot. Ze legde haar hand op mijn wang, kuste me en liep terug naar de keuken.

De waarheid sloeg me meedogenloos in het gezicht en ik voelde me plotseling volkomen vermorzeld: de reden voor mijn geluksgevoel was precies wat Emilie zou verwoesten.

MIRIAM

De jurk, het uniform, ligt op haar schoot. Papa slaapt en de nacht hangt in alle hoeken van de kamer. Ze raakt de knopen aan, glad en rond. De zak voorop is gerafeld. Er steekt iets hoekigs door de stof. Ze voelt met haar hand in de zak en hoort iets ritselen, maar er zit niets in. En er is ook geen naadje los of iets dergelijks.

'Er zit iets in,' zegt ze hardop. Haar stem echoot door de duisternis.

Miriam haalt haar moeders naaischaartje uit de la in de woonkamer. Ze voelt de kou van het metaal in haar hand sijpelen, de zachte ronding van het staal bij de openingen voor de duim en wijsvinger, het kleine schroefje dat de snijbladen bij elkaar houdt maar ze ook laat spreiden. Haar vingers strelen over het metaal totdat ze bij de punt is. Ze laat haar vingertop erboven zweven.

De druk van het metaal prikt in haar vlees en zodra het begint te bloeden, ontspant haar lichaam zich alsof het in een warm bad zakt. Ze kijkt hoe de druppel zich op haar wijsvinger vormt. Ze haalt diep adem. Een onbenoembare zwaarte ontwart zich.

Een bekend en welkom gevoel. Een oude vriend.

Ze schraapt haar keel en steekt haar vinger in haar mond. De ijzersmaak is een speldenprik op haar tong en verwarmt haar gehemelte.

Ze tornt een paar steekjes van de stiknaad los en als ze haar vingers in het gat steekt, voelt ze een stukje papier. Opgevouwen, niet groter dan een lucifersdoosje.

Uitgevouwen is het zo groot als een vel van een schoolschriftje en zo dun als vloeipapier.

De letters zijn geschreven in het kleinste handschrift dat ze ooit heeft gezien. Het is bijna onleesbaar. Ze draait de lamp zo dat hij recht op haar schoot schijnt en haar donkere rok zorgt ervoor dat de grijze potloodletters duidelijker te zien zijn. Het papier is helemaal volgekalkt, zonder marges, zonder alinea's, het is van top tot teen bedekt met letters, aan beide kanten.

Ze kijkt nauwkeuriger. Ze voelt haar huid prikken, er gaat een huivering door haar heen. Miriam tilt het papier – een ingewikkeld spinnenweb van woorden – naar het licht op en begint te lezen.

Lieve Henryk,
Eugenia Kawinska gelooft dat ze niet langer bestaat, ze is gestorven op het moment dat we hier veranderden in een nummer.

Feitelijk sterven en tot stof vergaan is irrelevant nu.

Ik luister naar haar, maar kan de woorden niet echt tot me *laten doordringen. Ik probeer hoop te houden. Maar hoop is hier hetzelfde als luchtkastelen bouwen, een kinderlijke fantasie. Naïef. Eigenlijk niet meer dan een verre herinnering.*

Een herinnering aan de roodstenen brug van Gleis 17, aan een tijd vóór deze.

Nu worden we verstikt door de geur van onze eigen lichamen. De wollen dekens drukken op ons als een ongewenste cape van lethargie. Het enige wat beweegt is mijn ademhaling, die slap en uitgeblust in de zomerschemering blijft hangen. Ik houd mijn potlood bij me en verdedig het met mijn leven. De meesten bidden hier, maar ik kan geen andere manier vinden om te blijven bestaan dan dit, dus omklem ik mijn potlood stevig om iets op papier te kunnen zetten en een leven te redden. Mijn leven.

Eugenia begon te praten, bijna in zichzelf, en omdat ze in onze besloten ruimte zat, in onze beperkte zuurstof, luisterden we.

Ze vertelde over haar gevangenneming.

Ze hield zich schuil in een witgeschilderde kist met een gordijn ervoor, achter in een winkel in haar woonplaats Lublin, en wachtte. Ze hoorde de aarde beven van woede terwijl de soldaten mensen de darmen uit hun lijf rukten, vrouwen verkrachtten en de stad platbrandden. Iedereen werd gedood of afgevoerd.

Eugenia zei dat het leek of ze een nachtmerrie had, een akelige droom waarin je moet vluchten maar dat niet kan, je benen verlamd en verdoofd.

Dat is hoe ik me hier voel, elke minuut, elke dag, zonder jou.

Eugenia is katholiek. Je zou haar leuk vinden: ze heeft iets warms en geruststellends. Ik denk dat ze, voordat ze hier kwam, leek op de engelen die we op het schilderij De maagd op de rotsen *hebben gezien; een vredige schoonheid. Haar gezicht is nu getekend door haar lijden, er staan rimpels in haar voorhoofd geëtst en haar ogen schieten te snel heen en weer, maar als ze praat, heeft ze iedereens aandacht. Ze is zo waardig, zo kalm en gracieus. Ze heeft zelfs de krullen van een engel en de welving in haar lippen.*

Eugenia zei dat ze het lawaai van de dodenmars buitensloot. Ze sliep niet, maar was ook niet echt wakker. Ze hoorde stemmen, fluisteringen, rennende voeten en toen ging er een ander deel van de kist waarin ze zich schuilhield open, er stroomde licht naar binnen. Niet in staat om haar hoofd op te tillen, probeerde ze te zien wat er aan de andere kant gebeurde. Ze zag schoentjes, blauwe, doorgestikt met een groene draad. Babyschoentjes. Eén veter half los, de andere helemaal. Grijze sokjes erboven en roze, dikke beentjes.

Een moeder met een baby.

Eugenia vertelde hoe de moeder probeerde haar baby stil te krijgen maar dat hij begon te schreeuwen toen ze hem erin zette. De kleine schoentjes en de babybeentjes erboven probeerden uit de kist te klimmen, maar hij was te klein. De mama praatte zachtjes tegen hem. Ze zei dat hij moest gaan liggen, maar hij bleef staan. Hij hield een doekje in zijn hand geklemd en stak zijn armpjes elke keer als zijn billetjes de bodem raakten weer omhoog naar zijn moeder.

De moeder had geen schoenen aan toen ze ook in de kist klom en hoewel ze maar een dun jurkje aanhad, deed ze haar jasje uit en wikkelde dat twee keer om het kind, alsof ze het instopte in zijn bedje. Ze ging zitten en krulde zich om hem heen – er was geen plaats voor haar om plat te liggen. Ze probeerde hem van alle kanten te beschermen met haar lichaam; ze was zijn kussen, zijn bed en zijn deken, allemaal tegelijk. Toen trok ze het deksel dicht en was het weer donker.

Henryk, ik schrijf hier op wat ze zei om het te behouden, omdat ze het zo vertelde. Het zijn haar woorden, niet de mijne.

'Ik wilde haar gezicht niet zien. Het was een tijdje stil, de mama fluisterde tegen haar baby. Toen ik dat liefkozende gebrabbel hoorde, de eenvoudigste manier om iemand te troosten, gerust te stellen, voelde ik me

opeens zo hopeloos triest. Zo verlaten. Ik viel in een diep gat, mijn maag voelde hol.

De baby werd gevoed, ik hoorde het kind zuigen en smakken en slikken, eerst luid en daarna zachter. Hij moet in slaap zijn gevallen tot de orkaan losbarstte.'

Miriam laat zich achteroverzakken in haar stoel. Stil.

8

HENRYK

De perrons op station Berlin-Grunewald waren veilig voor de oorlog begon. Een plek waar mensen naartoe kwamen om alles achter zich te laten, te genieten van hun vrijheid. Maar 1944 was geen veilig jaar en men vertrok er niet langer om op vakantie te gaan.

Men vertrok er op een gedwongen reis, naar een onbekende bestemming.

Zwetend en met een dorst die de zure oprispingen van haat uit mijn maag onderdrukte, vond ik samen met Frieda een klein plekje om te zitten, maar rusten konden we niet. Opgejaagd, gecommandeerd en weer opgejaagd.

Het was laat in de nacht toen we werden opgepakt, we hadden urenlang door de straten moeten marcheren, en nu we eindelijk met onze rug tegen de rode stenen van de stationsbrug zaten – met vóór ons de houten veewagons in een lange rij op de rails –, was ik in staat een blik op Frieda te werpen. Haar ogen waren nat van de tranen, die echter niet vielen.

'Het spijt me,' zei ik.

We zaten in het oog van de storm. Te wachten. Bij Gleis 17. Net zoals honderden andere mensen, mensen zoals wij. Iedereen probeerde zich zo veel mogelijk te beschermen tegen de kou. Het gedempte geroezemoes van onzekerheid werd doorsneden door het gestamp van leren laarzen op de keien, geschreeuw en schoten. Honderden mensen bij elkaar. Sommige met bagage, maar de meeste met niets anders dan elkaar – zoals wij.

Ze zat weggedoken in mijn jas, de donkerblauwe kraag opgezet tot over haar oren; haar haar hing er los overheen. Ik voelde haar hartslag alsof we met elkaar verbonden waren door een onzichtbaar koord, elke klop van haar hart stuwde bloed door mijn aderen. Een gesprek tussen harten.

Met Frieda stonden mijn woorden me nooit toe dat ik ze vrijelijk liet stromen, zoals ik gewend was bij Emilie. Ik verschool me achter de woorden van grote dichters, de beste schrijvers die de tijd had voortgebracht. Ik kon niet op mijn eigen woorden vertrouwen omdat ze mijn lippen deden barsten en mijn tong ruw maakten. Ik hoorde woorden tegen haar te zeggen die van mezelf waren, maar vaak was dat niet eens nodig. Ik stamelde en hakkelde tegen haar over hoe nieuw en hevig mijn gevoelens waren.

Ze daagde me uit met haar ogen, trok mijn blik weg van mijn eigen vingers, die zich onzeker in elkaar wrongen, en keek me aan. Ze zág me. Ze keek in mijn diepste binnenste.

Een docent literatuur, een man die drie talen vloeiend sprak, maar ik kon de woorden niet vinden. Ik wauwelde maar wat. Het was als schrijven met water. Net zo frustrerend. Zij leerde me de taal van stilte te spreken, de poëzie van oogcontact.

Ik sloot mijn ogen voor de wereld om me heen en luisterde alleen naar het kloppen van haar hart, als regen die klettert op de straat.

Ze rook naar de warmte van thuis.

Ik kon niet slapen terwijl we zaten te wachten op het perron, dus legde ik mijn vingers op de ruwe kraag van mijn oude jas. Ik hield Frieda dicht tegen me aan terwijl ik me terugtrok in herinneringen, omdat leven in het verleden betekende dat ik de nacht kon overleven.

MIRIAM

De telefoon gaat.

Ze staart naar de brief die boven op de jurk ligt – het uniform – op het voeteneinde van zijn bed, tot hij vervaagt in de schaduw van het flauwe ochtendlicht.

'Jullie allebei?' Er welt een traan op, die ze niet wegveegt maar laat vallen. Hij wordt opgezogen door de stof van haar rok.

De telefoon gaat weer, maar deze keer houdt het gerinkel niet op. Miriam laat de jurk, de brief en haar vader achter om op te nemen.

'Hallo?'

Ze hoort alleen statische elektriciteit.

'Hallo?'

Niets. Haar hart bonkt in haar oren. 'Met wie spreek ik?'

De haren in haar nek gaan overeind staan. Kippenvel. De stilte wordt steeds luider, de muren om haar heen beven. Moeizaam maakt ze de hoorn los van haar oor en legt die terug op de haak. Haar hand omklemt het plastic.

Ze laat het bad vollopen in het vroege ochtendlicht en huivert als de stoom opstijgt. Ze is begraven. Bevroren. Diep in het badwater wordt haar kippenvel weggebrand. Haar gedachten vormen zich als losse druppels water, tot ze stromen.

Gekleed in een katoenen rok en een trui loopt ze de woonkamer in. Weer rinkelt de telefoon. Ze pakt de hoorn langzaam op en houdt hem tegen haar oor.

'Hallo?'

'Miriam,' antwoordt een stem. Een bekende stem. *Zijn* stem.

Axel.

Miriam hangt snel op. Ze staart naar de hoorn. Naar de vochtige plek van haar zwetende handpalm. Dan trekt ze de stekker eruit en staat even over de tafel gebogen: de te grote lampenkap, de doos met tissues, een notitieblok en nu ook de telefoon.

Tot stilte gebracht.

In de slaapkamer van haar vader laat ze zich in de oude stoel zakken, die meerdere malen opnieuw is bekleed, nu met corduroy. Haar kleine, smalle handen glijden over de stof en dan weer terug, met de vleug verandert de kleur van diepbruin naar wijnrood.

Heen en weer.

In deze stoel heeft ze in al die jaren gelachen en gehuild, tegen haar vader gepraat, tegen zijn rug of zijn gezicht...

Haar vingers gaan heen en weer, steeds sneller, over de randjes in de stof, ze graaft haar nagels erin om een tevredenstellende vouw te maken. Haar gedachten gaan terug naar de brief en de persoon die hem heeft geschreven als haar handen veranderen in poten die in de stoel klauwen.

Haar trouwring is de enige smet, de dikke, gouden band zuigt haar vinger erin en spuugt die dan weer uit, haar knokkel lijkt erdoor misvormd. Ze houdt op met het klauwen in de stoel en begint aan de ring te klauwen. Ze heeft hem nooit afgedaan en bij het idee dat ze dat nu wél gaat doen, kijkt ze angstig om zich heen.

Papa ziet er vredig uit, hij slaapt op zijn zij.

Ze wringt de ring over haar knokkel. Hij schiet van haar vinger af en belandt op haar schoot. Haar vinger, nu met een bleke, blote band, lijkt helderwit op te glanzen. Met haar lippen strijkt ze de nieuwe huid glad.

Wat ze met de ring op haar schoot moet doen weet ze niet,

dus pakt ze hem tussen haar duim en wijsvinger, trekt haar knieën op, slaat haar armen eromheen en legt de ring erbovenop. Ze staart naar de lege ring, een oneindige cirkel.

De intercom zoemt en ze springt op. De ring stuitert weg over de vloer, naar de hoek van de kamer. Hij ligt naar haar te glimmen en ze raapt hem op en stopt hem zolang in de zijden voering van de zak van haar rok.

'Frieda,' mompelt haar vader. Zijn voeten maken een onwillekeurige beweging, net zoals de poten van een hond in zijn slaap.

De intercom wordt gevolgd door een klopje op de deur en een stem die door de brievenbus roept. Ze kan het niet verstaan door de herrie van het bed en het interesseert haar niet.

Feitelijk sterven en tot stof vergaan is irrelevant nu.

Ze is Frau Voight, niets meer dan een naam, waar Eugenia niets meer dan een nummer was.

Maar het uniform, de brief, betekenen dat mama daar ook heeft gezeten.

Mama is dood.

En Miriam heeft het nooit geweten.

En papa...

En wie was Frieda?

Ze is alleen met al haar vragen.

'Het is te laat,' zegt ze. 'Ik ben te laat.' Er is niets wat ze kan doen om het verleden terug te halen, de vragen te stellen, te begrijpen, haar ouders écht te kennen. Deze... deze jurk verandert alles: hij kleurt elke herinnering en alles wat ze dacht te kennen.

Een bons op de deur en een bekende stem. 'Miriam,' wordt er geroepen.

Ze loopt stijfjes naar de hal, haar benen zijn ijskoud.

'Hilda?' Miriam doet de voordeur open.

Hilda raakt haar arm zachtjes aan terwijl ze langs haar heen naar de slaapkamer loopt. 'Alles goed met je?'

'Ik... sliep,' zegt ze terwijl ze achter Hilda aan loopt.

'Natuurlijk. Het is nog vroeg. Hij ziet er uitgerust uit.' Hilda richt zich tot haar vader. 'En hoe gaat het met u vanmorgen, Herr Winter? Henryk, je ziet er goed uit vandaag!'

Miriam wrijft in haar ogen terwijl Hilda naar het bed stommelt.

'Zal ik thee zetten? Koffie?'

'Koffie graag.' Hilda opent haar tas.

Miriam zet water op en blijft in de keuken staan wachten tot het kookt. Als de ketel fluit, de dop eraf springt en het water uit de tuit borrelt, schrikt ze op, verbaasd dat het al zover is. Even was ze helemaal weg.

Een stukje tijd. Kwijt. Eén vingerknip. Weg.

'Slaap, ik heb gewoon slaap nodig,' zegt ze terwijl ze het theezakje in de mok doopt.

'Heb je hulp nodig?' Hilda staat in de deuropening en trekt haar handschoenen uit terwijl Miriam het theezakje over de rand van de mok trekt en er een golf thee meekomt.

'Geen koffie?' vraagt Hilda.

'O! Sorry! Ik ben er niet bij met mijn hoofd.' Ze wil de thee weggieten door de gootsteen, maar Hilda houdt haar tegen en omvat de mok met beide handen. 'Geen probleem, thee is ook goed.'

Samen lopen ze terug naar de slaapkamer.

'Hoe is het gegaan hier?'

'Hij is rustig, maar oké.' Miriam kijkt naar zijn steeds kleiner wordende silhouet en de tas. De jurk ligt niet langer op het voeteneinde. 'Waar is die jurk?' vraagt ze nerveus. 'De jurk die op het bed lag, waar is die?'

Hilda wijst. 'Daar.'

Miriam snelt naar de stoel, pakt de jurk met twee handen op en houdt hem tegen haar borst.

'Wat is dat voor een jurk?'

'Een uniform, denk ik.' Er gaat een huivering door haar heen. 'Zij heeft er ook gezeten,' zegt Miriam. 'Allebei. Ze hebben er allebei gezeten. Ik heb deze in haar kast gevonden... En een brief die erin zat.'

'Gaat het wel goed met je?' vraagt Hilda. Als Miriam geen antwoord geeft, zegt ze: 'Waarom ga je er niet even uit vandaag? Ik heb alleen je vader op mijn lijstje vanochtend, jij kunt...' Ze lopen de woonkamer binnen, die ruikt naar boenwas en stoffige zonneschijn. 'Het is prachtig weer buiten.' Hilda doet de gordijnen en daarna het raam open om haar woorden kracht bij te zetten. De zon schijnt de lang vergeten kamer in. Er zweven stofvlokjes om haar heen.

'Ik kan niet bij hem weg,' zegt ze. 'Ik... Ik heb zoveel gemist. Ik laat hem niet weer in de steek.'

Hilda gaat zitten en legt een hand op Miriams arm. 'Ze hebben niet gewild dat je het wist. Als dat wél zo was, hadden ze het verteld. Kom, ga een stuk wandelen. Daar knap je van op.' Ze wordt steeds geestdriftiger over haar eigen idee en knikt aanmoedigend. 'Ik blijf hier.'

En hoewel elke cel in haar lichaam níét in beweging wil komen, wordt ze even later met jas en laarzen aan de deur uit gebonjourd.

Buiten is het bijtend koud. Miriam ademt de frisse lucht diep in. De wereld is aan het ontwaken en er is zo weinig verkeer dat het zondag moet zijn.

De wereld draait gewoon door.

Ze heeft al zo lang niet zomaar wat rondgezworven... Hoe langer ze loopt, hoe meer haar spieren ontspannen. Op het kruispunt slaat ze rechts af de Danckelmannstraße in. De klassieke Berlijnse huizenblokken glanzen wit in het ochtendlicht. Alle winkels en restaurants zijn dicht en de fietsenrekken leeg. De glazen fronten van de gebouwen zijn met elkaar verbonden als een reeks slingerende treinwagons. Ze loopt langs een kledingwinkel, een Italiaans restaurant, een tweedehandsboeken- en platenwinkel. De bewoners in de appartementen erboven zijn slaperig stil.

Haar voeten nemen het ritme van de cadans van een trein op de rails aan, het ritme van het kloppen van haar hart, maar haar hoofd is verdwaald in een brief uit het verleden.

'Gleis 17' werd erin genoemd. De foto van de veewagons in het boek in de bibliotheek. En het onderschrift: 'station Grunewald'. Waarvandaan ze de mensen, haar ouders ook, wegvoerden, ongetwijfeld naar de kampen.

Als ze de Lietzensee nadert, gaat ze rechts naar de Sophie-Charlotten-Straße. Ze gaat terug naar waar het is begonnen. Want ze hebben het allebei overleefd. Ook al zijn ze van elkaar gescheiden, uiteindelijk zijn ze eruit gekomen.

Ze zet koers naar Grunewald. Ze is nerveus; ze ademt oppervlakkig en haar hart bonkt in haar oren. Het station is stil als ze het stenen gebouw binnengaat, de bloemist gesloten, en omdat een station een plek is waar het druk hoort te zijn, is de stilte unheimisch. Een wit bord met zwarte letters verwijst naar het perron. Ze ademt diep in en volgt de pijlen.

9

MIRIAM

De rails zijn roestig, bedekt met bladeren en steentjes. Ze staat op het perron en de wind brult als een levend wezen om haar heen, grommend, kreunend en fluitend door de bomen. De punt van haar neus en haar oren tintelen. Het is alsof ze op een trein uit het verleden wacht.

Drie houten bielzen liggen op elkaar gestapeld, schijnbaar lukraak, met een bronzen plaat erbovenop geschroefd als herinnering aan alle deportaties die vanaf hier plaatsvonden. Zoveel jaren geleden. Een heel leven geleden. Haar handen worden ijskoud en haar voeten gevoelloos terwijl ze zo staat. Wachtend. Rozenstelen ritselen in de wind. Ooit ter nagedachtenis neergelegd, laten de blaadjes nu los. Ze waaien weg en mengen zich met de bladeren en de steentjes die al op de rails liggen. Eén blaadje zweeft langs haar voeten, ooit rood, nu zwart verschrompeld. Ze bukt en pakt een steen. Haar vinger glijdt langs de scherpe randen, de zwaarte voelt geruststellend.

Miljoenen mensen zijn gedeporteerd, gedood. Degenen die de rozen hebben neergelegd waren hier om te herinneren, haar ouders kozen ervoor te vergeten. Waarom?

Ze legt de steen op de bielzen. 'Voor mama,' zegt ze. Dan kiest ze een andere steen uit om naast de eerste te leggen, zodat ze elkaar raken. 'Voor papa.'

Ze hebben het overleefd. Terwijl de meesten stierven. Ze hebben ervoor gekozen een leven te leiden dat vrij was van het verleden. Waarom heeft haar moeder dat uniform dan toch bewaard?

Er verzamelen zich wolken boven haar hoofd en de wind draait. Ze hurkt voor de stapel bielzen neer en fluistert: 'Waarom heb je die jurk bewaard?' Ze klemt haar lippen hard op elkaar. 'En die brief...' Haar moeder had het nooit over een Eugenia gehad. Waarom zou ze een brief bewaren die niet echt van háár was?

Haar herinneringen waaien steeds een andere kant op, als rook, ze veranderen elke keer door de richting van de wind en verdwijnen plotseling als ze achter zich voetstappen over het grind hoort knerpen.

Twee mensen, een man en een vrouw, allebei in lange zwarte jassen met bonthoeden. Ze hebben bloemen bij zich.

Miriam knikt hen toe en merkt dan de stenen op. Zoveel stenen, zoveel mensen. Waarom heeft haar moeder een jurk met één brief erin bewaard?

Er moet méér zijn.

Iets anders misschien.

En terwijl ze leven in haar voeten stampt, krijgt ze opeens haast. Om weg te gaan van de plek die is blijven hangen in het amber van de herinnering, terug naar huis, naar het heden, naar papa en de jurk. Om te weten te komen wat er is gebeurd. Haar adem wolkt voor haar uit als het begint te spetteren.

Als ze het station uit komt, regent de grijze lucht. Ze is doorweekt vóór ze aan het einde van de parkeerplaats is, haar capuchon druppelt water over haar gezicht. Ze vindt een eenzame taxi die net weg wil rijden en houdt hem aan.

De gemaakte opgewektheid van de chauffeur en de radio doen Miriam verstommen. Het is een aanslag op haar zintuigen na de heldere frisheid van het perron. Het vredige respect voor het verleden dreigt te worden weggeschetterd door goedkope muziek.

'Waar wilt u naartoe?' vraagt de chauffeur terwijl hij de achteruitkijkspiegel zo draait dat hij haar kan aankijken. Ze noemt het adres en ziet de veeg van zijn vingerafdruk die achterblijft op het glimmende spiegeltje. Het licht wordt er op een ongewone manier door weerkaatst. Terwijl ze door de natte, verlaten straten rijden wordt haar oog er steeds opnieuw naartoe getrokken. De piepende ruitenwissers zwiepen sterrenregens van waterdruppels over de straten. Dichter bij huis vraagt ze zich plotseling af waar Axel is en opeens voelt ze zich misselijk, alleen maar omdat ze aan hem denkt.

'Geen probleem als ik de radio harder zet?'

De gemaakte vrolijkheid van de chauffeur schalt haar tegemoet.

Ze betaalt de chauffeur. Hij wenst haar een gelukkig kerstfeest en rijdt weg. Ze staat op de stoep voor het enorme appartementenblok van vijf verdiepingen. De eikenbomen die de straat aan beide zijden flankeren hebben hun bladeren laten vallen op de keitjes. De voordeur is als een wit vuurbaken dat op zee verdwaalde schepen naar huis leidt.

Ze gaat naar binnen en de trap op, het bont van haar capuchon kriebelt op haar huid. Ze loopt zo snel ze kan, maar haar voeten zijn traag, elke stap is zwaar, alsof ze door water waadt.

Ze zoekt de sleutel in haar tas, draait die om in het slot en gaat het appartement binnen.

De tijd verstrijkt als een reeks foto's. Flits. Foto. Stap. Haar gedachten draaien in cirkels. Ze hoort de matras en de radio op de achtergrond.

Zijn deur gaat open en hij lijkt dood.

Ze zet een stap naar binnen, onzeker, haastig, maar blijft staan als de geur van overrijp fruit haar, sterker omdat ze weg is geweest, in het gezicht slaat.

Zijn borst rijst en valt.

Ze glimlacht naar Hilda in de stoel. De radio speelt een vioolsolo en Miriam hoort de jankende scherpe noten over elkaar buitelen. Ze doen haar denken aan reizen en afscheid nemen.

'Het weer is omgeslagen, hè?'

Ze knikt.

'Ik bedacht iets,' zegt Hilda terwijl ze opstaat. 'Nu je toch hier blijft, is het misschien verstandig langs een dokter te gaan?'

Miriam trekt haar jas uit en geeft een kus op haar vaders papierdunne huid.

'Ik mankeer niets.' Miriams stem gaat omhoog maar valt dan snel omlaag, alsof ze op de een of andere manier plotseling haar middelpunt kwijt is. Ergens tussen de wilskracht op het perron toen ze naar de stenen keek, en nu, terug in het appartement, losgerafeld.

Hilda stopt haar bril in haar tas. 'Ik vind dat je het geweldig doet. Maar het zou verkeerd zijn als ik je geen steun aanbood, medisch of anderszins.' Ze doet haar tas dicht en hangt hem over haar schouder. 'Denk erover, ja?'

Miriam kijkt naar haar vader. Zijn wangen zijn roze en zijn voorhoofd is nat. Ze raakt de rug van zijn hand aan met haar vingertoppen.

'Als dit echt is wat je wilt?' houdt Hilda vol.

Een vuurpijl van frustratie schiet zo snel omhoog dat ze het liefst op Hilda af wil springen om haar in stukken te scheuren.

'Er zijn andere opties, een hospice misschien, als dit te zwaar voor je is. En daarmee wil ik niks ten nadele van jou zeggen, alleen...'

Het vuur in haar binnenste dooft sissend.

'Nee. Ik moet dit doen. Ik wíl het,' drukt ze Hilda op het hart.

'Dan moet jij ervoor zorgen dat je het redt, dat je in staat bent je vader te verzorgen. Ik kan een afspraak voor je maken.' Hilda kust Miriam op beide wangen, alsof ze het gesprek bezegelt, en gaat dan de deur uit.

De solist speelt nog steeds. Miriam zet de radio uit en doodt de harmonie.

HENRYK

De herinnering aan Frieda in mijn jas, nachtblauw. Ik weet dat ik het kan vasthouden als ik het me kan herinneren... Ik zoek naar de herinnering die me in leven hield.

Die me nu ook in leven zal houden.

En in de schaduwen vind ik hem ook, zo gemakkelijk als ik mijn eigen naam weet.

Yeats.

De beelden spatten op zoals de regendruppels deden op het moment dat ik mijn jas uitschudde en over de deur van Frieda's badkamer hing.

'Ze hebben je boeken verbrand vandaag.' Ik zat op het voeteneinde van haar bed en Frieda gaf me een kop thee aan. Ze streek met haar hand door mijn natte haren. Het bed – dat ook in een bank veranderd kon worden – was, naast de salontafel, het enige meubelstuk. De kamer was oudroze geverfd. Het voelde warm, ook al was het er koud.

Haar appartement lag op het oosten en in het middengedeelte van het gebouw. Er was slechts één raam, in de badkamer, wat betekende dat er geen natuurlijk licht en dus ook geen natuurlijke warmte binnenkwam.

'En er staat tienduizend mark op je hoofd.' Ze ging tegenover me op de salontafel zitten en blies op de stoom die als rook omhoogklom uit haar kop. Onze knieën raakten elkaar bijna, maar net niet.

'Tienduizend mark?'

'Ja. Vind je jezelf méér waard dan?' vroeg ze lachend.

'Nee, als het meer was zou zelfs jíj me nog aangeven.'

'Niet zulke dingen zeggen.'

Ik raakte haar knie aan met de mijne, maar ze trok haar been weg. 'Mijn boeken. Allemaal?' Het stak me, hoewel ik wist dat dat niet zo zou moeten zijn.

'Maak je geen zorgen, je was in goed gezelschap. Morgenochtend hangen de wolken vol teksten. Als je dan opkijkt, kan de hele wereld je woorden lezen.'

Ik nam een slokje en staarde omlaag naar mijn beker.

'Wat is er?'

'Ze verbranden Wells en Freud. Ik betwijfel of iemand het verlies van mijn werk zal voelen.'

'Tuurlijk wel. Kijk me aan.' Ik bleef naar mijn beker staren. Haar knieën duwden tegen de mijne, zodat ik bijna morste. 'Het is gewoon een demonstratie. Die boeken overleven die verbrandingen echt wel.'

Toen hief ik mijn hoofd op en keek haar met een intense blik aan. 'Emilie heeft de middelen om uit Berlijn weg te gaan,' zei ik.

'O.' Haar schouders zakten omlaag. 'Wanneer vertrekken jullie?'

'Ik ga niet. Ik kan niet weg hier.'

'Maar je moet!'

'Nee, ik laat jou niet alleen.'

'Het gaat om je leven! Emilies leven! Je hébt niets te kiezen.' Toen, na een stilte: 'Heb je het haar verteld?'

'Ik heb haar de waarheid verteld, zodat zij de keuze had om wél te gaan. Maar dat doet ze niet. Ze noemde me een domme, misleide idioot.'

'Ze heeft gelijk.' Frieda glimlachte. 'In andere omstandigheden zouden we goede vriendinnen zijn. En voor wat het waard is: ik ben het met haar eens. Je hebt hier niets meer.'

'Frieda,' zei ik, en ze keek op. 'Wie is er nu een stomme idioot?'

Ze hield haar hoofd een heel klein beetje schuin en het enige waaraan ik kon denken was een vinger langs haar kaaklijn laten glijden en haar naar me toe trekken.

'Je weet dat het waar is. Ik móét het zeggen: je hebt geen andere keus, Henryk. Je móét weg.'

'Voel je je nu beter?'

'Beter? Hoezo? Omdat ik je vertel dat je weg moet, misschien wel voor altijd, met je vrouw? Ga en leef nog lang en gelukkig zonder mij?'

'Waarom dan?'

Onze gezichten waren elkaar intussen zo dicht genaderd dat ze alleen nog gescheiden werden door een sliertje stoom.

'Omdat je het misschien nodig hebt om het te horen. Van mij.'

'Toestemming?'

Ze knikte.

'Als ik toestemming nodig had om te vertrekken, zou ik nooit zijn gebleven. Zo eenvoudig is het niet en dat weet je best.' Ik zette mijn beker op de vloer.

'Het land is kapot,' zei ze. Maar terwijl haar lippen bewogen en de woorden vormden, keek ik haar diep in de ogen en vlamde die onbenoembare verbintenis weer op. Het was een verbintenis die niet concreet was, waar geen woorden voor waren, een diepe en lichtelijk oncomfortabele herkenning. Ik begreep het niet echt, maar wist wel dat dát de kracht was tussen ons.

'Het gaat niet om het land of een of ander misplaatst vaderlandsgevoel. Ik blijf omdat ik niet weg kan van jou.'

'Jawel, dat kun je wel.' Ze fluisterde nu bijna. 'Als ik jou kan verlaten, kun jij mij verlaten.'

Ik glimlachte.

'Ik kan je verlaten. Echt. Ik kan bij je weggaan,' zei ze, meer tegen zichzelf dan tegen mij.

Ik leunde intussen zo ver naar haar toe dat ik bijna op mijn knieën voor haar zat. Haar adem voelde warm op mijn gezicht. 'Wie probeer je nu te overtuigen?'

'Al die woorden betekenen niets,' zei ze.

'Ik weet het, we praten, maar –' Ik brak mijn zin af. Ik stond in tweestrijd: ik wilde haar lippen kussen en intussen bedenken wat ik bedoelde. Maar als ik dat deed, kon ik niet meer in haar ogen kijken en verloor ik de magische betovering van de koestering van haar blik. 'Ik hou van Duitsland,' zei ik om iets te zeggen. 'Het Duitsland van vroeger, bedoel ik.'

Ze glimlachte, leunde wat naar achteren om een slok te nemen en zette haar beker naast de mijne op de vloer. 'Je bent precies hetzelfde als Yeats.'

Dat deed ze vaak: op een onbewaakt moment iets zeggen wat voor haar waarschijnlijk logisch was, maar waar ik niets van begreep. Ik mompelde wat terwijl ik haar schouders, haar kaaklijn bewonderde, de manier waarop ze haar hoofd schuin hield.

Ze lachte. 'Je verwart de liefde voor je land met de liefde voor een vrouw.'

Ik leunde naar achteren. 'Hoezo? Argumenten?'

'Nou, neem "Leda en de zwaan". Dat gaat over de verkrachting van een land, niet van een vrouw. Over zijn liefde voor Ierland. Een somber stukje aarde dat hij "zijn thuis" noemt. Jij zegt dat ík het ben door wie je niet weggaat, maar het is de liefde voor Duitsland die je hier houdt, niet ik.'

Ik nam haar beide handen in de mijne en wreef met mijn duim over haar knokkels. Langzaam. 'Je mag me niet beledigen.'

'Ze zeggen dat Yeats dol op vrouwen was, maar wat het in werkelijkheid was, was houden van zijn land, een gebroken land, boven alles.'

'Is dat verkeerd?'

'Nee, ik zeg alleen dat je, als je echt in je ziel kijkt, zou ontdekken dat ik alles vertegenwoordig wat je aan Duitsland doet denken, het goede en het slechte.' Ze wendde haar blik af. 'En daarom kun je de een niet verlaten zonder de ander.'

'Dat is waar, maar ik verlaat je niet. Het land kan naar de hel lopen.'

'Dat is al gebeurd.'

'Nou dan, ben je klaar?' We zaten neus aan neus, en als ik me verroerde zou ik het oogcontact met haar verliezen en ons gesprek fysiek voortzetten.

Ze trok haar hoofd terug. 'Nee,' zei ze, 'ik ben nog niet klaar.'

'Ga door dan, alsjeblieft. Laat je niet tegenhouden door mij.' Ik legde mijn hand weer over de hare en trok haar naar me toe, mijn benen vlochten zich tussen de hare.

'De besten missen elk geloof,' begon ze.

'En de slechtsten zijn met hartstochtelijke kracht bezield,' vulde ik aan terwijl ik met mijn duim over haar pols streek.

'Precies. Dat gaat over de man,' zei ze.

'Bedoel je dat ik met hartstochtelijke kracht bezield ben?'

'Nee, je mist elk geloof.'

'Echt?' Terwijl ik het vroeg, voelde ik haar lippen op de mijne, vederlicht, verwachtingsvol. Maar ik verloor haar ogen en die waren helderder en groener dan ooit. 'Yeats heeft het over de mens in het algemeen, niet alleen mannen.'

'Nou, zoals je weet...' Ze raakte mijn kin aan en mijn blik, die even was afgedwaald naar een losgeraakte haarlok die los over haar schouder hing, richtte zich weer op haar ogen, 'heb ik allebei... geloof... en hartstocht.' Ze glimlachte.

'Jij,' zei ik, 'bent de uitzondering die de regel bevestigt.'

Ze kuste me en drukte haar lichaam tegen me aan. Ze bewees haar argumenten terwijl mijn handen toestemming kregen over haar hele lichaam te dwalen.

En terwijl onze lichamen spraken, in rust en bij inspanning, verlieten we elkaar niet.

MIRIAM

Ze haalt de jurk tevoorschijn en gaat er naast haar zacht snurkende vader mee op schoot zitten. De gedichten, de collectie, 'als alles weer verworden is tot een ruïne'... De onontkoombare werkelijkheid van het puin van de Berlijnse Muur, de onmogelijke gebeurtenis dat ze bij hem was weggegaan... de hologige gezichten van de Holocaust, 'om in een steen gebeiteld te worden'... om niet vergeten te worden. Ze vouwt de brief open.

Misschien is de jurk helemaal niet van mama? Een sprankje hoop in het duister. Miriam leest de brief nog een keer. Ze weet niet eens waar Lublin ligt.

Ze raakt de jurk aan, haar vingers glijden over het ruwe katoen. Ze zet elke vingertop om de beurt op een streep, alsof ze pianospeelt. Duim, wijs-, middel-, ringvinger (nu zonder ring, denkt ze), pink en weer terug. De witheid van de gekrompen huid op de plek van de ring glanst op onder het lamplicht.

Ze wandelt met haar vingers over de strepen van het uniform tot ze bij de zak is. Er steekt een los draadje uit op de plek waar Miriam de brief heeft gevonden. Ze probeert het terug te stoppen in de stof en zoekt met haar vinger. Er moet méér zijn dan alleen dit.

Terwijl haar vingers in de gerafelde zak porren voelt ze alleen maar stof, stof die zwaar is van de geur van verdriet.

10

HENRYK

Frieda was de eerste die zich losmaakte en me alleen liet. Ik denk dat ze dat moest doen omdat ík uiteindelijk altijd degene was die háár alleen liet.

'Je moet gaan. Het is vlak voor spertijd,' mompelde ze.

'Ik kan blijven,' opperde ik halfhartig.

'We weten allebei dat dat niet kan.'

Lui kleedde ze zich aan; ze knoopte haar blouse niet dicht maar stopte hem in de band van haar rok – zonder iets eronder.

Ik stond achter haar en sloeg mijn armen om haar heen. Met mijn neus in haar haren zei ik: 'In een andere wereld.'

'In een ander leven,' zei ze met een zucht. 'Weet je welke zin uit een gedicht van Yeats me het meest is bijgebleven?'

Ik schudde mijn hoofd en verborg mijn gezicht nog verder in haar haren.

'Een bloeddonkere golf overspoelt alom de rituelen van de onschuld.'

'Stormvloed,' verbeterde ik haar automatisch en ik kuste de huid in haar nek waar ik haar haren had weggestreken.

'Stormvloed,' zei ze.

Ik knikte terwijl ik op het vochtige plekje blies dat mijn kus had achtergelaten.

'Een bloeddonkere stormvloed overspoelt alom de rituelen van de onschuld,' zei ze nog een keer. 'Dat is zo waar.'

'Ik moet gaan.'

'Je moet gaan.' Ze keerde haar hoofd naar me toe zodat ik haar lippen nog een keer kon kussen.

MIRIAM

De geur van de jurk hangt om haar heen als de nacht valt en ze moedeloos nog een keer in elke hoek van de zak voelt of er echt niets in zit. Iets, wat dan ook, waardoor ze begrijpt waarom haar moeder een uniform heeft bewaard met één brief erin – die Miriam totaal niets zegt. En waarover, voor zover ze weet, door haar ouders ook nooit met één woord is gerept. En terwijl ze de moed al wil opgeven, ontdekken haar vingers een extra vakje in de zak zelf waar nog een papiertje in zit.

Rechtop in de stoel probeert ze het papiertje tussen haar wijs- en middelvinger te pakken en eruit te trekken, maar het komt niet in beweging.

'Er zit nog iets,' zegt ze tegen haar vader. Ze gaat terug naar de naaidoos van haar moeder om het schaartje te halen. Deze keer neemt ze het mee terug naar de slaapkamer van haar vader.

Met bevende handen buigt ze zich over het uniform en knipt elk steekje van de naad door tot de zak loshangt. Ze haalt er drie kleine, opgevouwen papiertjes uit, zo groot als een lucifersdoosje.

'Er is tóch meer,' zegt ze. Ze legt het schaartje op de loshangende zak en vouwt het eerste papier voorzichtig open.

Het vel is ongeveer zo groot als een paperback en er mist één hoekje uit. Beide kanten van het dunne papier zijn met potlood beschreven, in een kriebelig handschrift.

De brief lijkt helemaal in het Frans te zijn geschreven.

Ze vouwt nog een papier open, het allerdunste dat ze ooit heeft gezien.

'Heb jij dit geschreven?' vraagt ze, maar aan niets is te merken dat hij haar hoort.

Miriam kan de brief niet vluchtig lezen, het handschrift is te klein, maar haar smeulende vleugje hoop verandert in een flinke vlam: deze is ook in het Frans.

Mama. Ze sprak en las nooit iets anders dan Duits: deze brieven zijn niet vóór haar en kunnen ook niet ván haar zijn, denkt ze opgelucht.

Maar voor en van wie dan?

Ze doet het grote licht aan en loopt naar de lamp naast het bed om die ook aan te knippen. Het derde briefje is zo klein als een portefeuille en ook weer aan beide kanten beschreven. Ze bestudeert de tekst van dichtbij. Het is Duits.

Henryk,
Ik leef. Of tenminste, ik denk dat ik leef. Als ik dood ben zit ik in de ergste hel die een mens zich kan voorstellen. Ik zag je – ik weet dat jij het was – terwijl ik van het perron in de wagon werd geduwd. We waren met meer dan twintig en er was zo weinig ruimte – er waren er al zes dood voordat we vertrokken. Maar ik zag je gespannen kaaklijn terwijl je je hoofd draaide, het verraadde je angst.

Ik herinner me dat ik met mijn hoofd op je schouder lag. Mijn neus raakte net dat gevoelige plekje onder je oorlel. Hoe je daar rook – dat kleine plekje – verborgen voor de rest van de wereld, was van mij. Alleen van mij. De herinnering wordt vergezeld door de geur van je sigaret en de muziek van je woorden terwijl je me voorlas.

Je keek naar links en naar rechts – ik denk graag dat je mij zocht, maar misschien was je daar te bang voor.

Er hebben zich ijskristallen op mijn hart gevormd die pas zullen smelten als ik jou weer zie. Ik voel dat je leeft, want ik weet dat je sterk bent en heel veel kunt doorstaan.

Ik proef zout in de lucht, ik stel me de golven voor, het zand. Er is geen ruimte hier. Onder mijn voeten zijn mensen, en naast me, en, als ik niet op de been kan blijven, boven op me. Ik adem gebruikte lucht.

Ik kan nauwelijks beschrijven hoe het hier is. Het enige wat ik hoop is dat je ergens bent waar het beter is, dat je niet lijdt. Denken dat jij ook in dit soort omstandigheden zit, maakt het erger.

Ik ga proberen uit te vinden wat er is gebeurd. Niemand lijkt me te begrijpen of te horen. Iedereen loopt maar wat rond, doelloos, verzonken in haar eigen wereld van pijn en verlies en probeert zich aan te passen aan alle onbekende regels.

Zodra ik weet waar ik ben zal ik proberen je een bericht te sturen.

Het spijt me.

Miriam legt de brief weg. Ze is er net geweest, op het perron. Waar papa dus ook was.

'De brief is aan jou gericht,' zegt ze.

Hij zegt niets.

'Is deze misschien wél van mama?'

Maar het handschrift lijkt hetzelfde als dat van de eerste brief. Ze legt de twee brieven bij elkaar en pakt de volgende, maar die is weer in het Frans. Hetzelfde handschrift.

'Of van Frieda?' vraagt ze voorzichtig. Hij reageert niet.

Ze weet dat ze geen hoop moet hebben, maar misschien, heel misschien, komt hij terug – als ze iets kan vinden waarvoor hij wil leven.

Haar hoofd zit vol vragen, maar haar handen gaan naar het schaartje. Ze tilt de jurk en de tas met het laken erin op en loopt ermee naar de tafel in de woonkamer. Ze haalt de kandelaars, de placemats en de tafelloper eraf, spreidt het laken over de tafel uit en legt de jurk erbovenop. Dan doet ze alle lichten aan en begint de kraag en de manchetten te betasten.

Er gaat een golf van opwinding door haar heen, alsof ze nog een klein kind is.

Ze volgt de naden met haar vingers en probeert de korstjes en wondjes op haar eigen handen niet te zien. Ze doet de knoopjes open en steekt een hand in de jurk om hem glad te strijken tussen haar handpalmen, maar de naden in de jurk steken uit, alsof er iets tussen zit.

'Er is meer.'

Ze kijkt naar de jurk, die uitgespreid op de tafel ligt: een kadaver dat wacht om opengesneden te worden. Ze knipt de steekjes van de zoom van de kraag open en vindt weer een papiertje dat ze naast de jurk neerlegt, en weer een, en nog een. De hele kraag zit vol briefjes! In het uur erna vindt ze er veel: verborgen in het lijfje, de tailleband, de mouwen en in elke zoom.

Ze werkt om het verleden te onthullen.

Tornt oude woorden los. Oude wonden.

De muffe geur van de jurk is sterk en ze heeft het gevoel dat er watten in haar hoofd zitten.

Ze kijkt naar de stapel briefjes die ze heeft gevonden. Het zijn er zoveel. Sommige groot, andere niet meer dan een snipper, zo klein als haar duim. Sommige zijn gedrukt of getypt, andere zijn geschreven in de marges van een pagina die uit een boek is gescheurd. Eéntje zelfs achter op een blad met muziek. De meeste zijn tot een klein rechthoekje gevouwen, andere opgerold tot het formaat van een vinger.

Als ze zeker weet dat ze alles heeft gevonden wat in de jurk verstopt zat, vouwt ze alle papiertjes uit en strijkt ze glad. Ze telt ze en bekijkt ze stuk voor stuk. Er zijn er veel in het Frans. Zoveel dat ze twee stapeltjes Franse briefjes heeft.

Als ze er een in het Duits vindt, houdt ze dat onder het licht om het meteen te lezen.

Henryk,
Ik schrijf aan jou, maar ik schrijf ook voor mezelf. Want ik weet dat ik, als ik dat niet doe, verloren zal gaan in de massa.

Mijn hart wordt verscheurd – ik weet niet of jij beter wordt behandeld daar, maar ik vrees het ergste. Je verdient dit niet. Ik weet niet of je nog leeft, of je lijdt. De gedachte dat je lijdt is een kwelling. Erger dan de luizen die me doorlopend belagen.

Misschien ben je wel niet op de trein gezet, misschien ben je ontsnapt en ben je met Emilie en zijn jullie gelukkig. Misschien ben je over de grens gekomen, misschien ben je...

De zin is nooit afgemaakt.

Emilie. Mama. Miriams hart springt op. Ze heeft er níét gezeten.

Ontsnapt. Gelukkig.

De wereld tolt om zijn as, zo hard dat hij er bijna af vliegt.

Maar papa heeft een tatoeage. Hij kan niet zijn ontsnapt.

Ze leest verder.

De woorden zijn nu met pen geschreven, vervaagd naar grijs.

De gedachte aan jullie samen vult me met hoop, maar verscheurt me ook: dat je niet aan mij denkt, niet naar me verlangt. Dat ik hier zit en jij gelukkig bent. Ik martel mezelf met gedachten, terwijl het kamp mijn lichaam martelt, en mijn geest.

Ik wist dat het een slecht idee was om naar huis te gaan. Ik rende naar je toe die dag. Ik wist dat je iets nodig had om te kunnen ruilen als Emilie en jij wilden ontsnappen. Ik was bang voor de toekomst. Zodra je de diamanten die ik van mijn moeder had gestolen in handen zou hebben, zouden jij en Emilie vrij zijn om te gaan.

Als je wegging zou ik je niet meer zien, had je me niet meer nodig. Je zou weg zijn, veilig, maar niet bij mij. Ik zou achterblijven en terwijl mijn voeten me naar jou brachten en ik bang was voor het stampen van laarzen achter me, wist ik dat we gescheiden van elkaar zouden worden, wat er ook gebeurde.

Ik weet niet of ik treuzelde, ik denk het liefst dat ik dat niet deed, maar misschien toch? Ik logeerde bij mijn moeder, gevangen tussen glas, terwijl ik nu gevangenzit tussen stenen muren, elektrische hekken en prikkeldraad.

Ik vraag me af of we samen waren geweest als er geen oorlog was.

Heeft de oorlog ons bij elkaar gebracht of kapotgemaakt?

Je deed niet open toen ik op je voordeur klopte en ik was bang dat ik al te laat was, dat ik de wolven op het spoor naar jou had gezet.

Maar Emilie deed open. Ze zei dat ik weg moest gaan.

Ik was zo jaloers op haar schoonheid, haar eenvoud en vooral op het feit dat zij eerder was dan ik. Mijn afgunst op haar werd aangewakkerd door mijn verlies, mijn verdriet.

Ik beukte mijn schouder tegen de deur en drong langs Emilie het appartement binnen.

Daar stonden we alle drie naar adem te happen.

Het is verbijsterend hoe stil woede kan zijn.

Ik duwde de diamanten in Emilies hand. Ik probeerde zoveel duidelijk te maken aan haar, maar ze keek me aan alsof ik haar wilde beroven.

'Weg!' Dat was alles wat ik kon zeggen, ik was zo buiten adem, zo ten prooi aan emoties dat dat alles was wat ik kon. Ik ben bang dat ze dat verkeerd opvatte. Maar ze zag hoe ik naar je keek en pakte de diamanten aan en verdween de kamer uit. Ze wist wat dit betekende. Ik ben ervan overtuigd dat haar opluchting net zo groot was als mijn wanhoop.

Toen werd er op de deur gebonkt.

Nee, dit is niet geschreven door haar moeder!

Miriam slaakt een diepe zucht van verlichting. Misschien is mama ontsnapt?

Maar het feit dat deze brieven en de jurk zélf bestaan, betekent dat er iemand anders van papa hield toen haar vader al met haar moeder samen was! Ze trilt van de schok. En bovendien lag de jurk in mama's kast. Hoe is hij daar terechtgekomen? Waarom?

Wat heeft ze gevonden?

En wíst haar moeder ervan?

Haar ogen gaan naar de schoorsteenmantel en het zilveren lijstje met de foto van haar ouders op hun huwelijksdag, arm in arm, voor de Verlosserkerk. Ze zien er gelukkig uit. De kerk moet nu verwaarloosd zijn; hij stond in het niemandsland tussen Oost en West. Zij had er ook willen trouwen, in dezelfde kerk als haar ouders, maar met aan de ene kant een rivier en aan de andere het niemandsland rondom de Muur, was hij onbereikbaar. Uiteindelijk had ze voor een kleinere kerk gekozen, dichter bij de rand van de stad.

De Verlosserkerk was prachtig: met pilaren en boogvormige

deuren. Hij lag als een gestrand schip op de rivieroever.

Was alles wat ze wist over haar ouders wel wáár?

Ze neemt de ingelijste foto en de stapeltjes brieven mee naar de slaapkamer van haar vader. Ze ademt gejaagd en haar armen en benen trillen.

'Pap, niet opgeven. Je moet hier nog even blijven. Ik heb brieven gevonden. Aan jou, maar...' Met niet meer informatie dan dat om hem te geven, pakt ze haastig een briefje op, deze keer geschreven op een driehoekje vergeeld papier dat uit een groter vel is gescheurd.

Henryk, ik zit in Ravensbrück.

'Ravensbrück,' zegt ze hardop. Ze zegt het een paar keer om te kijken of hij reageert. Dan richt ze haar aandacht weer op het papier en leest verder.

Het zilte in de lucht komt van het meer, niet, zoals ik dacht, van de zee. Ik weet zeker dat ik hier toen ik klein was vlakbij ben geweest, in Fürstenberg, in de vakanties. Louisa's graf is op de heuvel die erover uitkijkt. Ik voel me op de een of andere manier beter, nu ik weet waar ik zit. Maar hoewel ik weet waar ik ben, is ontsnappen onmogelijk. Ik kan het gevoel niet van me afschudden dat ik heel ver weg ben van alles. De vrouwen hier zijn kil en hard. Ze sluiten zich af – om te overleven. Dat weet ik, maar ik kan niet zo doen als zij, alsof ik geen hart heb. Als ik niets meer voel, verlies ik alles.

Ik draag een rode driehoek op mijn jurk die 'politieke gevangene' betekent. Zelfs op de rug van de jas die ze mij hebben toebedeeld is met een verf een groot rood kruis geschilderd. Geen van de kleren past. Ik snap niet waarom we onze eigen kleren niet mochten houden.

Ik voel me een levende schietschijf. Het staat ze vrij te doden, zonder enige waarschuwing.

Een jonge vrouw, wat ouder dan ik maar niet echt oud, was aangevallen door de hond van de Blockova – een kampbewaakster – en er zo slecht aan toe dat de Blockova haar door het hoofd schoot. Gewoon, alsof ze een beest was. De vrouw deed niets verkeerds, niets anders dan ik doe.

Ik kan het niet begrijpen.

Ik weet haar naam niet eens. Niemand zal haar naam ooit weten.

'Angstaanjagend, zo wreed,' zegt ze tegen de slapende gestalte van haar vader in het bed en ze leest de laatste twee zinnen nog een keer. 'Van wie komen deze?'

Ze legt de brieven bij de vier die ze heeft kunnen lezen en begint door de kamer te ijsberen, alsof beweging haar zal helpen te bedenken hoe het zit. 'Het is een vrouw... Frieda?' Ze snapt niet wie het kan zijn, en waarom, en hoe? De vragen malen door haar hoofd en het worden er alleen maar méér. Het wordt steeds verwarrender.

'Een levende schietschijf,' zegt ze hardop. 'Een politieke gevangene.' En ze herinnert zich de beelden op de televisie van Oost-Berlijners die werden neergeschoten omdat ze over de Muur wilden klimmen. Oost-Duitsland dat zijn eigen bevolking doodde.

De prijs van vrijheid. Wat zal haar vrijheid háár kosten?

Ze kijkt de brieven door tot haar vingers er pijn van doen en haar hoofd bonkt. Dan leunt ze naar achteren in de stoel.

De brieven in het Frans liggen de hele avond ongelezen op hun stapeltjes en ze staart ernaar alsof ze ze alleen door er naar te kíjken kan omzetten in Duits, alsof ze ze de volgende ochtend opeens wél zou kunnen lezen. Zijn de brieven in het Frans van dezelfde vrouw?

Haar hoofd tolt en het heden en het verleden versmelten tot één onbegrijpelijke wirwar.

11

MIRIAM

Ze droomt van mama die ouder en zwakker wordt. Totdat haar huid afschilfert als een laagje tissuepapier en loslaat. Er wervelen vellen papier om haar heen alsof het stormt, steeds meer, alles laat los totdat ze helemaal verdwenen is. Miriam probeert ze nog te vangen om haar moeder weer in elkaar te plakken, maar dat lukt haar niet.

Wakker en bang haar ogen te sluiten omdat de beelden dan weer vrij spel hebben, kijkt ze hoe de decemberochtend door het raam snijdt. Als ze verkeer hoort en een vuilniswagen in de straat die stopt en kreunend weer optrekt, staat ze op om haar dag te beginnen.

Antwoorden.

Miriam heeft antwoorden nodig voor het te laat is. *Hij* weet waar hij haar kan vinden. Het is een kwestie van tijd. En een weg terug is er niet. Ze wikkelt een stapeltje van de Franse brieven in een zakdoek en stopt die voorzichtig in haar tas.

'Ik hou van je, pap,' zegt ze met een brok in haar keel. 'Ik kom gauw terug. Dat beloof ik.'

Miriam besluit dat ze liever een taxi neemt dan de bus en arriveert al bij de bibliotheek voordat die opengaat. Ze is een van de eersten die door de dubbele deuren naar binnen gaat en gaat meteen op zoek naar een woordenboek.

Zodra ze met een enorm Frans-Duits woordenboek voor zich aan een tafeltje zit, haalt ze één brief uit de zakdoek en pakt de rest voorzichtig weer in. Ze begint bij het begin. Ze schrijft een woord, zoekt het op en streept het door voor ze aan het volgende begint. Eén zin ontcijferen lijkt een eeuw te duren. En ze heeft de tijd niet aan haar kant.

De bibliotheek is bijna verlaten, er zijn maar een paar mensen. Geen studenten, geen bladzijden die worden omgeslagen of schrijvende pennen die aantekeningen maken.

Ze zet het woordenboek terug op de plank en loopt met de brief in haar hand naar de balie. Daar staat een jonge bibliotheekmedewerker met een bril op zijn neus en nog een andere aan een koord om zijn hals. Hij is druk bezig met allerlei papieren.

'Goedemorgen, ik vroeg me af of u me misschien kunt helpen?'

'Misschien,' zegt hij zonder op te kijken. 'Waar bent u naar op zoek?'

'Ik zoek iemand die een paar Franse brieven voor me kan vertalen.'

Hij kijkt op. 'De Franse woordenboeken staan daar.' Hij wijst naar de plank waarop ze het boek net heeft teruggezet.

'Ja, dat weet ik, maar ik zoek eigenlijk iemand die Frans spreekt en me kan helpen.'

'Dit is een bibliotheek. Ik doe in boeken, niet in mensen.' En met die opmerking draait hij zich om en begint met zijn rug naar haar toe ritselend door een stapel papieren aan de andere kant van de balie te bladeren.

Ze voelt een hand op haar schouder en draait zich met een ruk om. De brief valt op de vloer.

'Sorry,' zegt een man die bukt om het papier op te rapen terwijl zij een stap naar achteren doet. 'Hier.' Hij geeft haar de brief terug.

'Dank u wel.'

'Ik zag je daar met een woordenboek zitten?' Hij wijst. 'Heb je problemen waarmee die *Schmutz* hier je niet kan helpen?'

De bibliotheekmedewerker snuift minachtend, maar gaat door met zijn papieren.

'Nee... Eh, ja, ik bedoel...' stamelt ze.

De man heeft grote ogen en dikke lippen. Hij probeert vriendelijk te zijn, denkt Miriam. Ze weet niet goed wat ze moet zeggen. Soms ontbreekt het haar aan woorden, maar ze probeert er een paar om te zien wat er gebeurt. En opeens komen ze er in een waterval uit.

'Ik heb een brief die aan mijn vader is gericht. Hij is stervende, mijn moeder is al dood... En deze...' Ze gebaart naar de brief. 'Ik kan hem niet lezen want ik spreek geen Frans. Mijn vader wel, maar... En ik heb de tijd niet om elk woord op te zoeken en...'

Hij glimlacht vriendelijk. 'Het spijt me van je vader,' zegt hij. Hij wijst naar zijn oren. Ze ziet twee grote hoortoestellen die zijn oren licht naar voren duwen. 'Beetje doof, snap je, dus ik heb niet alles verstaan wat je zei.'

Miriam slaat haar hand verontschuldigend voor haar mond maar bedenkt dan dat hij misschien haar lippen moet zien om te kunnen begrijpen wat ze zegt.

'Van wat ik heb opgevangen ben je op zoek naar iemand die Frans spreekt en die je kan helpen met je brief?'

Ze knikt.

'Mijn *nonna* spreekt Frans.'

'Dat is heel vriendelijk van u, maar...' begint ze, maar hij hoort haar niet.

'Nonna en opa zijn in Straatsburg geboren. Langs de Rijn, weet je wel? Prachtig daar. We zijn er lang geleden eens geweest, toen ik klein was, maar nonna... Ach, het is triest.' De man pakt haar bij haar elleboog. 'Ze logeerde in Oost met hem. Hij was onwel toen de Muur werd gebouwd, dus is ze daar gebleven.' Hij leidt haar de trap op, twee verdiepingen hoger, en praat intussen aan één stuk door. 'Ze houdt van de "leesruimte", zoals ze het noemen, mijn nonna, maar je moet er heel stil zijn.' Miriam glimlacht als hij het veel te hard zegt. 'Het zou goed voor haar zijn als ze iets te doen heeft, na de Muur, snap je, het is... echt moeilijk voor haar geweest, geloof ik. Mama en ik helpen haar, maar ze is te lang alleen geweest. Nu valt ze de medewerkers van de bibliotheek doorlopend lastig; ze vindt dat ze de gestolen boeken aan hun rechtmatige eigenaars moeten teruggeven. Ze is ervan overtuigd dat de bibliotheek op de schouders van het fascisme is gebouwd en de boeken niet hier horen. Om eerlijk te zijn lijkt het me een verloren zaak... De eigenaren van de boeken zijn waarschijnlijk allang dood. Opa's dood heeft haar veel gedaan...'

Miriam staat op het punt om hem te condoleren, maar ziet dan de vrouw van de bus, Eva, aan dezelfde tafel op dezelfde stoel zitten als waarop Miriam zat toen ze hier een week geleden was. De vrouw draagt een rood T-shirt met een donkerblauw vest erover, een beige broek en stevige zwarte knielaarzen. Haar gezicht gaat deels verborgen achter haar haar. Ze zit over iets gebogen wat ze met een vergrootglas bestudeert.

'Nonna,' zegt de man triomfantelijk als ze naast de grote ronde tafel staan.

Miriam ziet dat Eva foto's aan het bekijken is. Er liggen twee kranten naast haar. Ze kijkt niet op.

'Nonna,' zegt de man weer. 'Deze dame zou graag wat hulp willen bij een brief. Hij is in het Frans, schijnt.'

'Jeff,' zegt Eva geïrriteerd. 'Ik ben bezig.'

'Dat weet ik, maar dit kost je maar een minuut, nonna. Je kunt haar helpen,' zegt Jeff enthousiast, ondanks Eva's geërgerde gezicht.

'Hallo,' zegt Miriam aarzelend.

'Oké, ik laat jullie alleen,' zegt Jeff met een klopje op Miriams rug. Hij steekt zijn duim op en zegt: 'Veel succes.'

Eva zucht en kijkt op. 'Ik kén jou,' zegt ze. De woorden komen nukkig uit haar mond.

'Ja, ik heb je hier ontmoet. Vorige week...'

'Miriam, toch?'

Miriam knikt.

'Vreemd om je hier twee keer tegen te komen.' Het woord 'vreemd' klinkt heel vijandig. Eva leunt naar achteren op haar stoel.

Miriam weet niet wat ze moet zeggen en wacht af.

'Ik geloof niet in toeval. Wie heeft je gestuurd?'

'O! Nee! Niemand! Je kleinzoon –'

'Kleinzoon?'

Miriam draait zich om, maar de man is verdwenen. 'Jeff?' zegt ze aarzelend.

Eva knikt. 'Jeff is...' Ze leunt naar voren en legt haar handen op tafel. 'Je had het over je vader toen we in de bus zaten.'

'Ja, en nog heel erg bedankt voor je hulp.'

Eva slaakt een zucht.

'Ik heb intussen een paar brieven gevonden, maar ik kan ze niet lezen, ze zijn in het Frans. Jeff bood aan dat je ze misschien kunt vertalen? Ik betaal er natuurlijk voor...'

'Hoeveel?' Eva kijkt haar aan tot Miriam zweetdruppeltjes voelt op haar bovenlip.

'Eh... Nou, het zijn er best veel...'

'Hoeveel?'

'Een stuk of twintig...'

'Vijftig,' zegt Eva zonder een spier te vertrekken. 'Vijftig Westmark.'

Miriam steekt haar de brief toe. Maar Eva pakt hem niet aan, dus legt ze hem op de tafel en haalt dan de helft van de Franse brieven in haar moeders zakdoek uit haar tas.

'Ik heb er thuis nog ongeveer evenveel. Hoeveel tijd heb je nodig, denk je?'

'Ik neem aan dat Jeff tegen je heeft gezegd dat ik niets te doen heb?'

Miriam glimlacht.

'Ik kan ze in een paar dagen klaar hebben, denk ik, of wil je ze eerder?'

'Mijn vader is...' Ze zwijgt even. 'Oud... En ik denk dat er iets in deze brieven staat wat belangrijk voor hem is.'

'Ik ga zo snel mogelijk voor je aan het werk. Schrijf je adres hier op.' Ze schuift een leeg vel papier en een pen naar haar toe.

Miriam buigt zich eroverheen en schrijft met bevende handen haar vaders adres op.

'Miriam hoe?'

'Voight,' zegt ze en ze zet haar naam onder het adres. Ze zoekt weer in haar tas en haalt er twee biljetten van twintig mark uit. 'De rest geef ik...'

Eva wuift met haar hand. 'Kom woensdag naar de bibliotheek, dan heb ik er wel een paar klaar. En neem de rest dan gelijk mee.'

'Dank je wel.'

Eva richt haar aandacht weer op haar vergrootglas en de foto's en reageert niet.

De brieven liggen op de rand van de tafel en Miriam vindt het moeilijk ze achter te laten. Het is helemaal anders gelopen dan ze had verwacht. Moet ze de brieven toch meenemen? Maar als ze ze niet kan lezen, heeft ze er niks aan...

De brieven in het Duits liggen thuis. Die kan ze lezen. Ze zal naar huis gaan en proberen op die manier meer te weten te komen.

Als de zaal uit loopt en bijna bij de trap is, kijkt ze om en ziet ze Eva de brieven uit de zakdoek halen. Miriam blaast haar adem uit en gaat de trap af naar de lobby.

Jeff zit aan een tafel tegen een jonge jongen te praten als ze voorbijloopt. Hij staat op en komt naar haar toe. 'Kon ze je helpen?'

Ze knikt. 'Ja! Dank je wel. Weet je, ik heb nog nooit een communist ontmoet; ze is nogal...' Maar Miriam kan het juiste woord niet vinden.

'Communist? Nonna? Nee. Ze heeft alleen nog allerlei gewoonten uit het Oostblok, snap je. Ze is hier in haar oude Trabantje heen gereden, met maar één tasje bij zich. Die auto staat nu in de garage, ik krijg het stomme ding niet aan de praat. Maar je weet hoe het is, hè?'

Miriam weet het niet, maar ze glimlacht vriendelijk en knikt begrijpend.

'Ze denkt dat de muren oren hebben, onze nonna. Niemand is te vertrouwen. Dat soort dingen. Maar als ze een beetje gewend is hier, wordt dat wel beter. Misschien is het heel goed voor haar om jou te helpen. Mama zegt altijd dat je een hobby nodig hebt als je oud bent.'

Miriam knikt naar de jongen, die naar hen zit te kijken. 'Bedankt, Jeff. Ik hou je niet langer van je werk.'

'Tot ziens,' roept hij haar na.

Als ze thuiskomt, staat er eten in de hal te wachten. Van de Smythe-zussen van nummer 2. Een grote pan met een paar broodjes op het deksel. Ze doet de deur open en het witte veertje dwarrelt naar de vloer.

Ze pakt de pan op en gaat naar binnen, zet hem neer, sluit de deur, draait hem op slot, schuift de grendels ervoor en stapt over het gevallen veertje. Dan tilt ze de zware, nog warme pan weer op en gaat naar de keuken om hem daar op het aanrecht te zetten. De geur van een stoofpot zweeft haar tegemoet. Ze pakt een van de broodjes en knabbelt erop terwijl ze terugloopt naar de deur om haar gevallen veertje terug te plaatsen.

Ze vindt een visitekaartje met het logo van het medisch centrum op de vloer. Het is van Hilda. Er staat een berichtje op gekrabbeld: 'Dokter Kenny, morgen 09.00 uur.' Het is ondertekend met 'Hilda', met een kruis onder haar wijdlopig geschreven naam. Op de andere kant heeft ze geschreven: 'Zorgt ook voor jou!'

Miriam legt het op de vensterbank in de keuken en gaat de

kamer van haar vader binnen. Ze verlegt hem, geeft hem water, en gaat dan meteen aan de tafel in de woonkamer zitten. Als ze een willekeurige brief oppakt, valt haar iets op: een piepklein cijfer in de rechterbovenhoek. Ze bekijkt een andere brief. En nog een. Alle drie genummerd.

Ze besteedt de middag aan het op volgorde leggen van de brieven. Ze noteert welke ontbreken en welke in het Frans zijn. Het restant van de Franse wikkelt ze in een andere zakdoek van haar moeder; een pakketje dat ze woensdag aan Eva zal afleveren. Het voelt alsof ze een eeuwigheid moet wachten.

Ze vindt de volgende brief in het stapeltje dat ze kan lezen.

Liefste Henryk,
Ik had de laatste korstjes brood in mijn jas – de jas die je me gaf toen we uit elkaar moesten. Ik schaam me dat ik er niet aan heb gedacht dat je geen jas hebt. Ik kan nu alleen maar malen over hoe de wind je huid moet hebben gegeseld, hoe je een na beste vest niet voldoende was om je, waar je ook heen moest, te beschermen. Het spijt me, ik schaam me dat ik zo egoïstisch ben. Maar ik weet dat die jas, zelfs als ik er met je om had geruzied, tijdens de reis waarin ik in razend tempo jouw warmte verloor, nog steeds om mijn schouders had gehangen.

Ik weet niet hoelang we onderweg waren, maar er was geen eten, geen water, niets. Alleen mensen: vrouwen, jong en oud. We wachtten op nieuws, we klemden ons vast aan hoop als iemand leek te weten waar we naartoe gingen, een betere plek dan waar we op dat moment waren. In het begin praatten we, probeerden we overeenkomsten te vinden – wie we waren, waar we vandaan kwamen. We hadden het niet over wie en wat we waren kwijtgeraakt, de afwezigheid van kinderen in een ruimte met zoveel vrouwen was veelzeggend genoeg en we dachten nog vol hoop dat onze partners, ouders, kinderen aan het einde van onze reis op ons zouden wachten. Ik hoopte dat we zouden worden herenigd.

Maar ik loog; ik zei dat je mijn man was. En die leugen smaakte zo zoet op mijn tong, de adrenaline ervan. Ik praatte veel in die eerste dagen, allemaal leugens, maar ze deden me goed.

Na de eerste nacht waren we er zeker van dat ze ons zouden vertellen waar we heen gingen, maar toen het ochtend werd stonden we nog steeds op het station. Te wachten. We hoorden praten, gejuich, laarzen, schreeuwen, huilen. We hoorden de stemmen van dierbaren van wie we hadden gehouden en die we kwijt waren, een gezamenlijk lijden. En nog kwamen we niet in beweging.

De tweede nacht begonnen we ruzie te maken. Over waar we moesten slapen, en hoe. We waren zo dicht op elkaar gepakt dat we alleen konden staan. We hielden elkaar ongewild overeind.

De bewakers schoven de deuren één keer open. Wij dachten om ons water te geven, of iets te eten, maar ze schoten alleen met hun wapens in de lucht. We schrokken enorm en gilden het uit van ontzetting, waarna ze ons bevalen de doden uit de wagon op de rails te gooien. Toen de trein eindelijk piepend en krijsend vertrok – metaal op metaal – was er genoeg ruimte om te zitten.

We waren gestopt met praten. Iedereen zat verloren in een leegte. Vrouwen hielden foto's tegen hun borst als druppels water.

Er zat een zigeunerin in de wagon. Alleen. Ik ken alleen zigeuners in groepen, ze zijn altijd met veel. Ze vlocht de franjes van haar sjaal in en uit elkaar. Ze was prachtig. Donker haar, lang, als golven zwarte zijde of dikke zwarte verf, zwarte wimpers en volle wenkbrauwen. Ze leek van mijn leeftijd.

Na een paar dagen verscheurde ze de bijna-stilte van het gemompel van de stervenden en de gebeden van de levenden en schreeuwde: 'We gaan eraan! We gaan dood, wij allemaal!' Haar stem was luid en sterk en buitenlands. 'We gaan er allemaal aan! Naar de hel! We zullen branden in de hel!'

Ze sprak Nederlands... En hoewel de woorden vreemd en verwrongen uit haar mond kwamen, was alleen het horen van een andere taal al heerlijk. De zoete vreugde van de klanken van iets anders dan alleen maar Duitse beledigingen en dreigementen, hoewel we die slechts pas een paar dagen moesten aanhoren, deed me goed. En ook al had de zigeunerin het over de brandende krochten van de hel, de taal was welkom.

Ik kéék alleen naar haar, maar andere vrouwen schopten haar, riepen dat ze haar kop moest houden of scholden haar uit voor tuig en uitschot. Een grote vrouw sloeg haar in het gezicht.

Haar geschreeuw hield op.

De laatste stukjes brood zaten in mijn zak, de wagon wiegde heen en weer in de wind en iedereen probeerde te slapen – de troostende gelukzaligheid van niet in het heden zijn. Niet hier. Of slechts de ogen dicht te doen, zonder dromen, in de hoop dat het, als we ze weer open deden, allemaal een nachtmerrie bleek te zijn.

Behalve de zigeunerin. Haar donkere ogen waren open. Ze staarde naar mij terwijl ik aan de uitgedroogde broodkorsten in mijn zak voelde, niet te hard, omdat ze dan verkruimelden, maar net hard genoeg om te weten dat ze er waren.

Toen ik niet langer kon wachten, keek ik haar recht aan terwijl ik een stukje brood uit mijn zak haalde en dat in mijn mond stak alsof het een decadent chocolatje was. En nog een keer bij een tweede stukje. Ze bleef me aankijken, zonder haar ogen neer te slaan. Toen ik eindeloos lang gekauwd had en doorslikte, glimlachte ze een klein lachje naar me. Haar hele lichaam ontspande, alsof ze wegzakte tussen de panelen van de wagon, en haar ogen gingen dicht.

Ik begon te bidden in de wagon, niet tegen een god, ik geloof niet in een god, maar om iets waarvan ik hoopte dat het waar was: iets goeds in de wereld wat me moest helpen al het slechte te overleven.

Dit is mijn straf.

Voor Louisa.

De smaak van het brood is verdwenen, maar het gevoel van wreedheid blijft. Wie ben ik?

'Ik begrijp dit niet echt. Ze zei dat ze je vrouw was? Talen en vesten? En om dat brood niet te delen... Wie ben ik? Ja! Wie ben je?' zegt Miriam en ze kijkt naar haar vader, die een schone pyjama aanheeft met de strijkvouwen er nog in.

'Je had het altijd koud, hè?' zegt ze, terwijl ze de gebreide sprei beter instopt.

'Weet je nog hoe mama altijd met haar tong klakte, niet geergerd, maar eerder van ongeloof, als je een vest aandeed als we in de vakantie naar het strand gingen?' Ze glimlacht.

'Kun je dan op z'n minst een overhemd met korte mouwen aandoen?' zegt Miriam met hoge stem, haar moeder imiterend.

Maar dan betrekt haar gezicht.

Dood.

Ze ziet haar moeder voor zich terwijl ze dat zegt, met een gebloemde jurk aan en een enorme hoed op in de gang van hun huurhuisje.

'Nee.' En: 'Ik ben een hagedis, ik kan de warmte van de zon niet absorberen, zelfs als ik erin zit. Hé Miriam. Je papa is een oud reptiel!' Dan keek hij haar aan omdat hij verwachtte dat ze zou lachen, wat ze dan braaf deed om de spanning tussen haar ouders te doorbreken.

Als de vesten uitgelubberd waren en er gaten bij de ellebogen in kwamen, stopte haar moeder die, maar kocht ze ook een nieuw exemplaar, zodat hij over kon stappen op het volgende vest, en het volgende, en het volgende... Je kon hem uittekenen in zijn vesten. Een eindeloze reeks van bruine en groene... En het horloge, bedenkt ze nu, zat eronder verborgen.

In de zomervakanties liep Miriam druipend de zee uit over het hete zand en zat haar vader onder een parasol, met een geknoopte zakdoek op zijn hoofd, sokken aan zijn voeten en, vaker wel dan niet, het vest. Alle andere vaders droegen korte broeken en hadden flinke bruine buiken.

'Ik hield van je, pap,' zegt Miriam. Ze loopt naar de oude houten kast en gaat op zoek naar het meest versleten vest dat ze kan vinden. Groen. Gaten bij de elleboog en een rafelige mouw.

'Ik ga je verleggen,' zegt ze. Ze draait zijn lichaam op de rechterzijde, trekt de mouw over zijn rechterarm, schuift het vest onder hem door en rolt hem op zijn rug, waarna ze de mouw over zijn andere arm trekt. Het is een lastig karweitje. Zijn armen zijn stijf en werken niet mee.

Maar, ook al is het een beetje klungelig, hij heeft zijn vest aan. Die kleine verandering maakt hem weer een beetje de man die hij was, niet het lichaam waarin hij opgesloten zit.

12

MIRIAM

De volgende brief. Een pagina met tekst, waarschijnlijk uit een Frans boek. De handgeschreven woorden erop zijn Duits en vullen de marges en de onbedrukte achterkant. Ze verzet de lamp iets omdat het donkerder wordt in de kamer.

Henryk,
Ik ben gevoelloos geworden; gevoelloos voor de mensheid en gevoelloos voor verlies.

Ze drukten me tegen de grond, hard en later wat minder hard toen ze beseften dat ik te geschokt was om me te bewegen. En een vrouw, een vrouw zoals ik, schoor het haar van mijn hoofd.

Zijzelf had geen haar. Ze was ook kaalgeschoren. Ze droeg een witte hoofddoek, gevangenisstrepen en een zwarte driehoek.

Op dat moment besefte ik dat alles voorbij is. Dwingen de bewakers hen hiertoe? Zal ik binnenkort degene zijn die andere vrouwen kaalscheert? Of hebben ze zich misschien zelfs vrijwillig aangemeld voor deze taak?

Het duurde verrassend lang voordat mijn haar eraf was. De schaar rukte aan mijn dikke lokken en knipte, een vuistvol per keer. Het enige wat ik hoorde was het klikken van metaal op metaal, langzaam vorderend over mijn hoofd.

Miriam herinnert zich goed hoe het voelt als je een schaar hoort klikken die je haar afknipt...

Het was na haar eerste kerstfeestje op het werk, toen ze op de administratie van een grote school werkte. Ze had een rode wikkeljurk aangehad, zwarte kousen en zwarte pumps.

Als ze er nu aan terugdenkt, vindt ze het ongelofelijk dat ze zich zo had opgetut. Ze had haar haar zelfs gekruld en opgestoken. En ze kan zich nauwelijks voorstellen dat ze ooit zo onmogelijk zorgeloos is geweest; een ander leven – waarin ze plezier kon hebben, lachte en danste met collega's.

Een baan krijgen en Axels vriendin – en al heel snel zijn vrouw – worden, gebeurde ongeveer tegelijkertijd. Het was liefde op het eerste gezicht, een stormachtige romance, net als die van haar ouders destijds. Meteen vanaf het begin was haar aandacht bijna volledig bij hem. Hij was attent, charmant, grappig en gevoelig. Axel had zijn vader verloren toen hij klein was en was grootgebracht door een strenge en kille moeder. Hij had haar nodig. Een heerlijk gevoel, vond ze.

Wat later dan de bedoeling was stommelde ze het huis binnen. Ze had heerlijk gedanst op de muziek van een nogal slome deejay die de nieuwe plaat van David Bowie zo vaak had gedraaid dat ze hem gevraagd hadden eens iets anders te laten horen. Haar voeten deden pijn en haar gezicht was stijf van het glimlachen naar haar collega's, die steeds dronkener werden.

Ze kwam het huis binnen en deed haar best zachtjes te zijn. Zonder het licht aan te doen, trok ze haar schoenen uit. Ze wilde net haar jas uitdoen, toen ze schrok omdat Axel de woonkamer uit kwam.

'Leuke avond gehad?' vroeg hij en hij knipte het licht aan.

'O, Axel, het was zó leuk,' had ze lachend geantwoord terwijl ze haar jas uittrok en hem besprenkelde met regendruppels.

'Zó leuk, zei je?'

Zijn ogen waren donker en hij stond onder de lamp, dus kon ze zijn gezicht niet goed zien.

'Weet je hoe laat het is?'

'Laat, ik weet het, sorry.'

'Ik heb me doodongerust gemaakt,' zei hij monotoon.

'Echt? Maar je wist toch dat ik uit was met de meiden.'

'De meiden?'

Ze knikte en voelde zich schuldig, terwijl daar geen enkele reden toe was. Ze hoopte dat de jenever die ze had gedronken niet goed te ruiken was in haar adem.

'De meiden,' zei hij. Hij draaide zich om en liep van haar vandaan.

Ze bleef staan, wachtte, op wat wist ze niet.

'Weet je,' zei hij toen hij terugkwam met iets in zijn hand wat ze niet kon zien. 'Danes vrouw zei ook altijd dat ze uit was geweest met de meiden. Maar dan bleek ze met een andere man in bed te liggen.'

'Wát?' Miriam deed verschrikt een stap naar achteren en zag dat hij rode ogen had. Van het huilen, waarschijnlijk. 'Axel, het was een kerstfeestje, je was uitgenodigd! Ik heb niet... Ik zou nooit...' zei ze verbijsterd.

Hij hief zijn hand op naar haar gezicht.

Ze kromp in elkaar.

'Ben je bang van me, Miriam?' vroeg hij terwijl hij haar wang aanraakte.

Er wurmde zich iets door haar huid naar binnen, een dun draadje dat tot diep in haar botten doordrong. Ze huiverde en schudde haar hoofd.

'Ik zou je nooit pijn doen.' Hij trok haar haar los en draaide het om zijn vinger. Het was lang en wikkelde zich om zijn bleke huid. 'Ik zou je nooit pijn doen.' Hij boog zich naar haar toe en kuste haar teder, terwijl ze op hetzelfde moment het klikken van een schaar hoorde. 'Je gaat nooit bij me weg, hè? Dat kun je niet doen. Ik heb je zo hard nodig.'

Gealarmeerd deed ze een stap terug. De haarlok zat nog steeds om zijn vinger gedraaid. De schaar glom in zijn andere hand.

'Ik begreep niet waarom,' zegt ze tegen haar vader. Ze staat op om hem om te draaien. 'Nog steeds niet.' Het was de eerste keer dat hij... Ze kan het juiste woord niet vinden en peinst erover terwijl ze de lakens rechttrekt en zijn haar gladstrijkt.

Axel gebruikte geen lichamelijk geweld, hij sloeg haar niet, maar... Hij maakte haar bang, het voorval met de schaar was helemaal niets vergeleken met later, het was alleen maar erger en erger geworden. Toen ze het niet meer aankon zijn kruisverhoor over haar dag elke dag te moeten ondergaan, zei ze haar baan op en raakte daarmee haar vrienden en haar vrijheid kwijt.

Ze pakt de brief weer op en leest verder, niet zeker of ze wil weten wat erin staat.

In de tijdspanne dat mijn haar werd afgeknipt, veranderde ik van iemand die is opgepakt, in een gevangene. Niet door het haar, maar door degene die het afknipte.

Een andere vrouw, die net als ik pas in het kamp was aangekomen, had geprotesteerd en lag nu bloedend en bewusteloos op de grond terwijl haar hoofd door een andere gevangene werd kaalgeschoren.

Mijn blonde lokken kwamen in een zee van donkere terecht.

De vrouw die mijn haar afknipte was dood achter haar ogen. Ik wilde haar vragen hoelang ze er al was, maar kon het niet verdragen het antwoord te horen.

De zigeunerin, de vrouw uit de wagon met wie ik mijn brood niet had gedeeld – zij en ik zijn bij elkaar gebleven.

Ze heet Hani.

Hani werd door de een of andere angst bezeten, misschien had ze ergens iets opgevangen. Ze was ervan overtuigd dat ze eerst haar haar zouden afscheren en haar vervolgens zouden doden. Ze verzette zich en wrong, krijste, huilde, schopte, beet en klauwde om zich heen. Een enorme bewaker sloeg haar zo hard in het gezicht dat ze door de ruimte vloog en met haar hoofd keihard tegen een stoel aan bonkte. Iedereen hield zich muisstil. Ik stond op om haar te helpen terwijl ze wankelend probeerde overeind te komen.

De bewaker sloeg me op mijn pas geschoren achterhoofd. De klap echode door de ruimte, rimpelde over mijn huid en vibreerde door mijn lijf.

Niet helpen.

Je voelt het. Alle vrouwen staarden naar de grond en vermeden oogcontact.

Maar Hani kwam overeind, klaar om te vechten.

De bewaker liep naar haar toe, doodkalm, hief haar knuppel op en sloeg Hani vol op haar kaak.

Er spoten bloed en tanden uit haar mond, als braaksel, toen ze tegen de grond ging.

De bewaker keek me aan. Ze daagde me uit. 'En, ga je haar helpen?' leek ze te vragen.

Ik deed het niet.

Ik keek toe terwijl de gevangenen het werk van de bewaker deden en Hani's kleren heel efficiënt en geroutineerd uittrokken, terwijl een andere gevangene haar haren ruw afknipte.

Pas toen mijn lichaamshaar ook was afgeschoren en ik een 'uniform' had toebedeeld gekregen, kwam Hani bij bewustzijn.

We mochten onze uniformen niet aantrekken, we

moesten ze alleen vasthouden. De kamer huiverde van de bevende, naakte vrouwen.

'Foto's!' zei Hani, maar ze was moeilijk te verstaan zonder al die tanden. 'Waar zijn mijn foto's?' Ze bracht haar hand naar haar gezicht en voelde hoe het was veranderd. 'Mama, mijn familie. O god, mijn foto's!' Ze keek om zich heen, trok aan de kleding van de bewaker, smekend, zoekend.

De bewaker riep een hond naast zich. De Duitse herder, die door de bewakers liefkozend 'Daisy' werd genoemd, was een grote, kwijlende hond met ontblote tanden en werd al sinds we binnen waren, geroepen om ons te bijten, naar ons te grommen of ons te bedreigen. De bewaker leek op het punt te staan de hond op haar los te laten.

Op dat ogenblik had een andere 'politieke' gevangene een schaar te pakken gekregen. Ze bedreigde er een bewaker mee. Ze hield haar arm om zijn hals geklemd en had de punt van de schaar op zijn huid gezet. Het was een laatste poging en dat wist ze, je zag het in haar ogen. De bewaker die boven Hani uittorende draaide zich om terwijl de situatie zich ontvouwde.

Zonder nadenken zei ik: 'Opstaan. Gauw!'

Hani leek zo geschokt woorden in haar eigen taal te horen dat ze meteen deed wat ik zei.

Ze is een kop kleiner dan ik en keek met grote ogen naar me op – als een puppy naar zijn baasje. Een gewonde puppy.

De bewaker, zeker van haar autoriteit, stond met haar rug naar Hani toe. Ze zag niet dat Hani haar wilde aanvallen en ik haar dat belette.

'Ze knippen ons haar af om er kussens en matrassen mee te vullen,' zei ik. Ik praatte snel, in prachtig Neder-

lands en genoot ervan de taal over mijn tong te voelen rollen. De woorden smolten als boter. 'Ze vermoorden ons niet. We moeten ze helpen bij de oorlog. Maar als je haar kwaad doet, wordt het je dood!'

Hani was furieus maar de taal had haar ingepakt. Ze luisterde.

'De foto's zijn weg,' zei ik met een brok in mijn keel. 'Hou je van je mama?'

Ze knikte, gefascineerd door mijn mond, die woorden sprak die ze verstond.

'Dan zit ze hier.' Ik raakte haar borstbeen aan. Me plotseling erg bewust van onze naaktheid vermeed ik haar kleine borsten. Ik had nooit een andere vrouw naakt gezien en het is vreemd hoe weinig dat betekende. 'Niet in een foto,' vulde ik aan terwijl ik haar wegtrok van het groepje dat zich om de bewaker en de vrouw die hem bedreigde had verzameld.

Een tel later werd de hond op de vrouw losgelaten. Ik keek niet, maar hoorde hoe de hond gromde, beet, rukte en scheurde. Het gegil echode nog dagenlang na in mijn hoofd.

Vermijd de honden.

Ik greep Hani's hand en trok haar lichaam voor het mijne. Waar haar rug de stoel had geraakt zaten rode kneuzingen, ze glommen door de zwelling, en uit haar gezicht sproeide een fontein van bloed.

We kwamen zonder problemen door de douches. Hani kreeg twee schoenen toegewezen, allebei linkerschoenen. Mij lukte het mijn laarzen te houden.

Toen ook die kwelling voorbij was, mochten we ons weer aankleden. De kleding zit vol luizen, de stof kriebelt en alles past slecht; we zien eruit alsof we allemaal de kleren van onze moeders hebben aangetrokken.

Ik voelde Hani's hand in de mijne terwijl we in rijen van vijf werden geduwd, moesten marcheren, werden geteld, weer moesten marcheren en toen een enorme tent in moesten. Het aantal vrouwen dat daar zat moet in de honderden hebben gelopen. Het was er overvol en benauwd. Eigenlijk was er gewoon geen plaats voor ons, maar we werden door de massa achter ons vanzelf naar binnen gedrongen.

Ik weet niet of zij mij vasthield of ik haar, ik weet alleen dat we geen van tweeën wilden loslaten.

Sinds Gleis 17 zijn we uitgehongerd, aangevallen, geschoren, geslagen, vernederd en alleen als we nog erger worden behandeld dan beesten, beseffen we dat we tot nu toe hebben overleefd, beseffen we dat we namen hebben. En elkaar, lijkt het.

De broodkorsten van de veewagon waren allang op, maar ze drukten zwaar op mijn geweten terwijl we met onze ruggen tegen het tentdoek zaten, onze hoofden tegen elkaar – een klein plekje waar we konden zitten. We gebruikten elkaar als steun om uit te kunnen rusten. We waren zo moe. Mijn hoofd werd zwaar en ik bad om een wonder.

Geschokt. Aangedaan. De brief, rauw, ongefilterd en verwoestend. Miriam zit doodstil terwijl ze probeert tot zich door te laten dringen wat ze net, op papier dat al die tijd heeft overleefd, heeft gelezen.

Dan schiet de tijd vooruit. Alles om haar heen wordt troebel, vertraagt, zodat de flikkerende lantaarn buiten voelt als één enkele oogknipper.

Bidden om een wonder.

Een tik van de klok.

Axel knielt op een handdoek terwijl zij in bad zit, hij zeept haar in.

Een tijdje niets. Ze is er niet. Afwezig.

Axel wringt het washandje uit. Het schuim bevroren. Het water koud.

Een steek van eenzaamheid.

Een kou zo diep dat haar botten er pijn van doen.

Ze ligt als een hond te drogen. Naakt. Op de vloer.

13

HENRYK

Het was bijna twee jaar na onze eerste kus, toen alles veranderde. Ik stond op het punt naar Frieda te vertrekken, toen Emilie veel vroeger dan normaal van haar werk thuiskwam.

'Ik kan dit niet langer,' zei ze terwijl ze met haar rug tegen de deur leunde. 'Ze kwamen me opzoeken vandaag en vroegen naar jou, waar je was, wanneer ik je terug verwachtte.' Ze ademde moeizaam en liet zich met haar rug tegen de muur op de grond neerzakken, trok haar voeten op, sloeg haar armen om haar knieën en liet haar hoofd tegen de deur rusten. 'Ik kan het niet meer. Ik kan niet doen alsof jij en Frieda... dat het... dat ik...' Ze zweeg abrupt.

Ik ging naast haar op de vloer zitten en trok haar in mijn armen. 'Wie kwam je opzoeken?' vroeg ik.

'Dat is het belangrijkste voor je? Van alles wat ik net heb gezegd?' Ze slaakte een vermoeide zucht en zei toen: 'Zíj. De ss. Ze waren op m'n werk! Ze waren op zoek naar jóú!' zei ze.

'Wat heb je gezegd?'

'Niks. Dat ik je sinds je weg bent bij de universiteit niet meer heb gezien. Ze vroegen waar ik dacht dat je zat, bij wie je logeerde, ze vroegen naar vrienden van je.'

'Heb je Frieda's naam genoemd?' vroeg ik paniekerig.

Haar stekels gingen overeind en ze gaf me een duw, zodat ik mijn evenwicht verloor en opzij op mijn elleboog viel.

'Nee, hoor! Nee! Ik heb niet gezegd dat míjn man een ander

heeft.' Ze haalde haar ineengeklemde handen door haar kortgeknipte haar. 'Dat hij het verkiest om met een ander te vrijen, in plaats van hier te zijn. Bij mij. Dat je bezorgder bent om háár veiligheid, dan om die van je eigen vrouw! Henryk, het komt door jóú dat iedereen gevaar loopt. Laat die meid met rust.' Toen vroeg ze, iets rustiger en alsof het haar enorm veel moeite kostte: 'En? Wat wordt het?'

Ik zei niets en liet mijn hoofd tegen de deur rusten, zoals zij even ervoor had gedaan.

'Alsjeblieft, je moet een einde maken aan dat gedoe met Frieda. Ze is jong, ze komt er wel overheen. En wij moeten weg. Nu! Ik denk niet dat we nóg een kans krijgen. Mijn vriendin Margot kan ons helpen. Alsjeblieft, Henryk, kom bij zinnen! Gebruik je verstand! Als ze me op mijn werk kunnen vinden, kunnen ze dat ook hier. En dan?'

'Ze zijn niet naar jou op zoek,' zei ik langzaam, terwijl ik toekeek hoe ze onrustig heen en weer liep. 'Ze zoeken míj.'

'En als ze jou willen oppakken, pakken ze mij ook op. Snap dat dan! Ik ben je vrouw! Ik verberg iemand die wordt gezocht.' Ze ademde beverig in. 'Ontken je politieke ideeën, zeg dat je tot inkeer bent gekomen – word lid van de nazipartij! In 's hemelsnaam, wat maakt het uit?'

'Wát? Nooit! Je weet dat ik dat nooit zal doen. Nooit!'

'Laten we dan maken dat we wegkomen hier,' zei ze, terwijl ze zich naar me overboog. 'We kunnen opnieuw beginnen. Vergeten dat dit is gebeurd. Een baby krijgen. Ga met me mee. Laten we gaan. Samen.'

Ik zag haar wanhoop. De tranen stroomden over haar prachtige gezicht, maar achter haar tranen wist ze diep in haar hart mijn antwoord al. Hoe belangrijk het ook was dat ik wegging, hoe mijn verstand me ook vertelde dat ik, als ik bleef, mijn eigen doodvonnis tekende, Emilie wist dat ik Frieda niet zou verlaten.

'Dat kan ik niet,' zei ik.

En Emilie, mijn mooie Emilie, slaakte een jammerkreet die door merg en been ging. 'Verlaat míj dan,' zei ze snikkend. 'Laat me alleen. Je moet kiezen, Henryk... want dit... – ze gebaarde om zich heen met haar handen – '... is alles wat ik ben. Ik ben háár niet en zal dat ook nooit worden. Dus ga...' ze sloeg tegen de stapel boeken naast de stoel. Hij viel om en ze raapte een boek op dat ze eigenlijk naar mijn hoofd wilde gooien, maar in plaats daarvan smeet ze het terug op de vloer. Toen stormde ze naar de keuken. 'Loop naar de hel, Henryk. En neem die Frieda maar mee! Verdomme!' zei ze snikkend.

Ik stapelde de boeken weer op en liep naar de keuken.

Ze had haar schort voor en schrobde het aanrecht. Af en toe veegde ze haar tranen weg met de rug van haar hand. Haar schortbanden hingen los.

Ik keek naar haar tot er tranen in mijn ogen prikten. Toen deed ik mijn jas aan en even later trok ik de voordeur zachtjes achter me dicht. Op straat liep ik snel, met mijn hoed diep over mijn ogen trokken en mijn blik strak op de grond gericht, me ervan bewust dat ik op elk moment een hand op mijn schouder kon voelen en in het duister van de nacht kon verdwijnen.

MIRIAM

Het lezen van de brieven brengt Axel op de een of andere manier tot leven. Hij is bij haar in de kamer. Onuitgenodigd. Ze voelt zijn aanwezigheid.

'Gevoelloos', was hoe de brief het beschreef. Gevoelloos, als een dunne film op haar huid. De hele lange nacht kan ze de kou in haar botten niet kwijtraken en als het grijze ochtendlicht binnensijpelt, is ze stijf en pijnlijk en kan ze het gevoel dat ze koud en nat is niet van zich afzetten.

Ze zit roerloos in haar stoel en staat alleen even op om haar vader te verzorgen. Ze zegt niets.

De druk, het benauwende gevoel dat *hij* in de kamer is, daar, op dat moment, dat ze dezelfde lucht inademen. Het verlamt haar.

Als er wordt geklopt kan ze niet opendoen.

'Hallo,' klinkt er een stem door de brievenbus.

Ze geeft geen antwoord.

'Miriam? Ik ben het, Hilda. Ben je thuis?'

Ze staat op uit de stoel, de jurk ligt uitgevouwen op haar schoot, als een deken. Als ze de deur op een kiertje opent, staat Hilda aan de andere kant. Haar blik dwaalt naar het drukke patroon van Hilda's zwierende rok.

'Je hebt hem gemist,' zegt Hilda. 'Je afspraak, negen uur vanmorgen, weet je nog?' Ze kijkt op haar horloge. 'Het is halftwee.'

'Echt?' Miriam doet de deur helemaal open. 'Welke dag is

het?' vraagt ze. Ze geeuwt hartgrondig en huivert even. Maar na een blik op Hilda wrijft ze krachtig over haar armen en trekt haar gezicht in een masker van normaliteit.

'Dinsdag,' antwoordt Hilda. 'Dokter Baum heeft me het een en ander over je verleden verteld. Waarom heb je dat niet gezegd?'

'Dokter Baum?'

Als ze langs haar heen naar de woonkamer loopt, trekt er een scala aan uitdrukkingen over Hilda's gezicht. Bezorgdheid, schroom, verwarring. Zo snel dat Miriam erom glimlacht.

'Ik mag je, Hilda,' zegt Miriam. 'Je gezicht is een open boek.'

'Miriam, alsjeblieft,' zegt Hilda terwijl ze gaat zitten.

Miriam volgt haar voorbeeld.

'Je weet niet hoe ernstig dit is,' gaat Hilda verder. 'Dokter Baum overweegt je vader weer over te plaatsen naar het ziekenhuis, hij denkt dat je geestelijk niet in orde bent. Ik kon het niet weerleggen, en jij bent vanmorgen niet verschenen, dus kon je dat zelf ook niet doen! God, Miriam, je helpt jezelf niet op deze manier.' Ze haalt haar vingers door haar haar. 'Het overleg is vrijdag,' zegt ze beslist.

De mist trekt plotseling op. De kamer is weer scherp en haar hoofd helder. 'Alsjeblieft Hilda, ik ben het gewoon vergeten. Er is niets aan de hand. Echt niet. Kan ik een andere dokter spreken en het uitleggen? Papa kan echt niet terug naar het ziekenhuis. Zeker nu niet...'

Hilda zucht zo diep dat Miriam de knoflook in haar adem ruikt.

'Oké, nu meteen dan. We kijken of je terechtkan tijdens het inloopspreekuur. Laatste kans, Miriam.'

'Ik check papa nog even en dan ga ik met je mee.'

'Oké, ik wacht op je.'

Ze loopt één stap achter Hilda, niet in staat haar bij te houden. Hilda zegt niets tijdens hun tocht. Miriam volgt de groene en paarse bloemen van haar rok als ze door de drukke straten lopen. De bomen houden de laaghangende wolken vast als bladeren.

Bij een zebrapad wachten ze naast een moeder met een kinderwagen. Het kind erin brult, zijn gezicht knalrood, zijn wangen nat van de tranen. Als het licht op groen springt, duwt de moeder de wagen het zebrapad op terwijl het kind zijn hele lijfje gebruikt om uit de gordels waarin het zit vastgegespt te ontsnappen. De moeder loopt haastig en vastberaden door. Miriam vraagt zich af of ze het smekende in de stem van het kind hoort of er gevoelloos voor is geworden. En wanneer zal het opgeven, het kind?

Op de artsenpost, recent opgeknapt, hangt de stank van verf nog zwaar in de lucht, vermengd met de geur van zieken en oude mensen. In combinatie met de hitte van de verwarming zorgt dit er bijna voor dat Miriam zich meteen weer omdraait om te gaan. De wachtkamer zit vol en er lopen allerlei mensen rond. Het grote raam, dat uitkijkt op de parkeerplaats, wordt schoongemaakt door glazenwassers.

Hilda marcheert meteen door naar de receptiebalie. Ze lijkt hier zo op haar gemak alsof het haar eigen huis is en gebaart naar Miriam dat ze moet gaan zitten terwijl zij met de receptioniste overlegt.

'Dank je.' Miriam neemt plaats tussen een man met zijn been in het gips die aan een pijp zit te puffen en een moeder die een kind met rode, schrale wangen en tranende ogen in haar armen houdt. Ze kijkt Hilda na terwijl ze wegloopt.

Het is lawaaierig; er wordt gekletst en gehoest en af en toe kokhalst er iemand.

Ze pakt een achtergelaten tijdschrift op en legt het weer neer. Ze slaat haar benen over elkaar en maakt dat weer ongedaan. Ze speelt met de plooien in haar rok, strijkt ze glad en scheidt ze dan weer van elkaar.

Het kind jammert, omhuld door zijn moeders lichaam. Ze troost hem met haar stem en Miriam denkt terug aan de kist, de moeder en het kind, Eugenia die zich verstopte... Wachtte.

Ze kijkt op. Ze voelt dat er iemand naar haar kijkt. Ze scant alle gezichten in de wachtkamer en kijkt dan door de glazen deuren naar buiten.

Hij staat er!

Met zijn armen over elkaar gevouwen en zijn handen onder zijn oksels.

Hij kijkt naar haar, strak, hij houdt haar in de gaten.

Hij is zo sterk aanwezig dat ze hem niet kan aankijken. Alsof hij de zon is. Ze zou verbranden.

Ze staat op, draait zich om.

'Frau Voight, kamer zes alstublieft,' schalt er een mannenstem door de wachtkamer.

Miriam botst tegen verschillende personen aan als ze via de apotheek, die ook in het gebouw zit, naar buiten rent. Weg! Zo snel ze kan! In de tegenovergestelde richting.

Ze rent totdat ze haar benen niet meer voelt. Zonder om te kijken. Op de heuvel werpt ze een blik over haar schouder.

Niemand.

Ze staat zichzelf toe te vertragen. Ze telt haar stappen en focust zich op de gedachte dat elke stap haar dichter bij huis brengt. Doorlopen. Doorlopen.

'Je bent er bijna,' zegt ze tegen zichzelf. 'Bijna.' Ze probeert zichzelf gerust te stellen met haar stem. 'Het kan hem niet zijn geweest. Dat kan niet. Nee.' Haar voeten versnellen hun pas en haar woorden rijgen zich aaneen. 'Was hij het?'

'Schaar, sorry, in voor- en tegenspoed, Hani en de zigeunerin en brood en kou. Missen en beven. En niet meer, en verlaat me niet, verlaat me niet, verlaat me niet.' Ze praat op het ritme van haar voetstappen.

'Miriam,' roept Lionel als ze in het appartementengebouw

in hetzelfde tempo op de cadans van 'thuis' 'thuis' 'thuis' de trap op wil hollen.

'Miriam,' roept hij weer. Ze blijft staan. 'Er is een brief voor je.' Hij steekt een grote envelop naar haar uit.

Ze steekt haar hand op. 'Ik wil hem niet,' zegt ze.

'Hij is afgegeven door iemand uit Oost-Duitsland. Ze zei dat ze een vriendin van je was. Ze stond erop dat ik hem persoonlijk aan je overhandigde.'

Miriam kijkt naar haar naam op de voorkant. Niet *zijn* handschrift. Ze pakt de envelop aan.

'Wees voorzichtig, meid. Je moet echt oppassen voor die Oostblokkers die hier tegenwoordig rondhangen. Mijn achternicht had ontzettende problemen met...'

Maar ze keert zich om.

Het veertje in de deurpost. Veilig.

Het water uit de kraan. Heet.

Haar handen bloeden. Rust.

Ze plakt pleisters over de ergste wonden. Het houten messenblok in de keuken en de schaar bergt ze op in een la en sluit die af. Maar haar vingers trekken en pulken aan de huid van haar handen. Ze graaft haar duimnagel in haar pols, waar een schram een korstje heeft gekregen, en duwt hem zo diep ze kan in het vlees. Ze ziet haar huid van roze naar wit verkleuren onder de druk. Van roze naar wit en dan naar rood. Ze trekt aan de kapotte huid totdat het bloedt.

De stilte in huis dreunt in haar oren. Als haar oog wordt geïrriteerd door een losgeraakte wimper, begint ze ze allemaal uit te trekken, de een na de ander. Tot ze de tranen moet wegknipperen.

'Pap,' zegt ze in de stilte. 'Ik heb, ik bedoel, ik weet het niet zeker, maar...'

'Miriam,' zegt hij en hij tilt zijn arm op. Er is een heel smal plaatsje in zijn bed en ze denkt er geen seconde over na.

'Pap,' zegt ze snikkend. De luchtmatras deint en kreunt als ze onhandig naast hem gaat liggen, tegen zijn starre lichaam aan. De knopen van zijn vest herinneren haar eraan hoe ze ermee speelde en eraan draaide als kind. Met haar wijsvinger volgt ze de rand van de knopen. Rond en rond.

Zijn arm kapselt haar in. Hij is mager, ze voelt zijn botten als ze dichter tegen hem aan kruipt.

'Hij is terug,' zegt ze.

14

MIRIAM

De dagen en nachten worden vaag. Ze lopen in elkaar over als waterverf. De enige tijdsbepaling is haar vader. Hij drinkt, eet kleine porties. En hij praat, mompelt en roept soms. 'Frieda. Frieda. Frieda.'

Zijn mond gaat open en dicht en meestal komen er geen woorden uit, maar zijn hele lichaam vecht.

Ze hoopt dat ze hem kan helpen, maar terwijl ze de kou uit zijn handen wrijft en zijn armen en benen masseert, weet ze dat hem verzorgen het enige is wat ze voor hem kan doen.

Als ze de moed heeft verzameld om de envelop open te maken, treft ze daarin een klein briefje aan en drie pagina's geschreven tekst, in grote letters en goed leesbaar. De brieven uit de jurk zijn bij elke pagina bijgevoegd.

Op de voorkant zit een geeltje geplakt.

Ik moet je spreken over de brieven. Neem alsjeblieft contact met me op.

Eva

Miriam legt het opzij en laat zich meevoeren in de wereld van de brieven.

Een wereld waarin *hij* niet bestaat.

Henryk
Ik heb geen zakken in mijn uniform. De stof hangt om mijn schouders. Ik heb niets maar toch heb ik alles. Toevallig of misschien opzettelijk heb ik mijn ID *nog. En de ring van mijn moeder, allebei onder de binnenzool van mijn laars. Ik kan de ring voelen. Een cirkel gegrift in de onderkant van mijn teen. Ik heb de middelen om hier weg te komen. Ik kan ontsnappen. Nu ik hier eenmaal zit, kan ik mijn weg naar buiten vinden, erachter komen met wie ik moet praten om dat voor elkaar te krijgen.*

'Ik moet de Kommandant spreken,' heb ik tegen de Blockova gezegd. Ik moet haar spreken nu mijn gezicht nog lijkt op het gezicht op mijn ID*. Voordat ik opga in de anderen. Voordat ik gezichtsloos word. Ik moet zorgen dat ik vrijkom zodat ik op zoek kan naar jou.*

Ik hou me gedeisd, volg met gebogen hoofd de keitjes van het pad, die lukraak lijken te zijn gelegd. Als je niet oplet waar je je voeten neerzet glijd je makkelijk uit. Als ik de keitjes onder de zolen van mijn laarzen voel, voel ik me zeker, stevig op mijn benen. Er moeten ooit velen hebben geleden en gestorven zijn bij de aanleg van dit pad. Maar ik adem nog, ik leef nog. Nog steeds.

De zilte lucht doet me denken aan Louisa op het strand, als ik haar probeerde in te halen. Ik ontweek de golven en rende zo hard ik kon, maar mijn korte benen konden niet op tegen haar lange. Haar haar dat achter haar aan wapperde. De frisse zeelucht, de kransen van lavendel die we maakten. De geur van haar laatste zomer.

Hier is de zilte lucht besmet met de geur van mensen. Deze plek is niet geschikt om ons allemaal vast te houden. De bewakers moeten ongelofelijk in de minderheid zijn; ik schat dat er één is op honderd gevangenen, maar desondanks doen we niets. We verzetten ons niet.

De muur van tien meter, het prikkeldraad, de gevangenen die zich gedragen als bewakers, de bewakers die zich gedragen als honden. Zout in de lucht, zout op mijn huid. Dennenbomen en een gemaaid gazon toen we binnenkwamen.

Dit is Ravensbrück.

Miriam kijkt op van het papier en huivert. Niet van de kou. De stem van de brieven achtervolgt haar en ze vraagt zich af of het de stem van iemand is die allang dood is.

Ze draagt de salontafel van de woonkamer naar haar vaders slaapkamer en stoot haar knokkels flink tegen de deurpost. Ze legt de brieven op volgorde terwijl de woorden zich ongewild herhalen in haar hoofd.

Ze voelt wat deze arme vrouw heeft gevoeld.

De schrijfster van de brieven zit in haar en daar kan ze niets aan veranderen.

'Ze verzette zich niet en ze had niemand die ze kon vertrouwen,' zegt ze tegen haar vader. 'Had ík me moeten verzetten?'

De vraag voelt zwaar, een zwarte steen in haar maag. 'Niemand had me geloofd.' De waarheid prikt in haar ogen.

Ze ziet de woedende peuter in de kinderwagen weer voor zich en denkt aan zichzelf, hoe zij heeft geduwd en getrokken aan iets wat net zo onverzettelijk was. Het was alleen geen tuigje in een kinderwagen, maar een man die haar op haar plek hield, met armen en benen en nog erger. Hij hield haar vast met de belofte van wat hij haar zou aandoen als ze losbrak. En wie zou haar geloven als ze het vertelde? Wie kon ze vertrouwen?

We kunnen niemand vertrouwen.

'Hij is terug,' zegt ze.

Ze pakt de volgende brief. Hij is in het Duits, maar zo moeilijk te lezen, geschreven om en tussen regels tekst door met een potlood dat zo licht is als stof. Miriam stopt en begint dan weer, herleest zinnen en probeert haar weg door de brief te puzzelen. En de gedachten die door de tekst snijden, slepen haar terug naar een werkelijkheid die ze niet onder ogen kan zien, een werkelijkheid die ze niet aankan.

Henryk,
De gevangenis was slechts een tent, het doek gegeseld door wind en regen, de zijkanten werden steeds opengeblazen en het dak was verzakt en lekte. We hadden geen bekers of kommen, alleen lepels. We legden onze lepels onder een lek en dronken regenwater. Kleine lepels regenwater. Het kostte ons twee lange dagen om een kom te stelen zodat we konden eten.

Iedereen stal, iedereen was wreed en gemeen, iedereen vocht om ruimte. Dat was ons ruilmiddel. Als je een plekje hebt veroverd, geef je het niet op.

De soep is water, er zit zelden iets van groente in. Iets wat we kunnen herkennen. We krijgen brood dat zo hard is als steen en ook 'koffie'. De soep en de koffie smaken bijna eender, hoewel we eerder stukjes in de soep dan in de koffie verwachten. Ik kauw het brood zacht in mijn mond en geef het dan aan Hani. Haar mond doet zo'n pijn en zonder tanden kan ze nauwelijks eten.

Ik ben hier nu een maand. Vandaag ben ik jarig. Eenentwintig. Ik ben bang dat er geen tweeëntwintig zal zijn.

De routine hier is me nu zo bekend dat ik er niet meer bij na hoef te denken, ik kom elke dag door, mijn lichaam beweegt volgens het ritme van het kamp. Mijn hoofd en mijn hart zijn ergens anders. Bij jou.

Ik ben er bijna, bijna veranderd in een van hen. Een lopende zombie. Ik eet niet zonder dat een bewaker me vertelt dat ik dat moet doen, ik beweeg niet, ik rust of slaap of praat niet zonder dat een bewaker me dat opdraagt. Ik heb geen eigen wil.

Ik mis je.

Liefs, Frieda.

'Frieda!' Miriam leest het nog een keer en buigt zich over haar vader. Ze pakt zijn hand en laat de andere zachtjes over zijn gezicht glijden. Ze kijkt naar zijn dikke, witte haar, de ouderdomsvlekken op zijn gezicht, zijn brede neus, dunne lippen. Ze bestudeert hem, neemt hem voor het laatst in zich op.

'Pap, kun je me horen?' Ze ademt diep in. 'Deze brieven zijn van Frieda.'

Ze wacht een paar minuten of hij reageert, maar als dat niet zo is, geeft ze een kus op zijn hand en zegt: 'Ik ga voor je uitzoeken wat er met haar is gebeurd, dat beloof ik.' Ze weet dat dat betekent dat ze alle angstaanjagende woorden waarvan ze huivert zal moeten lezen, maar dat gaat ze doen. Voor hem.

HENRYK

Ik liep de voordeur uit, weg uit het appartement en liet Emilie snikkend en woedend op mij achter. Ik ging op weg naar Frieda.

Maar elke stap veroordeelde me. Ik stopte op elke hoek. Moest ik terug? Ik keerde om, deed een paar passen en bleef dan weer staan. Voor een man die werd gezocht was het nerveuze en besluiteloze heen-en-weergeloop niet bepaald slim. Het viel op.

Emilie had gelijk. Ik was met háár getrouwd. Ze liep gevaar vanwege mij. Maar ze bleef. Ze wist van Frieda, maar ze bleef. Mijn schuldgevoel brandde als gal in mijn keel, rauw en bijtend. Wie was ik? Wat voor een man doet zoiets een vrouw van wie hij houdt aan?

Maar desondanks...

Ik hield ook van Frieda. Op een manier die ik nooit eerder had gekend en het was omdat ik zoveel van haar hield dat ik dit haar óók niet kon aandoen.

Het moest ophouden.

Emilie had gelijk. Frieda kon best zonder mij. Ze zou zelfs beter af zijn. Veel en veel beter. Die gedachte bracht me in paniek. En de paniek zorgde ervoor dat ik begon te rennen, waarmee ik de aandacht nog meer trok. Het bonken van mijn hart joeg me verder, de wind suisde in mijn oren, mijn adem hortte.

Ik moest Frieda loslaten, ze moest vrij van mij zijn. En dan zou ik weggaan, samen met Emilie. Proberen een betere man te zijn voor haar. Op z'n minst.

Koud en op van de zenuwen wachtte ik tot Frieda me binnenliet. Dit was wat ik moest doen. Het was de enige optie...

Maar toen de deur opengіng, bevroor het besluit een einde te maken aan onze relatie in mijn borstkas.

Frieda begroette me met een kus en toen voelde ik haar vingers op mijn huid. Ze liet me het appartement binnen en deed de deur achter ons dicht.

En hoewel mijn hart een akelig bijgeluid hield en de knoop in mijn maag me misselijk maakte, leek het besluit dat ik vlak daarvoor had genomen een verre echo.

Ik liet alles achter me en versmolt met Frieda, verlangend mezelf te verliezen in haar.

'Ik heb je gemist,' mompelde ze, en de rijke klank van haar stem was intens. Met haar lippen op de mijne trok ze me op het bed.

MIRIAM

In een zin die met meer kracht lijkt te zijn geschreven, de letters dieper in het papier gedrukt, leest Miriam:

Mijn laarzen zijn gestolen. Zonder laarzen heb ik geen ID. Zonder ID ben ik verloren.

Haastig zoekt ze de volgende brief op en ze leest die zo snel ze kan. Ze haalt het vergrootglas uit haar moeders naaidoos om te kijken of het daarmee beter gaat. Axel vervaagt, een verfkwast die uitgespoeld wordt in water, al haar aandacht wordt opgeslorpt door wat ze leest.

Ze heeft Frieda gevonden. Nu hoeft ze alleen nog uit te vinden wat er met haar is gebeurd.

Lieve Henryk,
De gevangenistent kent geen rust. Hani en ik leunen hoofd tegen hoofd, haar schouder tegen de mijne, allebei met onze rug tegen het tentdoek, dat warm wordt door de aanraking.

Hani vroeg me waarom ik loog in de wagon en zei dat ik met je getrouwd was. Dat zette me aan het denken...

Is liefde niet zo gewelddadig, turbulent en wild als een storm maar tegelijkertijd ook zo fris en kalm als de hemel erna? De liefde geeft ons het gevoel dat we bergen kunnen beklimmen en slangen kunnen overwinnen, hoewel dat niet zo is. Onze liefde zorgde ervoor dat we dachten de nazi's aan te kunnen. Ik denk dat onze liefde idioten van ons heeft gemaakt.

Ik zit hier...

Ik keek om me heen naar de vrouwen hier, hoorde de herrie en rook de stank, zag de tentflap die tegen een vrouw aan klappert die er vlakbij zit. Klap, klap, klap.

... en jij niet.

Hani vroeg naar jou en ik heb je mooier gemaakt dan je bent. Langer, breder, jonger. Omdat het kon. Ik vertelde haar over onze liefde-op-het-eerste-gezicht-romance, hoewel dat niet óns verhaal is maar het jouwe, van jou en Emilie.

Miriam haalt diep adem. Het idee dat die vrouw mama's verhaal gebruikte, zich de liefde van haar ouders heeft toegeëigend en er haar eigen verhaal van heeft gemaakt, vervult haar met diepe afkeer. Maar ze kan niets anders doen dan verder lezen.

Hani komt uit een gezin van negen kinderen; ze spreekt Roma en haar Nederlands is beperkt.

Ze zei dat niemand erg blij met haar was. Maar ze is een vechter. Zelf zegt ze het zo: 'Gekomen, gebleven, geprotesteerd, geschreeuwd en de wereld duidelijk gemaakt dat ik er bén!'

De nazi's waren ook niet bepaald blij met haar.

Haar ouders hebben haar op haar veertiende proberen uit te huwelijken aan een neef – hij was net zo jong –, maar ze liep weg, ging naar school (vandaar het Nederlands) en vond werk. Ze had geld en een eigen kamer, maar omdat ze nooit alleen in een bed had geslapen, vond ze de katoenen lakens kil en te hard tegen haar huid. Het leven in haar eentje was zwaar voor haar, gewend als ze was altijd iemand te hebben om een matras mee te delen.

Op een dag ging ze terug naar huis en bleek haar hele familie verdwenen. Ooms, tantes, opa's, oma's – iedereen. Ze dwaalde rond zonder een plek om heen te gaan, werd opgepakt en nu zit ze dus hier.

Ze zegt: 'Ik deel mijn bed liever, dan dat ik alleen ben en altijd alleen blijf. Dan voel ik dat ik leef, anders kan ik net zo goed dood zijn.'

En ik mis je. Ik mis jou en de tijden waarvan we elkaar hadden beloofd dat ze zouden komen. Ik ben nooit naast je wakker geworden, heb nooit de nacht samen met je doorgebracht. Alleen maar gestolen momenten. Ik wil de kleine dingen, de dagelijkse, de dingen die ertoe doen, de dingen die iedereen als gewoon beschouwt. Ik wil niet alleen zijn.

En nu is het te laat.

Ik heb het laatste stuk brood van vandaag zacht gekauwd in mijn mond en alles aan Hani gegeven. Dat doe ik liever dan zelf een klein stukje opeten.

HENRYK

Er drukte iets zwaars en donkers op me terwijl ik tussen de verwarde lakens in Frieda's bed lag.

Frieda lag als een deken over me heen gedrapeerd. Haar zachte adem kriebelde in mijn hals terwijl ik, beschenen door een zwak lichtje, met mijn vingertoppen golven maakte op de achterkant van haar arm. Ze begon mager te worden doordat ze haar rantsoen deelde met mij.

'Als er maar één kon zijn, zou ik jou kiezen,' zei ik.

Ze opende haar ogen, maar toen ik mijn gezicht naar haar toe keerde, stond er een donkere blik in.

'Je kunt me niet kiezen. Ik ben geen keuze,' fluisterde ze.

'Voor mij wel,' zei ik en ik kuste haar voorhoofd – onhandig, want ze trok haar hoofd weg terwijl haar lichaam nog op het mijne lag.

'Nee. Jij hebt Emilie.'

'En ik heb jou.'

'Ja, maar...'

'Er is geen "maar", Frieda. Ik hou van je.'

'Je kunt me niet kiezen, Henryk.' Stilletjes zei ze: 'Ik ben niet genoeg.'

Ik wilde protesteren, maar ze legde haar vinger op mijn lippen en sloot ze met de hare. Haar kus was een praktische oplossing om me de mond te snoeren; haar lippen trilden toen ze ze op de mijne drukte.

Ik voelde me kwetsbaar en weerloos terwijl ze op me lag. Ik staarde naar het plafond en piekerde over mijn lot. Er sprongen tranen in mijn ogen die overgingen in hevige snikken die me het gevoel gaven dat mijn borstkas werd opengeklauwd met een hakbijl.

Frieda ging rechtop zitten en trok me in haar armen, ze koesterde me, dicht tegen haar naakte lichaam aan.

'Henryk, wat is er?'

Ik kon niet praten, ik kon de woorden niet vinden om uit te leggen dat het me brak, de situatie waarin we zaten. Ik had ons alle drie veroordeeld. De bommen kwamen steeds dichterbij en het gewicht van mijn schuldgevoel leek een guillotine die elk moment kon vallen.

Maar desondanks kon ik niet weggaan bij Frieda. En daardoor bracht ik haar óók in gevaar, net als Emilie. Ik wist niet meer wie ik was en de strijd binnen in me verscheurde me terwijl ze mijn tranen kuste en haar hoofd tegen het mijne hield. Ik huilde vrijelijk terwijl ze me in haar armen hield.

Ze kuste mijn lippen totdat onze adem gelijk opging en toen ze schrijlings op me ging zitten en me in haar lichaam opnam, kuste ik haar nog dieper, ik wilde met haar versmelten, geen eenling meer zijn.

Ze bewoog boven op me en liet me niet los. Ze tilde mijn kin op zodat ik haar in de ogen keek. Ogen zo diep, zo intens, dat ik probeerde me af te draaien, niet in staat haar prachtige gezicht te zien. Te weten dat ik zoveel pijn zou doen, zoveel verdriet, dat het allemaal algauw voorbij zou zijn. En dat was míjn schuld.

Ze zochten me, ze zouden me komen halen en dat betekende dat ze Emilie en haar ook zochten.

Ik kuste haar hals. 'Ik ga mezelf aangeven,' zei ik en het was alsof er een enorme last van mijn schouders viel. 'Morgen. Dan zijn jij en Emilie vrij.' Ik trok haar zo dicht tegen me aan als maar kon. Ik kon haar niet aankijken, dus verborg ik mijn gezicht tegen haar borst.

Haar hart klopte boos naar me. 'Wat vindt Emilie daarvan?'

'Ik heb het haar nog niet verteld. Ik wist het zelf pas toen ik je net in je hals kuste.'

'Nee! Ga naar Emilie, pak wat spullen in en vertrek, zoals zij had gepland.' Ze duwde met haar hand tegen mijn borst.

'Dat kan ik niet.' De tranen dreigden weer op te wellen. 'Op mijn manier zijn jullie allebei veilig.'

'Veilig? En jij dan? Je zei net dat als er maar één was –' Ze schudde de gedachte van zich af. 'Maar dat is niet zo, er zijn er twee. En jíj bent er. Het wordt tijd dat je beseft dat wij allebei van je houden. Dat we je nodig hebben en dat je moet overleven. Voor ons. Als je jezelf aangeeft, is dat regelrechte zelfmoord!'

'Ik kan je geen kwaad blijven doen. Jullie allebei niet.'

'Kijk me aan, liefste. Je doet me geen kwaad. Dit is net zo goed míjn keuze als de jouwe,' zei ze zacht. Ik keerde mijn gezicht weer naar haar toe. 'Dit is niet iets wat alleen jóúw schuld is. Emilie verdriet doen, doet jóú verdriet en daarom doet het míj weer verdriet.' Ze kuste me op mijn voorhoofd. 'Wat zei je ook alweer op dat bankje bij de Spree?' Ze tilde mijn hoofd op naar haar lippen en kuste de tranen die in mijn ogen opwelden.

Ik knikte. Het onhoorbare gekrijs in me werd binnengehouden door het gewicht van Frieda's lichaam op het mijne; ze omsloot me met haar armen, haar benen; haar hart klopte luid en ik voelde het in het mijne.

En alsof er een knop werd omgezet, werd de pijn in mijn binnenste overvleugeld door een enorme vermoeidheid. Ik legde mijn handen op haar bovenbenen. 'Ik zei dat je mijn licht was,' mompelde ik terwijl ze met haar lichaam over het mijne schoof en zichzelf zo hard mogelijk tegen me aandrukte, zodat ik alleen tegelijkertijd met haar kon ademen, samengeperst door licht. Ze drukte haar mond op de mijne om nieuwe snikken, het diepe verdriet dat mijn borstkas doorboorde, te smoren.

'Zonder duisternis geen licht,' zei ze in mijn oor.

'Maar Frieda, ík ben de duisternis, kijk dan...'

Ze onderbrak me. 'Geef me een paar dagen, Henryk.' Ze sprak mijn naam zo uit dat die diep in mijn onderbuik, en lager, resoneerde.

'Een paar dagen,' zei ik.

MIRIAM

'Miriam.' Haar vaders stem doorboort het donker.

Ze wordt wakker. Ze was in slaap gevallen, opgekruld in de stoel.

'Miriam, ik... jij. Frieda,' zegt hij en hij tilt zijn hand op. Ze houdt hem vast en beweegt haar tenen omdat ze slapen.

'Ik...' begint hij. 'Ik. Heb. Haar. Vermoord.'

Haar voeten komen tintelend tot leven.

'Frieda,' zegt hij.

'Frieda? Ik heb hier brieven van haar,' zegt Miriam.

'Ik. Heb. Frieda. Vermoord,' zegt hij en hij zinkt weg in een verdriet dat zo diep is dat het onhoorbaar is.

15

MIRIAM

Ik heb Frieda vermoord.

Miriam wiegt heen en weer.

'Nee!' antwoordt ze in een reflex. Het is niet waar. Het kan niet waar zijn.

'Kijk, pap.' Ze legt de brief op zijn borst. 'Dit is een brief, een brief van Frieda. Hij zat verstopt in haar jurk. Ze hield van je, pap. Hoor je me? Je hebt niemand vermoord.'

Maar dan staart ze naar het papier.

Hoe is die jurk in mama's kast terechtgekomen? Duizelig laat ze zich terugzakken op de stoel. Ze kan zijn woorden niet onwaar maken.

Haar vader kan nooit iemand gedood hebben! Nooit! Daar is hij niet toe in staat.

De man die spinnen oppakte die hun huis binnen waren gekropen en ze in de kom van zijn handen naar buiten droeg, ze beschermde tegen mama die klaarstond met een schoen of een boek.

De man die tegen bijen en wespen praatte en ze bedankte voor hun bezoekje.

Haar vader kon niemand kwaad doen, en al helemaal niemand doden.

Ze pakt de brief van zijn borst.

'Dat is niet waar,' zegt ze.

De volgende brieven zullen – als Eva ze heeft vertaald – haar gelijk bewijzen.

Henryk,
We zijn verhuisd. We hoopten op een plek in een barak. Er zitten zoveel vrouwen in de tent en de barakken zijn gebouwd uit steen en hebben een metalen, golfplaten dak.

Mijn laarzen zijn gestolen in de gevangenistent, dus heb ik twee dagen blote voeten gehad, maar toen vonden we een paar schoenen aan de voeten van iemand die dood was. Hani heeft nu een paar klompen die haar passen en ik heb weer schoenen.

Hani en ik zitten in barak 15, maar in eerste instantie hadden we geen brits. De houten planken die aan de muur zijn bevestigd zitten vol vrouwen. Zes per plank. Er galmen jammerklachten, schreeuwen, nachtmerries, gillen en beschimpingen door de barak. De planken hangen in drie lagen boven elkaar, acht in de lengte, langs beide muren, A *en* B.

Toen we er aankwamen, was er geen plek voor ons. Dus toog ik naar de Blockova, een oude, geharde prostituee. Ze sloeg me zo hard dat mijn hoofd tegen de zijkant van een plank bonkte en ik het bewustzijn verloor en ik werd in een kleine ruimte in het midden van de barak gegooid, vlak achter de ingang. Toen ik bijkwam, lag ik in een toiletruimte met een klein fonteintje en Hani achter me. En een spiegel voor me.

In dit wc-blok zijn boven de toiletten provisorische britsen gecreëerd. Het zijn slaapplaatsen die de vrouwen zelf hebben gemaakt en ze lijken steviger dan de reguliere. Er lijkt hier ook meer ruimte te zijn.

We hebben ontdekt dat er hier de laatste paar dagen twee vrouwen zijn gestorven – 'verloren', zeggen ze hier. En we zijn hier welkom! Zonder vragen! We kijken bewonderend om ons heen: drie planken en nu zes mensen.

Een grote vrouw, zowel van stem als van geest, hielp de wond op mijn hoofd te deppen toen ik mezelf voor het eerst in de spiegel zag.

Ik kon niet geloven dat íк het was. Ik moest de spiegel een paar keer aanraken om zeker te weten dat het geen illusie was. Je eigen geschoren hoofd voelen en het zien, zijn twee totaal verschillende dingen. Mijn ogen zijn hol, het rode bloed op mijn wang benadrukt de groene kringen eronder. Ik zie er bijna demonisch uit.

De oudere dame heet Wanda en haar handen werken net zo snel als haar mond praat. Ze had zelfs een verband voor mijn gezicht.

Ze maakte Hani ook schoon en gaf haar zelfs een knuffel. Ze praatte net zo druk tegen haar als tegen mij, maar Hani verstond er natuurlijk geen woord van.

Hani was ook gefascineerd door haar eigen spiegelbeeld en bekeek uitgebreid de plek waar haar tanden vroeger zaten.

Wanda stelde ons voor aan Stella, een klein meisje, niet ouder dan een jaar of zeven, acht. Ze begint net te wisselen, ze heeft twee gaten in haar gebit.

Stella slaapt op één brits met 'Bunny', een jonge vrouw die denk ik niet haar moeder is.

Bunny neuriet de hele nacht om Stella's dromen te verzachten. Ze praat niet. 'Ze heeft geen woord gezegd sinds ze hier is,' vertelde Wanda.

Dan is er Eugenia, die nogal kil en koud overkomt, maar misschien is ze gehard door het leven hier, ze is hier al heel lang. Twee jaar! Ze moet midden in de twintig zijn.

Bunny ook, neem ik aan; Bunny ziet eruit alsof ze nog een tiener is, maar kan net zo goed al ver in de dertig zijn.

Ik bleef naar haar kijken, op zoek naar aanwijzingen, maar de hoofddoek op haar hoofd, de donkere blik in haar ogen en de angst die erin te lezen staat, maken het moeilijk haar leeftijd te schatten. Ze ziet eruit als iemand die te veel heeft meegemaakt.

Hani en ik hebben geen deken en maar één kom samen. We hebben niets om bij te dragen hier, maar dat lijkt Wanda niet belangrijk te vinden. Ze is zo vriendelijk.

We zijn dankbaar. Ik denk niet dat we zo'n welkom hadden gehad als Wanda ons niet onder haar hoede had genomen. Wanda leek helemaal weg van Hani's schoonheid en haar onschuldige gezicht (omdat ze niet in staat is te begrijpen wat er allemaal om haar heen gebeurt).

Hani en ik mogen op de bovenste brits slapen. Er malen duizend vragen door mijn hoofd, maar ik voel me overweldigd door alle aardigheid. Mijn gezicht bonkt van de klap en Hani en ik gaan liggen, onze armen om elkaar heen geslagen. Dit is de eerste keer in weken dat ik lig. Dat dat kán. Het voelt zo heerlijk dat ik huil. Voor het eerst sinds ik van je gescheiden werd. Mijn ogen zijn zwaar van de tranen, droog en heet. Ik lig.

Die vrouwen. Die plek. Miriam heeft geen enkele referentie om de dingen waar ze over leest mee te vergelijken. Het is niet voor te stellen. Maar ze leest het. Miljoenen mensen hebben het meegemaakt.

'Je hebt niets verkeerds gedaan,' zegt Miriam tegen haar vader. 'Je kunt jezelf niets kwalijk nemen. Jij hebt dit niet gedaan.' Ze houdt de brief in de lucht. 'Dit is... Er zijn geen woorden voor, denk ik...'

HENRYK

Het was 10 april 1944. Een maandag. De laatste keer dat ik Frieda zag.

We waren gearresteerd, twee dagen nadat alle wetten ophielden te bestaan en één man de controle had over de hele stad.

Onze reis begon op de Schildhornstraße in Berlijn. Ik was er zeker van dat we zouden worden doodgeschoten, vlak voor het appartement waar Frieda en ik ons schuilhielden. Maar we kregen het bevel dat we moesten lopen. De zon voelde als ijs, zoals die door de dichte mist die mijn zicht beperkte drong.

We liepen uren achter elkaar, alles wat bekend terrein voor ons was lieten we achter ons. We stopten alleen bij huizen waarvan de bewoners ook mee moesten.

De Hagelstraße ging over in de Fontanestraße, maar we bleven de weg volgen. Langs de kanten stonden alleen kale boomstammen en uitgebrande legervoertuigen. Een processie van marcherende voetstappen, een trein op de rails.

De huizen langs de straten waren dichtgetimmerd. Alle deuren en ramen waren afgesloten, maar we zagen toch glasscherven op de grond liggen. De mensen drongen de panden van bovenaf of van binnenuit binnen. Achter de façade van verwaarloosde huizen verscholen zich mensen die beden en dankbaar waren dat zíj vandaag niet aan de beurt waren.

Ook ik had me veilig gewaand binnen vier muren. Maar die muren waren ingestort en ik was voor iedereen zichtbaar, met

Frieda naast me. Nu werden we omringd door soldaten die over de trottoirs marcheerden en gingen we op in de menigte van opgepakte personen.

Vóór ons was iemand gevallen.

'*Schwein*!' blafte een mannenstem.

Links van mij liep een soldaat schuin door de rij heen naar een oudere man met een koffer die door zijn knieën was gezakt. De soldaat, in een perfect groen uniform en met glimmende laarzen aan zijn voeten, spoog op hem.

'*Du faules Schwein*.' Hij sloeg de man op de achterkant van zijn hoofd. Een klap waardoor de man naar voren schoot. Zijn hoed viel af en er kwam een regen grijze haren onder vandaan terwijl hij met zijn gezicht op de koffer klapte.

Ik liep verder in de menigte. Toen ik langs hem kwam, keek ik omlaag. Frieda trok me mee en wendde haar ogen af. Ik draaide me half om en ze omklemde mijn arm steviger, maar ik liep, tegen de stroom van de anderen in, naar de man toe.

Frieda hield haar pas in.

'*Zurück in der Reihe*,' werd er door de soldaten naar me geschreeuwd, maar er was geen rij, alleen een vormeloze massa die moeizaam voortzwoegde. Van de gevallen man vandaan...

'Henryk.' Frieda had me weer bij mijn arm gepakt; ze keek naar de soldaten die naar míj keken. Niemand bleef staan, iedereen liep zonder aarzeling door en richtte de ogen op een punt in de verte.

De soldaat liet zijn vingers langs de rand van de hoed van de man glijden voordat hij hem een stomp in zijn rug gaf. '*Aufstehen*,' brulde hij met een rood aangelopen gezicht. Toen keek hij op naar zijn kameraden en lachte.

Ze lachten met hem mee.

Ik bleef staan.

'Henryk,' fluisterde Frieda, op haar tenen, met haar lippen tegen mijn oor. 'Alsjeblieft.'

De soldaat deed een stap naar achteren. We hoorden hem zijn holster openen. Hij trok zijn pistool. '*Aufstehen*!' Hij gebaarde met zijn wapen.

'*Bitte warten*,' riep ik. Ik duwde Frieda weg en ging tussen de man en de soldaat staan. 'Wacht!' Ik bukte. 'Wacht!' zei ik weer, deze keer meer tegen mezelf. Ik stond over de man gebogen. Hij rook klam en oud. Zijn jas was te kort en zijn onderarmen staken een stuk uit de mouwen, en hij had pantoffels aan zijn voeten met nauwelijks een zool eronder. De koffer was oud, gedeukt, rafelig aan de randen. Ik focuste me op de koffer en wachtte op het schot. Maar Frieda was er eerder.

'Meneer, alstublieft, sta op,' zei ze, terwijl ze haar hand op zijn rug legde. Ze pakte zijn hoed van de grond en drukte die op zijn hoofd. 'Het gaat wel,' zei ze met een blik naar de soldaat die zijn pistool nog steeds op ons gericht hield. 'Alstublieft, deze man heeft alleen wat hulp nodig.'

Terwijl ze het zei, tilde ik de man overeind en trok zijn beide armen over mijn schouders, zodat ik zijn gewicht op mijn rug had. Frieda pakte zijn koffer.

'*Nein*,' zei de man zo dicht bij mijn oor dat ik ervan schrok. Hij maakte zich los en liet zich weer op de straat zakken.

'*Nein*!' schreeuwde hij. Hij griste zijn koffer uit Frieda's handen en hield die als een schild voor zijn borst.

De soldaat richtte zijn pistool weer op hem. '*Die Juden*,' zei hij schouderophalend, alsof er niets aan te doen was en ze het over zichzelf afriepen.

Ik trok Frieda naar me toe en we draaiden ons om terwijl het schot klonk. We krompen ineen bij de knal en maakten ons snel uit de voeten om ons in de menigte te mengen. Het gefluit in mijn oren kon het minachtende schaterlachen van de soldaten niet dempen.

We haastten ons verder. Ik hield haar tegen me aan en we kregen het allebei warm terwijl we wegrenden van wat we hadden gezien. Uiteindelijk vertraagden we, tot we hetzelfde tempo aanhielden als de menigte om ons heen, stak ze haar arm door de mijne en werd het lopen minder inspannend.

Toen onze handen koud begonnen te worden, begon Frieda in het Frans, om nog een vleugje privacy te hebben, tegen me te praten.

'Wat gaan we nu doen?'

'Wat kúnnen we doen?' zei ik, verslagen mijn hoofd schuddend.

Ze keek me vragend aan en liet toen mijn hand los. Ze blikte om zich heen naar de anderen en gedurende de rest van de tocht had ik net zo weinig contact met haar als ieder ander.

MIRIAM

Ze gaat verder met de volgende brief. Er staan antwoorden in, maar onder het lezen raakt ze verloren in de woordenzee, in een wereld zo ver van de hare dat haar vragen naar de achtergrond verdwijnen.

Henryk,
De eerste dag wakker worden in barak 15 was heerlijk. De zon scheen en we werden begroet met 'hallo's' en 'leuk gedroomd?' in plaats van met duwen en schreeuwen. Het appel duurde lang, maar de hemel was blauw en Hani en ik voelden ons optimistisch. Nu we in een barak zitten, kunnen we ook werken en dat maakt ons nog optimistischer. Als je werkt gaat het beter en Hani en ik zijn ingedeeld bij de 'zandploeg'.

De anderen in onze toiletruimte horen niet bij een werkploeg. Ze worden liefkozend 'konijntjes' genoemd door de andere vrouwen. Van wat ik ervan begrijp zijn het menselijke proefkonijnen, vrouwen op wie wordt geëxperimenteerd. De andere omhullen hen met een beschermend aura.

Hani en ik keken elkaar vragend aan, we begrijpen het niet helemaal.

Bunny komt helemaal niet van haar brits af. Bunny, Wanda en Eugenia naaien en breien voor de oorlog, ter-

wijl Stella buiten speelt met de andere weeskinderen.

Ik wil juist graag in beweging komen en het bloed door mijn aderen voelen stromen. Ik heb alleen maar gezeten en ben stijf geworden de laatste paar weken; kunnen bewegen is een zegen. En bovendien lijkt het me goed om iets te doen en weer ergens deel van uit te maken.

HENRYK

We werden samen wakker onder de brug van Gleis 17, verdoofd en wezenloos, omringd door een kakofonie van angst. We waren gewekt door een commando: 'Mannen rechts, vrouwen links.' Kinderen waren er niet. We stonden op het punt gesplitst te worden, als een golf die stukslaat op een scherpe klif en twee verschillende kanten op stroomt.

Er was geen enkeling die in beweging wilde komen, maar allemaal samen werden we als één man vooruit gedwongen. Pas toen de deuren van de wagons openratelden en ik zag dat er al mensen in zaten, wist ik dat het afgelopen was. Hoewel ze al de hele nacht opgesloten moesten hebben gezeten, als vee, probeerden ze niet te vluchten, niet uit hun houten cel te ontsnappen. Toen het daglicht naar binnen viel, staarden hun gezichten ons slechts aan, bang, gelaten.

Ik had haar steviger moeten vasthouden, ik had haar niet moeten laten gaan. Ik had een manier moeten vinden om wat er daarna gebeurde te voorkomen. Maar haar vasthouden zou haar kapotmaken. In mij groeide een verstikkende angst die alles doordrenkte. Ik wist dat die angst dan ook bij haar naar binnen zou sijpelen en ze moest sterk blijven omdat we allebei verder moesten.

Alleen.

Shakespeare schreef dat tijd eeuwig is voor geliefden en hij heeft gelijk. Er is een eindeloos gevoel dat ik ga waar zij gaat.

Zolang ze leeft, leeft ze in mij. Had ik dat maar tegen haar gezegd.

Maar dat deed ik niet.

Wat ik zei was: 'Je hebt koude handen.'

Dat waren mijn afscheidswoorden.

Ze glimlachte. Haar handen gleden uit de mijne en toen ik die weer wilde pakken voelde ik alleen lucht. Ik struikelde en moest mijn blik wel afwenden omdat ik tegen iemand aan botste. Toen ik me weer naar haar toe keerde, was ze verdwenen.

MIRIAM

'Konijntjes? Experimenten?' Ze kijkt naar de volgende brieven. Ze zijn geschreven op kleine snippers papier, zo dun als een tissue, en uit zichzelf in elkaar gerold; ze moet haar best doen ze plat te houden. 'Wat hebben ze in godsnaam met hen gedaan?'

Henryk,
We werken. We krijgen heel weinig te eten, net genoeg om ons in leven te houden maar niet genoeg om onze honger te stillen. Wanda heeft nog een kom voor ons opgescharreld, dus hoeven we er geen meer te delen en dat betekent dat we nu wat meer te eten hebben. Ik kauw nog steeds Hani's brood zacht en het wordt steeds moelijker om het niet door te slikken.

Het zand vreet aan mijn huid. Het is zinloos werk, bedoeld om onze geest te breken. We verplaatsen zand en het zand schuift meteen terug. Mijn handen doen zoveel pijn dat ik niet kan schrijven en ik heb ook geen papier meer.

Papa kreunt, huivert en begint dan te trillen. De trillingen gaan als golven door de hele linkerkant van zijn lichaam, en worden steeds heftiger. Maar net als ze besluit de midazolam te pakken, nemen de trillingen af; ze gaan weer over in huiveringen. Zijn tanden klapperen.

'Hou vol, pap,' zegt ze terwijl ze meer dekens over hem heen legt en over zijn koude handen strijkt.

'Zo koud,' mompelt hij en ze gaat naast hem op het bed liggen.

'Ik ben bij je,' zegt ze als zijn lichaam ontspant. De nacht sijpelt door het raam naar binnen, onwelkom. 'Ik ben bij je,' zegt ze nog een keer maar de angst kruipt door haar benen omhoog.

De duisternis benauwt haar, ze denkt aan *hem*. Als *hij* terug is, is hij terug voor háár.

De tijd raakt op. Net zoals Frieda's papier opraakte. Maar er zijn meer brieven en met elke brief wordt ze banger, met elke zin, elk woord. Dit kan nooit goed eindigen.

'Ik zal uitzoeken wat er is gebeurd, maar alsjeblieft, alsjeblieft, blijf bij me, pap. Nog even maar. Alsjeblieft.'

Als zijn gesnurk de kamer vult, glipt ze het bed uit, pakt de volgende brief van het stapeltje en leest die onder het licht van de lamp.

Ik heb mijn brood geruild voor een lang, dun potlood en schrijf je in de veiligheid van de barak. De 'proefkonijnen' worden genegeerd door onze Blockova, een intimiderende vrouw, zowel qua formaat als qua stem, maar ze gebruikt bijna nooit geweld. Dat is ook niet nodig. Je hoeft een geslagen hond alleen de zweep maar te laten zien.

De meeste vrouwen negeren de 'konijntjes' ook. Sommige bieden Bunny en Wanda extra brood aan dat ze hebben bewaard of gestolen. Andere maken speelgoed voor Stella; van een stukje stof is een pop voor haar gemaakt die een glimlach op haar gezicht tovert.

Bunny en Wanda bieden naaiwerk en reparaties aan. Bunny maakt verborgen zakjes aan de binnenkant van de kampuniformen, dat is haar specialiteit. Haar vin-

gers zijn zo rap. Ik kijk er gefascineerd naar als ze aan het werk zijn.

Ik ben veilig bij deze vrouwen.

Ik ben doorlopend moe, doodmoe. Van mijn dag, de routine, de angst dat je wordt neergeschoten, geslagen, in een cel wordt gesmeten of naar de strafbarakken moet.

Er worden constant vrouwen weggesleurd – krijsend. We kijken allemaal toe en zijn dankbaar dat wíj het niet zijn. Vriendinnen staan erbij en doen niets. Maar als de vrouw terugkomt, haar ribben door haar huid steken en ze zo toegetakeld is dat je niet begrijpt dat ze nog ademhaalt, wachten haar vriendinnen haar op met soep, brood en warmte.

Ik schrijf 's nachts. Mijn ogen prikken en tranen van het schrijven in het licht van de maan. Wanda snurkt, Bunny en Stella krullen zich samen op, Bunny neuriet. Hani ligt dicht tegen me aan terwijl ik op mijn zij lig en schrijf, zo veel mogelijk woorden op een papier pers. Voor jou.

Ik hoop dat we later alles samen kunnen verbranden om het verleden te vergeten en ons een weg naar de toekomst te plaveien.

Eugenia's hoofd duikt regelmatig op vanaf het middelste bed. Dan praten we. Ze vertelt over de geallieerden, over bevrijding en de andere vrouwen in het kamp, hoe ze kleine dingetjes doen om anderen en zichzelf te proberen te redden. Er zijn regelmatige transporten die de gevangenen wegvoeren. Sommige geloven dat ze naar een sanatorium gaan, Eugenia denkt dat ze hun dood tegemoetreizen. Ze vertelt over namen die worden toegevoegd aan een lijst en hoe hard sommige vrouwen hun best doen om hun namen of die van mensen van wie ze houden van die lijst af te krijgen. De Blockova schijnt namen aan de bewakers die de lijst samenstellen door te geven. Hoe dan ook, de vrouwen worden weggevoerd.

Eugenia belooft dat de geallieerden onderweg zijn. Dat het kamp bevrijd zal worden door Russen of Amerikanen. En snel. Geen van ons gelooft dat dat waar is. Er is geen bevrijding, er is geen geloof dat er ooit een einde komt aan deze waanzin. We gaan gewoon door met werken om te overleven.

Het is zo fijn om te praten, om als vrouwen te communiceren. Ik voel me rijker in mijn hart als ik met Eugenia praat.

Ik bewaar mijn brieven in de plooien van onze stromatras en bid dat ze er nog steeds zijn als ik terugkom.

Ik heb Hani's warme lijf om me heen en verspil dit moment niet aan slaap. Het is mijn tijd om te dromen, na te denken, dankbaar te zijn voor alles wat ik heb. Er is geen God, er is alleen soep. Met mijn potlood zet ik een stempel op de wereld, hoe onbetekenend ook. Ik besta. Ze kunnen me niet uitwissen.

16

MIRIAM

Onder het lezen wordt Miriam bekropen door een gevoel van hopeloosheid. Vrouwen als Eugenia geloofden heilig dat er iets zou worden gedaan, dat andere mensen hen zouden redden. Miriam probeert te slapen, maar ziet steeds een in dekens gewikkelde, zwijgende vrouw voor zich die zakjes en zomen naait. Iedereen om haar heen is gehavend en gebroken.

Hiermee vergeleken stellen haar eigen problemen niets voor.

Vlak voor het ochtend wordt, sukkelt ze in slaap. Ze droomt over slangen. Lange slangen die in haar buik kronkelen, zich door haar huid wurmen. Ze wil ze vastgrijpen en uit haar lijf trekken, maar krijgt ze niet te pakken. Glad en glibberig dringen ze zich gewoon opnieuw door haar huid heen en glijden naar binnen.

Miriam wordt wakker van haar eigen nagels die in haar buik klauwen. Ze springt op, haalt de schaar uit de la van haar moeder en bewerkt de zachte, warme huid van haar buik ermee. Zodra de strepen die ze maakt rood worden, verdwijnen de slangen uit haar buik en vervagen ze weer tot de droom die ze waren.

Ze wordt gestoord door een klopje op de deur. Ze loopt erheen en opent hem op een kier, net genoeg om te zien dat Eva ervoor staat.

Eva, haar hand geheven om nog een keer te kloppen en in

die houding bevroren. Ze is gekleed in een diepblauw vest, een grijszwarte broek en zware stevige laarzen. Haar jas en tas hangen over haar arm.

Lionel staat naast haar. 'Je bel doet het niet,' zegt hij. 'Enig idee hoe dat komt?

'Hm...'

Het zweet staat op zijn voorhoofd. 'Deze mevrouw hier,' hij knikt naar Eva, die niet reageert, 'deze mevrouw hier wilde naar binnen, maar je hoorde de bel niet. Ik moest – voor de zekerheid, je weet nooit tegenwoordig – helemaal met haar mee naar boven lopen want je intercom doet het natuurlijk ook niet als je bel kapot is.'

'Bedankt, Lionel.'

'Nu ik toch hier ben, kan ik er net zo goed even naar kijken.' Hij wringt zijn flinke postuur langs Miriam heen en tilt de hoorn van de intercom op. 'Maar meisje,' zegt hij terwijl hij haar strak aankijkt. 'De stekker is eruit.' Hij bukt en steekt de stekker weer in het stopcontact, met een blik die 'dat moet je nooit meer doen' zegt. Dan tikt hij tegen zijn pet om Eva te groeten en draait zich om.

'Kom je binnen?'

'Ja, ik wil graag even met je praten,' zegt Eva terwijl ze Miriam onderzoekend opneemt.

Miriam slaat haar net gewassen handen voor haar buik.

'Eh...' gaat Eva verder, 'Ik heb misschien wat... heftig gereageerd gisteren in de bibliotheek.'

'Heftig?'

'Ik was gewoon niet, ik bedoel, het is heel moeilijk voor me om mensen te vertrouwen.'

'Dat begrijp ik.' Miriam opent de deur wijder om Eva binnen te laten. 'Ik heb geluk gehad. Ik weet niet hoe het was om aan de andere kant van de Muur te wonen.'

'Heb je de brieven gelezen?'

'Ja.... De proefkonijnen... Monstrueus. Wat er allemaal is gebeurd en...'

'Je bent niet naar de bibliotheek gekomen gisteren,' onderbreekt Eva haar.

'Nee. Sorry.'

'Heb je mijn briefje gekregen?'

'Ja, en dank je wel voor de vertaalde brieven. Het is een huiveringwekkend verhaal... Ik weet niet echt –'

'Kan ik je op een kop koffie trakteren? In dat zaakje aan het einde van de straat?' onderbreekt Eva haar opnieuw.

Ze denkt aan haar vader. Hij slaapt. Ze knikt. 'Koffie, heerlijk! Ik zeg het even tegen mijn vader.'

De koffieshop is open, de gasten lachen, kletsen. Leven. Bij binnenkomst komt de geur van Kerstmis haar tegemoet. Ze verzacht in de warme gloed van kaneel en koffiebonen.

Eva loopt naar een tafeltje achterin, voor een groot raam. Hoewel het nog vroeg is, is het uitzicht donker en grimmig. Het tocht er, maar de kou biedt een welkome verkoeling in de hitte van mensen, koffie en taartjes.

Miriam bestelt voor allebei koffie met slagroom en kaneel, die wordt geserveerd in een hoog glas met een lange lepel en een koekje erbij. Voordat ze op het puntje van haar stoel gaat zitten, scant ze de gezichten van alle andere gasten. Ze hoopt dat Axel er is, daar, in dezelfde ruimte, want dan kan hij niet overal opduiken. Ze is nerveus, ze schrikt van elk geluid of elke beweging om haar heen. Binnen enkele minuten is haar lichaam gespannen en pijnlijk, gevangen in de stoel.

Eva neemt een hap van haar koekje. Er vallen kruimels in haar schoot.

Miriam kijkt toe als ze ze wegslaat met haar hand. 'Dank je wel dat je me helpt met de brieven,' zegt ze.

'Je betaalt me ervoor en...'

'Ja, ik ben je nog geld schuldig, hè?'

Eva wuift haar vraag weg.

'Het is maar goed dat ik Jeff tegenkwam, anders had ik daar dagen en dagen met een woordenboek gezeten om te proberen te begrijpen wat er staat.' Ze weet dat ze snel praat en maar wat zegt, maar ze kan geen manier vinden om rustiger te worden. 'Heb je familie?' vraagt ze. 'Buiten Jeff?'

'Mijn man is een paar jaar geleden overleden. Hij was arts. Een heel goede man. Zijn dochters zijn volwassen nu. Jeffrey is de zoon van Ranka, zijn oudste dochter,' vertelt Eva terwijl ze de slagroom met de lange lepel omroert in haar glas. 'Ze zijn door de tunnels gevlucht toen hij klein was. Ik had ze bijna twintig jaar niet gezien.'

Een lange stilte werpt een schaduw over de tafel terwijl Miriam luistert hoe Eva's ademhaling kalmeert. Haar handen zijn donker van de ouderdomsvlekken. Ze heeft lange, slanke vingers.

'Heb jij een partner, Miriam?' vraagt Eva met volle mond.

Miriam schudt haar hoofd, neemt een slokje van haar kokendhete koffie en brandt haar lip.

'Nee,' zegt ze. 'Eh, niet echt.'

Miriam denkt aan de nacht dat ze *hem* verliet.

'Het is...' begint ze. 'We zijn...' probeert ze, maar ze laat het dan bij: 'Het is nogal ingewikkeld.'

Die nacht, met het telefoontje van het ziekenhuis nog na-echoend in haar hoofd, had Miriam haar handen grondig gewassen en was ze op haar tenen weer hun slaapkamer in geslopen. Ze moest steeds aan haar vader denken, alleen, stervende, een paar uur van haar vandaan.

Het regelmatige gesnurk van Axel gaf haar rust. Hij lag in zijn normale slaaphouding – alsof hij dood in zijn graf lag.

De zachte, crèmekleurige deken die normaliter op het voeteneind van het bed lag, lag op de grond, opgevouwen tot een rechthoekje zo groot als een hondenmand. Haar plek voor de nacht.

Honden en hoeren slapen op de vloer.

Ze draaide zich om en ging de kamer uit.

Haar tenen hadden zich om de badrand gekromd om in evenwicht te blijven toen ze de doos met haar medicijnen van de bovenste plank probeerde te pakken. Expres hoog weggezet voor haar: Axel was de enige die te vertrouwen was als het erom ging dat ze de juiste dosis nam. Na de laatste keer... Toen elke bittere pil met suiker leek omhuld, een zoete weg naar de peilloze diepte.

De doos was helemaal naar achteren geschoven en toen ze hem te pakken had en openmaakte zag ze antidepressiva, anti-hallucinatiemiddelen, slaaptabletten...

En...

En!

Na het jaren 'kwijt' te zijn geweest, na jaren niet geweten te hebben waar het was, had Miriam, op zoek naar een manier om zichzelf te bevrijden, een uitweg gevonden. Letterlijk.

Haar identiteitsbewijs...

Als ze kon bewijzen dat ze een inwoner van West-Duitsland was, kon ze terug naar Berlijn, kon ze naar huis. Hoewel ze in Wolfsburg woonden, nog net in West-Duitsland, moesten de bewakers bij de checkpoints bewijzen zien dat ze geen Oost-Duitse verstekeling was.

Ze stopte het in haar nachtpon, dicht bij haar hart, en liep stilletjes de trap af. De krakende tweede tree van boven sloeg ze over. Ze stapte in haar schoenen, trok haar jas aan, pakte haar tas en trok de voordeur achter zich dicht. Ze dacht er niet over na. Haar voeten liepen eenvoudigweg het huis uit.

'Sorry, Eva. Wat zei je?' De ruimte dreunt op haar af en ze stelt zich voor hoe ze, mocht *hij* binnenkomen, moet wegkomen tussen alle tafeltjes en mensen door. Of misschien zit *hij* er al. Ergens achter haar.

'O, ik zei dat alle relaties ingewikkeld zijn,' zegt Eva. 'Niets is zo eenvoudig als de mensen zeggen. Boeken, films, het gaat allemaal niet verder dan de oppervlakte. Misschien komt dat omdat de meeste commerciële kunst wordt gemaakt door mannen.' Eva glimlacht, haar ogen twinkelen.

'Mijn moeder heeft ooit eens tegen me gezegd, toen ik zat te peinzen wat ik met mijn leven ging doen: "Mannen maken kunst en vrouwen maken baby's." Het is me allebei niet gelukt. Op dat moment vond ik het dom, maar achteraf denk ik dat ze me misschien probeerde te waarschuwen,' zei Miriam.

'Waarschuwen?'

'Dat ik mijn plaats moest weten.'

Miriam neemt haastig een slok koffie, maar brandt haar lip opnieuw, op precies dezelfde plek. Ze neemt gauw een hap van haar koekje.

'Kan ik je wat vragen over de brieven?' vraagt Eva. 'Hoe kom je eraan?'

'Ze zaten in een jurk, een uniform denk ik. Die heb ik gevonden toen ik spullen van mijn moeder opruimde.'

'Is hij van je moeder geweest?'

'Ik denk van niet. In een van de brieven wordt Ravensbrück genoemd. Het kan zijn dat mama daar heeft gezeten, maar die brieven? Mama sprak geen Frans en ze kon het al helemaal niet lezen of schrijven...'

'Je kunt het haar niet meer vragen?'

Miriam schudt haar hoofd terwijl ze tegelijkertijd een slok koffie probeert te nemen. De slagroom spettert in haar gezicht. Ze veegt haar mond af met een servetje.

'Dat spijt me voor je. Hoelang geleden is ze overleden?'

'Drie jaar. Aan kanker,' antwoordt ze. Haar handen trillen en de koffie klotst over haar vingers. De muziek staat zacht en de stemmen zwermen als bijen rond het café terwijl Miriam wacht op de ontreddering die ze gewend is te voelen als ze aan haar moeder denkt. Maar het gevoel komt niet. Ze wacht erop terwijl ze slokjes koffie neemt. De slagroom is zoet, ze likt haar bovenlip af en de warmte van de koffie sijpelt haar lijf binnen.

Eva rommelt in haar tas. 'Wil je er een?' Ze biedt haar een mandarijntje aan. Ze eten samen en kijken naar de auto's en de mensen die voorbijkomen in de regen.

'En je vader?' vraagt Eva na een tijd.

Er loopt een man op leren schoenen langs Miriam en ze springt op. 'Ik moet terug,' zegt ze.

'En ik dacht dat ik schrikachtig was! Gaat het?'

'Ik moet terug naar papa voor het te laat is.' Ze kijkt op haar horloge.

De herrie in het café wordt oorverdovend. Gelukkige gezichten, gelach, parfum, stelletjes tegenover elkaar aan de tafeltjes. Ze voelt zich schuldig, het knijpt haar keel dicht. Het brommen, ratelen en sissen van het koffieapparaat. Een aanslag op haar zintuigen.

De deur gaat open, er tinkelt een belletje, het weer komt in een vlaag het café binnen, een natte paraplu in de handen van een man in een lange donkere jas.

De man is net zo lang als Axel, maar het is hem niet.

De koffie smaakt bitter. Een spinnenweb van angst in haar keel waardoor ze niet kan slikken.

'Sorry,' zegt Eva. 'Mijn excuses als ik iets ongepasts heb gezegd.'

'O nee,' zegt Miriam terwijl ze haar jas aantrekt. 'Maar ik moet nu echt terug naar mijn vader.'

Ze lopen samen het café uit. 'Kun je mee teruglopen? Ik heb de brieven voor je klaarliggen op tafel.'

'Ik heb er ook een paar voor jou bij me.'

Eva pakt Miriams arm zachtjes vast en Miriam vertraagt haar pas om zich aan te passen aan Eva's tempo. Eva's hand op haar arm voelt geruststellend en langzaam trekt de paniek in haar weg.

Ze lopen samen, in stilte, terug naar het appartement, met hun ogen op de met bladeren bedekte keitjes gericht.

Het is stil in huis. Miriam staat naast het bed van haar vader en fluistert: 'Eva is hier, pap. Ze helpt me. Om Frieda voor je te vinden.' Ze omklemt zijn hand stevig.

'Dit is de jurk,' zegt Miriam even later in de woonkamer, waar ze de tas heeft neergezet. Ze knipt hem open, haalt het laken met de jurk erin eruit, en houdt het Eva voor.

Eva doet een stap naar achteren. 'Doe jij het maar.'

Miriam spreidt de jurk op tafel uit en strijkt hem glad.

'Ongelofelijk,' zegt Eva. 'En waar heb je die brieven gevonden?' vraagt ze.

'Hier.' Ze wijst naar de zakken en de gerafelde naden, de kraag en de manchetten.

'Ze vermaakten de jurken,' zegt Eva, terwijl ze met haar vinger de zoomnaad volgt. 'De uniformen. Zodat ze hun eigen lepel bij zich konden houden en soms een foto of een brief van een geliefde.'

'Dat las ik in de brieven. Bunny maakte geheime zakjes, of zoiets?' Als Miriam de naam hardop uitspreekt, realiseert ze zich met een steek dat de brieven écht zijn. Bunny was echt. Het zijn brieven die levens die zijn geleefd en verloren zijn gegaan beschrijven. Miriam wordt overvallen door het gevoel dat ze het niet waard is om zoiets persoonlijks te lezen en ze vraagt zich af hoe Eva het vindt om ze te vertalen. De brieven kunnen delen met Eva stelt haar wat meer gerust, het is iets wat ze samen doen, misschien is Eva zelfs wel een vriendin.

Eva loopt langs de tafel en strijkt de jurk glad.

'Wil je een glas water?'

Eva reageert niet.

Miriam loopt naar de keuken en komt even later terug met twee glazen water.

Eva's gezicht staat verdrietig. Ze lijkt ouder geworden, ze heeft nog dezelfde rimpels maar de lijnen zijn dieper, haar lippen smaller. Ze strijkt met haar vingers over de zak.

Miriam geeft haar het glas aan en Eva neemt een slok. Ze slikt met moeite.

'Het is ongelofelijk dat zoiets nog bestaat. Er zijn zoveel familieleden van me in de kampen gestorven,' zegt Eva zacht.

'Wat verdrietig. De jurk heeft me ook geraakt,' zegt Miriam. 'Vooral de geur.'

Eva laat zich abrupt op een stoel neerzakken en lijkt te krimpen voor Miriams ogen. Ze vouwt haar handen in elkaar en staart naar de jurk, hoofdschuddend.

'Het is ijzingwekkend,' vervolgt Miriam. 'Ik weet niet hoe je het voor elkaar krijgt ze te vertalen, maar ik vind ze –'

Ze schrikken allebei op van een luide roffel op de deur. Bij Miriam gutst het water uit haar glas en Eva kijkt met grote ogen naar de gang. Ze zijn allebei verlamd van schrik.

Bij de tweede roffel komt Miriam in beweging. Ze doet de voordeur open.

Ervoor staat een hijgende Lionel met een enorme bos bloemen in zijn armen: rode rozen. Duur. 'Ze zijn zwaar,' klaagt hij. 'Wat is er nu weer mis met je intercom?'

'Niks,' zegt ze en ze neemt de bos rozen van hem over. Hij heeft gelijk, ze zijn zwaar en ze laat ze bijna vallen.

'Van wie komen ze?'

'Die trappen...' zegt hij. Hij steekt zijn hand op zodat ze stopt met praten. 'Graag gedaan,' zegt hij, terwijl hij wat groene blaadjes van zijn overhemd veegt. Hij draait zich om, mompelt binnensmonds iets en loopt van haar vandaan.

'Mooi!' Eva komt naast haar staan, weer kalm. 'Een bewonderaar?'

Miriam schudt haar hoofd.

'Kan ik je helpen? Een vaas pakken misschien?'

'Nee, dank je.' Miriam legt de bos rozen op het aanrechtblad neer alsof het een niet tot ontploffing gekomen bom is. Ze vindt het kaartje:

Tot morgen, mijn vrouw.

'Van wie zijn ze?' Eva kijkt mee over haar schouder.

Miriam pakt het boeket op en propt het in de vuilnisbak. De stelen knappen als ze ze er steeds dieper in duwt. Ze smijt het deksel dicht en doet een stap naar achteren. Dan veegt ze haar handen af. De pleisters op haar vingers plakken aan elkaar. Ze haalt de zak uit de vuilnisbak en brengt die naar de container beneden.

Als ze terugkomt, staat Eva in de keuken op haar te wachten. 'Kan ik iets doen?' Ze zet water op.

Miriam begint haar handen te wassen en knijpt haar ogen even dicht als ze ze onder de kokendhete kraan steekt en met zeep insmeert. De fluitketel snerpt in haar oren en ze kijkt opzij naar het kokende water terwijl ze denkt aan de blaren die dat zou vormen op haar huid en hoe rustig ze zich daarna zou voelen. Terwijl ze haar handen afspoelt, haalt Eva de ketel van het vuur. Miriam pakt de nagelborstel om haar handpalmen en vingertoppen te schrobben. Ze rukt de pleisters van haar vingers en spoelt haar handen nogmaals onder het hete water, net zo lang tot het water rood kleurt.

Dan legt Eva een hand op haar schouder. 'Zo is het genoeg,' zegt ze.

'Het was geen bewonderaar,' mompelt Miriam.

'Dat begrijp ik, maar het is genoeg zo.' Eva steekt haar arm langs Miriam heen uit naar de kraan en draait die dicht. Dan geeft ze haar de handdoek aan. 'Mag ik het zien?'

Miriam haalt haar handen onder de handdoek vandaan en laat haar bloedende vingers zien, de weggekrabde huid rond haar vingernagels en de krassen en schrammen op haar polsen.

'Mag ik je helpen?' Eva pakt Miriam bij haar beide handen en leidt haar naar de woonkamer, naar een van de rechte olijfkleurige stoelen met gouden siernagels. Ze droogt elke hand zorgvuldig met de handdoek, stelpt het bloeden en plakt volgens Miriams gefluisterde instructies nieuwe pleisters op de verwondingen.

'Wat is er morgen?' vraagt Eva.

'Ik denk dat ze papa willen overplaatsen naar het ziekenhuis. Er is een bespreking.'

'Wat gaat daar gebeuren?'

De vraag blijft in de lucht hangen.

'De bloemen,' begint Eva, 'zijn van je man?'

Miriam knikt.

'Jullie zijn niet samen?'

'Nee,' zegt ze. En dan nog een keer, met meer overtuiging: 'Nee!'

'In de loop der tijd wordt alles beter, tijd heelt alle wonden. Die op je vingers, maar ook die in je binnenste,' zegt Eva. Dan pakt ze haar tas. 'Ik heb hier nog een paar Franse brieven.' Ze haalt een stapeltje tevoorschijn. 'Ik moet nu gaan,' zegt ze met een blik op de jurk en vervolgens op Miriams handen.

'Natuurlijk.' Miriam geeft haar de andere helft van de brieven en een biljet van tien mark. 'Dank je wel en sorry dat je dat moest zien,' zegt ze met een knikje richting de keuken.

'Je hoeft je niet te verontschuldigen. Kan ik misschien... Als je het niet vervelend vindt, dan, eh, kan ik misschien nog eens langskomen?'

'Graag. Wanneer je wilt.'

Als Eva weg is, neemt Miriam de nieuwe brieven mee naar het bed van haar vader.

Er zijn zoveel briefjes in alle vormen en maten en ze moet er nog zoveel lezen. Blij dat ze iets te doen heeft met haar handen pakt ze de volgende brief, dankbaar dat ze zichzelf kan verliezen in Frieda's situatie in plaats van te piekeren over de hare.

17

HENRYK

Ik lig dood te gaan, maar ik kan Miriam horen.

Haar kleine stemmetje zegt iets, niet tegen mij. Ik probeer te luisteren, maar kan me niet concentreren, ik tol en tol en verlies haar woorden in het duister.

Ik ben stuurloos. Ik kan mijn tenen voelen. Ik probeer ze te bewegen maar ze zijn te ver weg. Mijn benen voelen vreemd, zwaar en opgesloten, maar ze zijn er wel. Ik lig op een bed. Ik kan niet bedenken waar ik ben, het enige wat ik weet is dat ik bén.

En hoewel ik weet dat Frieda weg is, weet ik ook dat ze voor mij nog even aanwezig is als altijd; ze is niet vervaagd.

Ik moet weten wat er is gebeurd. Ik moet weten hoe zwaar mijn misdaad is – de veroordeling en de straf.

Alles wat haar is gebeurd, komt door mij.

Ik hoor Miriam weer.

'Frieda,' roep ik. Maar mijn mond wil de woorden niet vormen. Niet vandaag. 'Alsjeblieft,' schreeuw ik, maar de schreeuw dreunt alleen door mijn hoofd. Er loopt wat kwijl uit mijn mond. Ik voel het omlaagglijden langs mijn kin en koud worden.

MIRIAM

Om niet aan morgen, Axel of iets anders dan de brieven te hoeven denken, leest Miriam door tot diep in de nacht.

Henryk,
De Blockova zei dat de Kommandant me kon ontvangen. Het voelde zinloos na zo lang. Ik had inmiddels niets meer wat ik wilde zeggen. Nu we in barak 15 zaten, was de reden om haar te willen spreken weg. Maar je kunt nu eenmaal niet verstek laten gaan als de Kommandant je wil ontvangen.

Ik voelde me naakt toen ik naar haar kantoor liep. Ik had me in geen dagen kunnen wassen, er was niet genoeg water, we hadden alles nodig om te drinken. Het was zo heet. Ik stonk naar lijven – zwetende, smerige lijven. Ik waste mijn handen om het zand en het vuil weg te krijgen en het restje water dat overbleef, dronk ik op. Ik kneep in mijn wangen en beet in mijn lippen om ze wat roder en voller te laten lijken. Tussen mijn tanden proefde ik zand.

De Blockova betrapte me, ijdelheid wordt bestraft. Ze striemde mijn handen met haar zweep. Er sprongen tranen in mijn ogen van pijn.

In het kantoor was het stil. Er zat een vrouw achter een bureau, blond, bleke huid, een onberispelijk, donker uniform.

Ik had haar kunnen zijn.

Ik denk dat we slechts een omstandigheid van elkaar verschillen. Lippenstift, haarlak, haar pet vastgespeld in haar haren. Ik trok mijn hoofddoek van mijn hoofd. Er kwamen dikke, blonde plukken onderuit. Ik besefte dat ik naar haar stond te staren. Ik wist niet waar ik moest beginnen. Ik huilde tranen waarvan ik niet wist dat ik ze had.

Ik sprak woorden die mijn hart kapotmaakten. Mijn geschoren hoofd, mijn kapotte handen, mijn lege maag onthulden wie ik ben. Ik doe alles om vrij te zijn. Zelfs de naam verwerpen die ik me zo gemakkelijk had toegeëigend.

De waarheid is walgelijk.

Het is nog maar acht weken geleden dat ik luisterde naar de naam Emilie Winter – ik verkoos met jou te zijn terwijl Emilie onderdook. Ik was trots dat ik naast je stond. Dat ik samen met jou werd opgepakt. Trots dat ik naast je liep, ook al was het hierheen.

Ik schaam me, maar ik deed alles wat ik haat.

'Mijn familie is puur arisch,' mompelde ik.

Haar onbewogen gezicht, marmer, dat me opnam.

'Heil Hitler!' zei ik. De groet, zo lang niet gebracht, voelde als verraad, verraad van het hart en de geest.

Ik verkocht mijn ziel. En mijn enige zorg was of het genoeg was.

Er lagen papieren voor haar. 'Hoelang ben je hier?' vroeg ze.

'Acht weken, mevrouw.'

'Wat wil je?'

En op dat ogenblik, hoewel ik wist dat ik een kom wilde en een beter baantje dan zand verplaatsen, dat ik wilde dat de Blockova's ons beter behandelden, dat ik wilde dat de vrouwen die de leiding hadden geen criminelen waren, dat ik iets wilde dóén, zei ik zachtjes: 'Ik wil naar huis. Alstublieft.'

'Vrouwen worden niet vrijgelaten uit Ravensbrück.'

En dat was dat.

Maar op het moment dat ik me omdraaide om te gaan, riep ze me terug. 'Het zou goed zijn om ogen en oren in het kamp te hebben, begrijp je? Breng me informatie, verboden gedrag, regelovertreders, saboteurs, er zijn meerdere ondergrondse activiteiten gaande. Vrouwen die zich verschuilen in de barakken en leugens verspreiden.' Ze keek op. 'Ik kan zorgen dat het hier beter voor je wordt als je dat doet. Begrijp je?'

Ik knikte.

'Kom volgende week woensdag terug met iets te vertellen.'

Ik vertrok.

Ik werd teruggemarcheerd naar de barak. Ik dacht aan Bunny, Wanda, Stella, Eugenia. Wat was de prijs van mijn vrijheid?

HENRYK

Ik werd in de wagon geduwd, met een hele groep andere mannen. Ik zocht naar Frieda. Ik stond voor het getraliede raampje en keek of ik haar zag. We verdrongen ons allemaal voor het raampje om nog een glimp van onze geliefden op te vangen, een glimp van degenen van wie we net waren gescheiden.

We zagen niets.

Ik liet mijn hoofd tegen de houten wand van de wagon rusten. De deur was dicht, stevig vergrendeld. Wat had ik gedaan? Wat had ik op mijn geweten?

Ik werd naar Auschwitz getransporteerd. Alleen wist ik niet – zoals we dat nu wel weten – wat dat betekende. Het enige wat ik wist was dat het er een hel was. Elke dag sloot ik mijn ogen en waren we weer onder de brug, Gleis 17, wachtend op onze toekomst zonder te weten dat we daarin niet samen zouden zijn.

En voor mij is die tijd die we allemaal zijn vergeten, of hebben verkozen te vergeten, verstrengeld met Frieda. Als ik aan een los draadje trek, verlies ik mezelf in een weefsel waarin ik in de hand van een man beet om het brood dat erin geklemd zat. Een tijd waarin ik lichamen in het crematorium gooide zonder me af te vragen of ze dood of levend waren.

MIRIAM

Ze legt de brief met de tekst naar boven voor zich neer en kijkt naar de vier namen die van het vergeelde vel papier af springen. Bunny. Wanda. Stella. Eugenia. Ze vraagt zich af of een van hen er misschien levend uit is gekomen en wie dat mens, die Frieda, was dat ze zelfs maar overwóóg zulke kwetsbare en gebroken vrouwen te verraden?

Heeft Eva gelijk dat ze niemand vertrouwt?

Zelf heeft ze ook altijd gedacht dat haar ouders de waarheid vertelden... En nu vergiftigt hun leugen elke herinnering die ze heeft. Wie waren ze voordat zíj hen 'mama' en 'papa' noemde? En wat was Frieda voor hen?

De 'konijntjes' zijn verminkt. Kapot. Geopereerd aan hun benen.

Wanda heeft op beide onderbenen littekens van de binnenkant van haar enkel tot aan haar knie.

Bij Eugenia is veel vlees van haar linkerbeen weggehaald en ze heeft een litteken van een diepe wond.

Hun wonden zijn geheeld.

Maar bij Bunny... De zoete geur van rottend vlees hangt zwaar om haar heen en onze ruimte is ervan doordrenkt. Ze bedekt haar benen met een deken. Ze zijn niet geheeld van wat ze er ook mee hebben gedaan. Ze zal nooit meer kunnen lopen, ze heeft niet genoeg botten meer om te kunnen staan.

De 'konijntjes' praten niet over wat er is gebeurd.

Behalve Eugenia; ze vertelt fluisterend en dringend. Haar verhalen zijn bloedstollend, zelfs nu ik haar woorden opschrijf gaat er nog een huivering van angst door me heen.

Operaties zonder toestemming, wakker worden in doodsangst, glasscherven in hun benen, gebroken botten, de geur en dan de infecties.

Toen Eugenia aan de beurt was, samen met zeven andere vrouwen, overleefden er maar twee, zij en ene Katya – de andere stierven aan de infecties die bewust werden veroorzaakt in hun lichaam, in hun huid, botten of bloed. Veel vrouwen stierven al op de operatietafel.

Toen ze bijkwamen, konden ze niet bewegen. Ze waren veroordeeld tot hun bed, met benen die niet hun eigen benen waren. Zonder water, zonder pijnstillers. Ze lagen en baden – om de dood.

Katya overleefde. Haar benen werden dichtgenaaid door een dronken arts en ze werd weer terug in het kamp geplaatst. Vier maanden later werd ze 'uitgekozen' en gedood. Haar benen vormden het bewijs dat ze haar als proefdier hadden gebruikt. En daarom moest ze verdwijnen. Veel van de andere 'konijntjes' die het overleefden, was hetzelfde lot beschoren.

Toen Eugenia weer terug naar het kamp werd gestuurd, vond ze het kapotte toilethok in barak 15 en maakte er een smal bed van hout dat ze her en der opscharrelde.

Er zijn meer vrouwen op wie is geëxperimenteerd die zich schuilhouden, en de andere vrouwen in het kamp houden de plaats waar ze zitten geheim. Dat is een van de weinige momenten, vertelt Eugenia trots, waarop ze één front met elkaar vormen. Niemand doet zijn mond open tegenover de bewakers. Angst, denkt Eugenia. Het is angst wat hun geheim geheimhoudt. Omdat de andere vrouwen weten dat het volkomen toeval is wie er wordt uitgekozen voor de experimenten en zij het net zo goed zélf hadden kunnen zijn.

Eugenia hield haar been schoon met water uit de kraan van het fonteintje in de toiletten – dat inmiddels opgedroogd is. Zo wist ze aan de aandacht van de bewakers te ontsnappen. Algauw kwamen er meer 'konijntjes', hoewel er ook veel stierven aan de experimenten. Eugenia ging terug om Wanda en Bunny te redden en Stella kwam de dag daarop bij hun groepje.

De bewakers zijn zeer geïnteresseerd in 'de konijntjes'; ze vormen bewijs dat ze willen vernietigen.

Morgen geef ik ze aan. Drie levens in ruil voor mijn vrijlating.

Wanda.

Eugenia.

Bunny.

En hoe zal het Stella zonder Bunny vergaan?

Ik ben wakker, niet bang voor morgen, hoewel ik iets ga doen waar ik mijn hele leven tegen heb gevochten. Het ene leven is meer waard dan het andere. Mijn leven doet er meer toe, dat is duidelijk: daarom kan ik mijn leven ook inwisselen tegen drie levens van anderen. Ik ben in het voordeel. En niet beter dan de bewakers die anderen doden met hun wapenstokken, zwepen en pistolen. Ik ben Frieda niet meer. Ik sta boven hen.

Ik vertrap degenen die mij met vriendelijkheid hebben behandeld. Ik vertrap ze om hier weg te kunnen. Ik denk aan mijn lege maag, mijn eigen pijn en ik weet dat de nazi's een oorlog hebben gewonnen, of ze de vijand nou wel of niet hebben verslagen – ze hebben de oorlog tegen de menselijkheid gewonnen. Iedereen tegen iedereen opgezet.

Acht weken, meer was er niet voor nodig.

Kun je me vergeven?

Kan ik mezelf vergeven?

Miriam voelt zo'n diepe walging dat ze niet anders kan dan de brief wegleggen, alsof hij haar kan besmetten. De hardvochtigheid, de eerlijkheid, ze jagen haar angst aan. Ze kijkt naar het stapeltje brieven dat ze nog niet heeft gelezen en wil ze het liefst verbranden. Elke pagina, elk woord in vlammen zien opgaan. Ze ziet het voor zich: hoe ze een lucifer afstrijkt, een hoekje van het papier in de vlam houdt en het ontbrandende papier tot leven komt. Om het verleden te verdelgen, zodat ze dit niet hoeft te lezen.

Dan ziet ze zichzelf weer staan wankelen op de badkuip, de koude badrand onder haar tenen, en denkt ze terug aan wat ze van plan was te doen om aan Axel te ontsnappen. Als iemand haar de kans had geboden om uit haar ellende te ontsnappen... Had ze die dan ook niet met beide handen aangegrepen?

In plaats van de brieven te verbranden, denkt ze aan de woorden van haar vader: 'Ik heb Frieda vermoord' en weet ze: hoe zwaar het ook is, ze moet dit afmaken.

Voor haar vader.

Zodat hij kalm en vredig kan sterven.

18

HENRYK

Achteromkijken is opnieuw beleven.

Opnieuw duizend doden sterven.

Ik heb het de eerste keer nauwelijks gered.

Ik zou verdwaald raken in het labyrint van zwarte ogen en het verlies van menselijkheid dat me zo ontzette.

We waren beesten. Omringd door prikkeldraad. De zwaksten die de mensheid ooit heeft voortgebracht. We waren slaven. Niet van hen, van onszelf. Slaven van de wil om te overleven. Slaven van de volgende hap eten. In staat iemand te vermoorden voor een stuk brood. Letterlijk. Allemaal.

Hij die het hardste, het langste vecht, wint.

Ik zat onder de luizen, keek hoe ze over mijn huid liepen. Vocht Frieda terug? Kneep ze ze dood? Schudde ze ze van zich af? Krabde ze haar huid open? Of gaf ze zich, zoals ik, over aan hun kwelling?

Ik deed wat ik moest doen om te overleven. Dat hou ik mezelf voor. Maar ik weet dat ik liever was doodgegaan dan was geworden wie ik ben.

Daarom kijk ik niet om.

Daarom ben ik verlamd.

Ik wil niet te weten komen dat Frieda hetzelfde zou hebben gedaan, ik wil niet te weten komen dat ze zichzelf ook zo heeft verloochend.

Hoewel ik lachte en genoot van mijn leven, was ik tegelijkertijd leeg. Een lege huls.

Ze heeft iets van me wat nooit terug te krijgen is. Wat alleen gedeeld kan worden.

Een tijdlang wenste ik dat de rapporten, de kaarten en de berichten me zouden vertellen dat ze bijvoorbeeld door haar achterhoofd was geschoten. Hoewel er zich een ravijn voor me opende bij die gedachte, zwart en rood, vol sintels, alsof het vuur erin oplaaide, gaf het me ook rust.

En het betekende dat Emilie niet tegen me had gelogen.

Het betekende dat het voorbij was.

Maar ik vrees dat het omgekeerde waar was.

Emilie kende mijn monsterlijke kant niet; ze wilde het niet horen, ze koos ervoor niet te kijken en daar waardeerde ik haar nog meer om.

Auschwitz was als kanker: het vrat alles in me op en veranderde het in een dikke zwarte brij. Een kolkende massa.

Emilie vond me in het ziekenhuis nadat het kamp was bevrijd. We waren negen jaar getrouwd en ze nam me terug, wat ze niet had hoeven doen.

Als haar echtgenoot herkende ik mezelf niet. Als man was ik verloren. Negen maanden. Dat was hoelang daarvoor nodig was geweest.

Na een halfjaar in het ziekenhuis, keerde ik terug naar het kamertje dat Emilie 'thuis' noemde. Als een van de zeer weinige echtparen die allebei het naziregime hadden overleefd, werden we als geluksvogels beschouwd en veel van de vrouwen die in het enorme gebouw woonden, kwamen bij ons op visite. Ik herinner me weinig méér dan een eindeloze stroom vrouwen, en mijn eigen vrouw naast me. Maandenlang was ik volkomen inert, volgens Emilie. Ik verroerde me niet, tenzij het me werd opgedragen, at niet, sprak niet, alleen als iemand me zei dat dat moest.

Emilie heeft me vaak verteld dat ze overwoog me in dat kamertje achter te laten en weg te gaan. Ik was zo diep weggezonken in mijn eigen trauma dat ik niet in staat was iets te doen, terwijl er juist heel veel moest gebeuren. Emilie bleef omdat ze een gelofte had afgelegd, zei ze altijd. 'Ik heb beloofd in voor- en tegenspoed naast je te staan, Henryk, hoewel ik, als ik had gekund, al tien keer bij je weg was gegaan.' Mijn vrouw nam nooit een blad voor de mond, maar zelfs in die harde realiteit was ik verloren.

Dus: ben ik een zwakkeling?

Ja. Natuurlijk ben ik dat. Ik ben zwak omdat ik sterk ben, omdat ik nam van anderen die zwakker waren, terwijl ik dat onder alle andere omstandigheden nooit zou doen. Ik ben zwak omdat ik door mezelf aan Frieda te geven een belofte deed aan haar die nooit woorden nodig had; ik heb haar beloofd van haar te houden en hoewel ik dat deed, heb ik dat alleen privé aan haar laten blijken, in woorden van mijn eigen hart.

Misschien had ik eerder naar haar op zoek moeten gaan. Misschien kan ik niet echt van haar gehouden hebben, want anders had ik dat gedaan, wás ik naar haar op zoek gegaan – of had ik dat in elk geval geprobeerd, zou ik elke steen hebben omgekeerd om de vrouw van wie ik hield te vinden. Misschien.

Maar het leven is geen liefdesroman, geen sprookje.

Er is geen 'en ze leefden nog lang en gelukkig'.

MIRIAM

Later vertrokken dan ze van plan was, haast ze zich langs winkels, die vrolijke, lachende mensen met handen vol tasjes uitbraken. Miriam kijkt naar hun gezichten, scant ze allemaal. Of *hij* het is.

De 'morgen' van zijn kaartje is vandaag en ze weet niet wanneer of waar ze hem zal zien, maar dát ze hem zal zien is zeker.

Bij de dokterspost schudt ze de druppels van zich af en loopt volgens de aanwijzingen die ze van Hilda heeft gekregen naar spreekkamer zeven. Het is een zwarte zeven, iets omgekruld aan de hoeken. Ze onderdrukt de neiging eraan te pulken als ze voor de deur staat en stemmen hoort binnen.

'Sorry.' Een vrouw met een bril aan een koordje om haar hals en een notitieblok in haar hand reikt langs haar heen om de deur open te doen, waardoor Miriam niet anders kan dan naar binnen gaan. De vochtige lucht en het geroezemoes slaan haar in het gezicht als de deur achter haar dichtgaat.

Ze wordt begroet door alle ogen die op haar worden gericht. Van iedereen. Behalve van de man die koffie inschenkt en met zijn rug naar haar toe staat.

De man in zijn beste overhemd. Hij keert zich om. 'Morgen, Mim. Koffie?' Hij houdt de pot omhoog.

Ze stapt naar achteren. Versteent, met haar rug tegen de muur. *Híj!*

Hij zet de koffiekan neer.

Ze zit in de val.

En ze is terug: een maand geleden. Voordat ze wegging, voordat haar vader op sterven lag, vóór de jurk, vóór Eva.

'O, schatje! Ik heb me zo ongerust gemaakt.'

Iedereen rond de tafel kijkt naar *hem*.

Miriam ook. Hij is gladgeschoren en draagt een pak, het jasje heeft hij uitgetrokken.

Hij draagt een spijkerbroek en trui, leunt nonchalant tegen de koelkast en zegt dat ze niet kan gaan. Dat hij haar niet naar haar vader laat gaan. Dat ze van hém is en van hém alleen. Dat ze hem niet in de steek mag laten zoals zijn moeder heeft gedaan. Als ze weggaat, houdt ze niet van hem.

Ze zegt niets en niemand in de kamer schiet haar te hulp.

Ze hoort het elektrische gezoem van de koelkast, zijn woorden scherp en afgemeten. Nee. Ze voelt het katoen van haar jurk tegen haar benen, haar tenen op het kille zeil. Haar rug tegen de muur.

Axel draait zich om en schenkt een kop koffie in. Ze kijkt de kamer rond, op zoek naar andere bekende, misschien vriendelijkere gezichten.

'Wat doet híj hier?' sist ze tegen Hilda als ze naast haar gaat zitten. De bloemige geur van Hilda's parfum verhult de muffe stank van te veel mensen in een kleine kamer en Miriam klemt zich aan die geur vast om te proberen in het heden te blijven.

'Wie?'

Ze wijst naar Axel.

'Hij is hier om je te steunen.' Hilda glimlacht als Axel een kop koffie aan haar geeft.

'Kun je zorgen dat hij weggaat?'

'Nu iedereen er is,' zegt dokter Baum, 'kunnen we beginnen.'

Stoelen schuiven en even is er een vlaag van drukte.

Axel gaat zitten, tegenover Miriam.

Hilda raakt haar arm aan. 'Er is niets om je ongerust over te maken.'

Ze wringt haar handen de mouwen van haar jas in. Ze is te dik aangekleed maar haar maag is bevroren en de kou verspreidt zich steeds verder door haar lijf.

'Alsjeblieft,' had ze gesmeekt. Gesmeekt om haar eigen huis uit te mogen. Om naar haar stervende vader te gaan.

'Miriam, Miriam,' zei Axel. 'Nu teruggaan... Wat heeft dat voor zin?'

'Hij ligt op sterven,' had ze gemompeld.

'Laat hem dan vredig sterven, lieverd.' Hij liep langzaam op haar af en raakte haar wang zachtjes aan.

'Maar...' zei ze nederig en gedwee.

'Welkom...' dokter Baum kijkt om zich heen als een dominee op de kansel. 'Ik wil beginnen met iedereen bedanken voor... tja... het weer... een parkeerplaats vinden... tijd vrijmaken van wat jullie... van wat jullie normaliter doen.' Hij proeft elk woord eerst voordat het uit zijn mond rolt.

Nog voordat hij zijn eerste zin heeft afgemaakt, wil Miriam het al uitgillen.

De klok aan de muur heeft geen secondewijzer, de tijd gaat hier eerder in uren dan in minuten voorbij.

Axel zit recht tegenover haar aan de andere kant van de tafel. Hij ziet er hetzelfde uit en toch ook anders. Overbekend, maar ook met de nieuwigheid van iemand die je normaliter elke dag ziet en nu een tijdlang niet. Zijn achterovergekamde donkere haren benadrukken de inhammen in zijn haarlijn en het vleugje grijs boven zijn oren. Ze kan niet zien in wat voor humeur hij is. Zijn mond lijkt ontspannen, geen tic bij zijn kaak. Ze bestudeert zijn gezicht om te achterhalen wat er gaat gebeuren.

'Laten we deze bespreking methodisch, of beter gezegd, zo

rechtlijnig mogelijk voeren, zonder af te wijken naar allerlei zijpaden, zodat we allemaal op de hoogte zijn van de situatie zoals die nu is, en alle mogelijke alternatieven, misschien... De opties die er zijn voor Herr Winter, mocht de mogelijkheid zich voordoen en de aanwezigen bij deze bespreking het eens worden.'

Miriam kijkt naar dokter Baum en is nu de draad al kwijt. Ze concentreert zich op zijn woorden maar kan hem niet volgen. Dokter Baum begrijpen lijkt op het bestuderen van een kaart zonder referentiepunt.

Iedereen stelt zichzelf voor terwijl Miriam glimpen opvangt van Axel, die kalmpjes zijn koffie drinkt.

Hij ligt op haar, zweet, duwt, bonkt, grabbelt, grijpt, jaagt, vangt, irriteert, doet pijn, lacht, komt klaar, verontschuldigt zich, huilt, houdt haar vast, belooft.

Haar hoofd tolt en haar hart klopt als een razende. Het barst uit haar borstkas, alsof ze gaat flauwvallen hier op de plastic stoel.

De hitte van zijn huid, klam, nat, tegen haar mond, zijn lippen op de hare geperst. Ze probeert hem weg te duwen maar ze krijgt er geen beweging in. Zijn tong werkt haar lippen van elkaar, wringt haar mond open, glibbert naar binnen.

Dokter Baum sleept haar terug de kamer in en ze kijkt naar Axel, die er kalmpjes en vriendelijk glimlachend bij zit. En als in een duizeling valt ze terug in een eerdere tijd terwijl ze zich ook bewust blijft van het nu; alsof het allebei tegelijk plaatsvindt.

'Eén seconde,' zegt dokter Baum terwijl hij zijn hand opsteekt. 'Ik geloof dat niet iedereen erbij is.'

Dan richten alle ogen zich op haar.

'Miriam,' vervolgt dokter Baum, 'besef, begrijp en bevat je je rol in deze bespreking, hoewel, op zich is bespreking misschien niet het juiste woord...'

Miriams hoofd zit vol watten.

Dokter Baum kijkt haar aan, ze heeft geen idee of ze iets moet zeggen, of er een vraag aan haar is gesteld.

'Miriam, ik zou graag hebben dat je zo vriendelijk bent jouw rol hier vandaag uit te leggen.'

Miriam kijkt, vragend om hulp, naar Hilda. Maar die helpt haar niet.

'Ik ben hier om uit naam van mijn vader zijn wensen kenbaar te maken,' zegt ze aarzelend.

'Wat je denkt dat de wensen van je vader zijn.'

'Ja, zijn wensen.'

'Nou, technisch gezien niet. Hij verkeert in een toestand waarin zijn wensen moeilijk te bepalen zijn en geformuleerd kunnen worden. Je baseert je op wat je dénkt dat zijn wensen zijn en dus op je eigen ideologie en interpretatie, neem ik aan?'

'Gebaseerd op hoe ik papa ken.'

'Ah, ja, maar...'

'Ze had haar vader in geen tien jaar gesproken,' zegt Axel.

Miriam werpt hem een kwade blik toe en zijn gezicht licht op in een glimlach.

Axel had haar vader geschreven, één keer, vóór de dood van haar moeder. Hij had in zijn brief gezet dat Miriam haar ouders haatte en haar vader de schuld gaf van de problemen die ze ondervond – die hij tot in de kleinste details had opgesomd. Axel schreef dat haar vaders 'periodes', (waarover ze in vertrouwen aan hem had verteld), een trauma hadden veroorzaakt en dat Miriam medicijnen moest slikken om dat te boven te komen. Hij had het uitgespeld in een lange brief en beweerd dat Miriam een slechte vrouw voor hem was omdat haar moeder 'een ontaarde moeder' was die 'Miriam in de steek had gelaten voor haar carrière'.

De brief was wreed, kwetsend, en stond vol leugens – de leugens die haar ouders het hardst zouden raken.

Miriam had moeten toekijken terwijl Axel de brief schreef, de envelop dichtplakte en haar in huis opsloot om hem te gaan posten. Ze had er niets tegen kunnen doen.

Maar elke nacht als Axel sliep, lag zij wakker; te wachten tot ze iets hoorde bij de voordeur. Want haar ouders zouden haar komen halen. Ze zouden niet geloven wat er in de brief stond. Dat wist ze zeker. Ze zouden eruit afleiden dat er iets grondig mis was. Dat ze niet weg kon. Ze kwamen haar halen. Zeker. Ze kwamen haar helpen.

Na een week begon ze in paniek te raken. Ze checkte de post als een maniak, liep de straat af, tilde de telefoonhoorn van de haak om te luisteren of de lijn niet dood was. Ze wachtte. Er spookten allerlei vragen door haar hoofd. Na twee weken sneed ze per ongeluk in haar hand bij het koken. De pijn was een schok, maar haalde haar ook uit de vicieuze stroom van gedachten die door haar hoofd maalden over de vraag waarom haar ouders haar niet kwamen halen.

Had Axel gelijk? Hielden haar ouders helemaal niet van haar?

Na een maand en geen brief van haar ouders, geen telefoontje en niemand die haar was komen redden, had Axel haar meegenomen naar de dokter.

Naar deze dokter, dokter Baum.

Dokter Baum praat en Miriam probeert hem te horen, ondanks de verzengende pijn die haar beheerst, de pijn van in de steek gelaten zijn op het moment dat je verwacht te worden gered.

'Dank u, Herr Voight. Dus Miriam, ik vraag me af hoe je denkt te weten dat je je vaders wensen kent of in staat bent die adequaat te representeren?'

'Adequaat te represente...?'

'Waarom je hier bent, schat,' onderbreekt Axels zijdeachtige stem haar. 'Dat is wat dokter Baum je vraagt.'

'Wilt u dat ik vertrek?' vraagt Miriam aan dokter Baum.

'Ik denk dat de vraag hier eerder is: wil jíj vertrekken?' brengt hij ertegen in.

Het is een vraag die Miriam totaal verscheurt. Het allerliefst wil ze wegrennen uit de kamer, weg van Axel die naar haar zit te kijken. Maar ze denkt aan haar vader en aan de brieven, aan wat 'de konijntjes' hebben moeten doormaken, de operaties, de doktoren. Als zíj zoiets kunnen overleven, kan zij nog wel even in deze spreekkamer blijven zitten.

Ze schudt haar hoofd. 'Nee.'

Maar waarom was haar vader haar niet komen halen? Terwijl haar ouders die brief toch ontvangen moeten hebben. Die brief die hun zoveel verdriet heeft gedaan.

Miriam weet dat haar moeder er kapot aan gegaan is, dat ze is gestorven in de veronderstelling dat Miriam haar haatte.

Wat niet waar was.

De bespreking wordt vervolgd en Miriam probeert rustig adem te halen.

De vrouw die net vóór Miriam de kamer binnenging schrijft iets op, haar pen krast gejaagd over het papier. Sue, een verpleegster met een doodgewoon, rond gezicht, zit luidruchtig koekjes te eten. Hilda luistert, Axel luistert en dokter Baum praat... over een hospice en het ziekenhuis en haar vader die weggaat uit huis.

In verwarring over waar het gesprek op gaat uitdraaien, onderbreekt Miriam dokter Baum. 'Maar er is niets mis met de manier waarop het nu is geregeld.'

'Frau Voight. Ik weet dat u uw medicatie niet neemt,' richt

dokter Baum zich tot haar op een toon die ze herkent als zijn 'sympathieke' toon. 'Ik begrijp het als u zich misschien... Nou, u zult zich wel nogal vreemd voelen, nogal onnatuurlijk...' Hij slaakt een zucht en werpt een korte blik op Axel – die samenzweerderig knikt – en vervolgt: '... in een geestestoestand die de discussie hier niet aankan.'

'Waarom kan de situatie niet gewoon blijven zoals die nu is?'

'De bespreking hier vandaag is het gevolg van het feit dat Herr Winters huidige situatie, of zijn verzorging, zo u wilt, niet toereikend is.'

'O nee?' protesteert ze. 'Hij is in zijn eigen, beschermde omgeving. Ja, hij is stervende, maar hij ligt in zijn eigen kamer, in zijn eigen huis, met zijn eigen dochter naast zich. Dit duurt niet eeuwig, het is maar voor kort, misschien is het zelfs morgen al afgelopen. Laat me hem verzorgen, alstublieft. En daarbij is Hilda er ook nog.' Haar stem klinkt vol zelfvertrouwen, maar zo voelt ze zich niet. Als ze is uitgesproken haalt ze haperend adem en kleeft haar blouse tegen haar huid.

Dokter Baum werpt een blik op Hilda. 'Oké, mevrouw, wat is uw mening als wijkverpleegkundige?'

Hilda buigt zich naar voren terwijl Miriam achteroverleunt op haar stoel.

'Ik vind dat Miriam het fantastisch doet, maar het spijt me, ik kan niet anders dan het met u eens zijn. Als Herr Winter stabiliseert, kan hij meer zorg nodig hebben en dat is te zwaar voor Miriam. Ik denk dat het hospice een goed alternatief is.'

'Hilda?'

Hilda keert haar gezicht naar Miriam toe. 'Het spijt me, Mim, je hebt het goed gedaan toen hij die toeval had, maar,' ze dempt haar stem en Miriam merkt dat iedereen naar haar kijkt, vooral Axel tegenover haar, 'ik had de indruk dat je een hele fles wijn had leeggedronken én je hebt twee doktersafspraken gemist, terwijl ik bij een ervan zelfs met je mee ben gegaan.'

Verraad, koud en bitter, dwingt Miriam opnieuw tot protest. 'Ik zorg voor mijn vader en dat hoor ik ook te doen. En dus neem ik geen medicijnen die me verdoven en slaperig maken.'

'Maar alcohol verdooft net zo goed en maakt ook slaperig,' onderbreekt dokter Baum haar. 'En bovendien is onder invloed zijn van medicijnen die de kans op psychotische of paranoïde aanvallen verkleinen beter dan dronken zijn van de alcohol.'

Miriam denkt terug aan de slangen in haar buik – een droom weliswaar, maar het schaartje... het schaartje was echt.

'Je zegt dat je voor je vader zorgt,' gaat hij verder, 'maar het feit dat je dronken was, betekent in onze ogen dat je zijn behoeften niet voor die van jezelf laat gaan.'

En de bespreking rolt verder als een rijdende trein die niet te stoppen valt. Miriam heeft niets in te brengen. Uiteindelijk beëindigt dokter Baum de marteling en zegt: 'Het besluit is genomen, Miriam, en het spijt me voor je dat het niet is wat je het liefste hebt: Herr Winter wordt zodra het mogelijk is overgebracht naar het Ruhwald Hospice.'

Axel schudt dokter Baum de hand, houdt de deur open voor de notulist en verdwijnt naar de gang.

'Kan ik nu gaan?' vraagt ze aan Hilda.

'Ja, Mim, je kunt gaan. Het spijt me, maar het transport naar het hospice vindt waarschijnlijk morgen plaats.'

'Morgen?'

Axel staat op haar te wachten en legt zijn arm om haar schouders. 'Niet wat je wilde, hè?'

Ze zegt niets en zet koers naar de uitgang.

Axel komt achter haar aan.

Ze loopt door. 'Ga weg.'

'Niet totdat je veilig thuis bent.'

Hij houdt de toegangsdeur open voor een oude man die staat te wachten om naar binnen te gaan. De oude man laat zijn tas vallen en Axel bukt om die op te rapen.

Miriam glipt langs de man heen het parkeerterrein op. Buiten lijken haar handen op te zwellen. Ze beginnen te prikken in de koude lucht. Het motregent. Terwijl Axel bezig is, maakt Miriam zich voorzichtig uit de voeten. Ze duikt weg achter de ene na de andere auto. Het omheinde parkeerterrein heeft een aparte uitgang voor voetgangers. *Daar!* Ze kijkt nog een keer om naar Axel, die de oude man – die hem bedankt en zegt dat hij een 'echte heer' is – de hand schudt. Dan keert ze zich om naar het voetgangerspoortje en begint te rennen.

Haar adem gaat in hete vlagen door haar heen als ze de bus bij de halte ziet staan, het groene silhouet is haar redding. Hij staat op het punt te vertrekken maar ze is er net op tijd en bonkt op de deur. De deur zoeft langzaam open en Miriam probeert haar ongeduld in te houden. Ze stapt in zodra de opening groot genoeg is om erdoor te kunnen.

Met onhandige vingers telt ze het muntgeld uit en de chauffeur ratelt een kaartje uit het apparaat. Snel laat ze zich op een van de lage plaatsen bij het raam neerzakken en ze zakt zo ver mogelijk onderuit.

19

MIRIAM

Als ze de zware buitendeur openduwt, wordt ze begroet door de bekende geur van boenwas, tapijt en luchtverfrisser. Ze is er!

Ze kijkt om. Ze ziet hem niet.

Haastig loopt ze naar de trap. De tranen drukken achter haar ogen. Ze moet zo snel mogelijk naar boven en rent de trappen op om zich op te sluiten in het veilige, vertrouwde appartement.

Met haar sleutel al klaar in haar hand, neemt ze de laatste tree. Dan ziet ze Eva op de vloer tegenover de deur van het appartement zitten. Ze laat een bevende zucht ontsnappen.

'Hoi. Ik hoop dat het oké is dat ik er ben. Ik dacht dat je misschien wel wat gezelschap kon gebruiken vandaag.' Er staan twee volle boodschappentassen voor Eva's voeten. 'En zoals Jeff al zei: ik heb niks te doen,' zegt ze glimlachend, 'dus heb ik wat te eten gekocht.'

Miriam laat zich op de vloer neerzakken. Haar benen voelen te zwaar om nog één stap te kunnen zetten.

'Hoe is de bespreking verlopen?' vraagt Eva.

'Niet goed.' Uitgeput voegt ze eraan toe: 'Ik ben kapot. Zo kan ik niet doorgaan.' Miriam staart naar de voordeur. Haar vader ligt erachter maar ze kan de energie niet opbrengen om op te staan.

'Waarmee? Waarmee kun je zo niet doorgaan?'

'Het leven. Dit.' Ze gebaart naar de deur.

'Je hebt geen keus. Je hebt je vader.' Ze pakt Miriams hand. 'Die heeft je nodig.'

'Ja,' zegt ze afwezig. 'Wil jij me helpen uit te zoeken wat er met Frieda is gebeurd? Dat is het enige waarvoor hij nog leeft, dat weet ik zeker.'

'En jij?' vraagt Eva. Ze staat op en helpt Miriam ook overeind. 'Waar leef jij voor?'

Ze geeft geen antwoord. Na een tijd kijkt ze op en zegt: 'Voor hem. Mijn vader. Ik heb niemand anders.'

Eva legt zachtjes een hand op haar schouder. 'Je bent niet alleen,' zegt ze. Ze ademt haperend in en geeft Miriam een knuffel.

'Ik weet niet wat ik zonder jou had gemoeten. Die brieven... Dat jij ze ook leest... Ze zijn zo gruwelijk... Zonder jouw hulp had ik het nooit gekund.'

'Ik heb er weer een paar meegenomen,' zegt Eva met een klapje op haar tas. 'Kom, we gaan naar binnen.'

Binnen gaat Miriam eerst bij haar vader kijken. Ze laat de deur van de slaapkamer open en loopt naar de woonkamer.

Eva heeft een pot thee gezet en er staat een schaal met zoetigheden op tafel.

'Heb je al iets gegeten?' vraagt ze.

'Dit hoef je helemaal niet te doen,' zegt Miriam. Als ze opkijkt ziet ze Eva's aarzelende blik. 'Ik bedoel...'

'Als je liever hebt dat ik ga?'

'O, nee, het is alleen...'

'Ik wil me niet opdringen, maar ik vind het fijn om te doen, om eerlijk te zijn. Jeff zei dat hij je laatst in de bibliotheek het een en ander over mij heeft verteld?'

'Ja, hij zei dat je uit Oost komt, maar dat had je me zelf al verteld, en dat je tijd nodig had om te wennen.'

'In Oost-Duitsland bestaat de Holocaust niet. Die wordt

doodgezwegen. De communisten vinden dat Oost-Duitsers nergens schuld aan hebben, zelfs niet voor een deel. Iedere bewoner is gezuiverd van alle blaam. Zonder vragen, zonder onderzoek. En de slachtoffers kregen geen enkele steun. Het communisme was vredelievend. We moesten hun versie beschouwen als de feiten.'

Miriam luistert. Zoveel heeft Eva nog nooit verteld. Vlakbij, aan de andere kant van de Muur, maar toch zo'n andere wereld.

'Als ik die brieven lees, voelt het alsof het net is gebeurd, maar het is ook al zo lang geleden. Een vergeten tijd,' zegt Eva.

'Die brieven zijn afschuwelijk, het is weerzinwekkend wat mensen elkaar aandoen.' Ze pulkt afwezig aan haar vingernagels tot Eva naar haar begint te staren. Dan probeert ze haar handen stil te houden en focust ze zich op het om haar vinger winden van de striksluiting van haar blouse. 'Ze was pas eenentwintig toen ze ze schreef,' gaat Miriam verder. Ze slikt. 'Maar toch gaat ze die konijntjes verraden. Hoe kun je met jezelf leven als je zoiets op je geweten hebt?'

Na een lange stilte vraagt Eva: 'Herinner je je nog hoe het was om eenentwintig te zijn?'

'Nee, dat is al zo lang geleden.'

'Ze was gewoon een vrouw die het in haar eentje moest zien te redden daar en de kans had om er weg te komen... We denken graag dat wij zoiets niet zouden doen, maar we zouden allemaal precies hetzelfde doen! Het gaat om overleven! Daarom houden zoveel mensen hun verhalen uit die tijd voor zichzelf; ze willen niet veroordeeld worden door anderen die er niets van begrijpen, die niet kunnen weten hoe het echt was...'

'Weet jij het? Uit eigen ervaring?' vraagt Miriam voorzichtig.

Eva pakt haar kopje op, haar hand beeft en ze morst wat op haar broek.

'Sorry. Ik wil me niet bemoeien met zaken die me niet aangaan,' zegt Miriam, die het kopje snel van Eva overpakt.

'Ik wilde je iets vragen als dat mag,' zegt Eva. Ze dept haar broek droog met haar zakdoek. 'Ik heb zitten denken over die jurk en dat jij alle naden en zomen hebt opengeknipt. Mag ik hem weer in elkaar naaien?'

Miriam kijkt de vrouw aan. Ze zit met rechte rug met haar enkels over elkaar geslagen en kijkt heel serieus. Haar huid is gerimpeld door de zon maar haar wangen zijn nog gevuld. Ze glimlacht. 'Het voelt gewoon verkeerd om hem zo losgeknipt te laten. Hij is zo goed bewaard gebleven,' zegt Eva een beetje bedeesd.

'Natuurlijk! Dan ga ik lezen en jij naaien. Oké?' Miriam staat op om de jurk uit haar vaders slaapkamer te halen.

Eva neemt de jurk zwijgend van haar aan.

Miriam kijkt toe hoe ze het uniform netjes op haar schoot neerlegt, naald en draad uit haar tas opdiept, de draad door het oog steekt en hem afbijt tussen haar tanden.

'Ik was eenentwintig toen ik met Axel trouwde,' zegt Miriam langzaam. 'Ik was naïef en heel erg jong.'

'Achteraf, met oudere ogen, is het altijd gemakkelijk te veroordelen.'

Miriam zou haar jongere zelf het liefst toe willen schreeuwen: 'Doe het niet! Trouw niet met die vent!' maar ze weet dat ze niet geluisterd zou hebben. Absoluut niet.

'Ze waren zo jong,' zegt Miriam terwijl ze de volgende brief van de tafel pakt; ze liggen er als toevallig neergevallen sneeuwvlokken. 'Ik zit steeds te piekeren over papa. Ik heb geen idee wat hij heeft meegemaakt, maar ik ben er nu zeker van dat mama niet in een kamp heeft gezeten. Dat kán gewoon niet. Ze moeten heel wat problemen hebben gehad samen, als je die brieven aan papa ziet. Frieda hield echt van hem, volgens mij.'

'De beste relaties komen alle problemen te boven. Misschien zijn je ouders het bewijs daarvan? Moeilijkheden versterken de relatie, of breken hem als hij niet stevig genoeg is.'

'Ja,' beaamt Miriam. 'Als je pas laat in je relatie problemen krijgt, is het moeilijker de band te verbreken.'

'Precies. Maar soms overleeft een relatie niet eens de wittebroodsweken.'

'Triest, ja.'

'Het hoort bij het leven.'

De stilte om hen heen vibreert.

'Ik moet weten wat er met Frieda is gebeurd,' zegt Miriam en ze pakt de volgende brief op. 'Hij verdient het om dat te weten.'

Ze leest terwijl Eva naait.

De volgende brief is geschreven in de bovenste marge en op de achterkant van een andere brief. Een brief van twee regels in twee verschillende handschriften. Hij is in het Duits en gedateerd 31 mei 1944. Het papier is vergeeld en enorm gekreukeld.

Ik stond voor de Kommandant en mijn handen, zwart van het vuil, wikkelden zichzelf om mijn hoofddoek.

'Ik heb naar je familie geschreven. De Haseks uit Charlottenburg. Ze hebben meteen geantwoord.'

De Kommandant pakte een papier van haar bureau en gaf dat aan mij.

Het handschrift van mijn vader. Een korte tekst:

Geachte –

Dank u voor uw brief omtrent de afkomst van een van uw gevangenen. Het spijt me u te moeten mededelen dat ik geen dochter heb. Mijn vrouw en ik zijn niet met kinderen gezegend.

Met de meeste hoogachting,

Otto Hasek

Ik wilde de brief aan haar teruggeven, maar ze maakte een wegwuivend gebaar. Hij was zo kort, ik zag de angst in zijn woorden. Hij erkent zijn dochter niet. Hij helpt me niet. Hij is bang gestraft te worden. Ik vroeg me af of hij hetzelfde had gedaan bij tante Maya, haar, toen zijn woorden haar hadden kunnen redden, de rug had toegekeerd. Ik wankelde op mijn benen. Mijn handen beefden. Toen herlas ik de laatste regel: 'Mijn vrouw en ik zijn niet met kinderen gezegend.' Louisa verzweeg hij ook? Hoe moeilijk is het om de dochter die hij had verloren te erkennen? Mijn zus. Ik kneep de brief tot een prop in mijn vuist.

'Lafaard,' zei ik.

De Kommandant keek op.

Het was voorbij. Ik had haar tijd verspild. En nog erger.

Ze strafte me met vijfentwintig zweepslagen en de bunker. Ze zei het in één adem.

Haar schouders zakten omlaag en terwijl ze naar de deur wees, boog ze haar hoofd en richtte haar aandacht alweer op de papieren op haar bureau. Volgende zaak.

Ik kneep zo hard ik kon in de brief, alsof dat me kon redden.

Er stond een bewaker op. Ze was me niet eerder opgevallen, ze zat ergens waar ik haar niet kon zien. Ze kwam naar me toe lopen, haar zweep nonchalant in haar hand.

Mijn geest moest zoveel tegelijk verwerken dat de wereld vertraagde. Het enige wat mijn lijf wilde was vluchten, weg van deze plek.

De woorden die mijn lot bezegelden echoden door mijn hoofd.

Iedereen komt gebroken uit de bunker, niemand is nog dezelfde. De meesten sterven kort nadat ze vrijkomen uit de piepkleine, benauwde cel. En vijfentwintig zweepslagen.

De bewaker – lippenstift perfect, haren keurig in de krul – glimlachte.

Ik wilde naar achteren stappen, maar mijn voeten zaten vastgenageld aan de vloer. Ik moest naar de bunker. Zou ik ooit nog daglicht zien? Of werd dit mijn dood?

De bewaker kwam over de houten vloer op me aflopen, haar schoenen piepten. Leer op hout. Achter me ging de deur open en ik verwachtte vastgegrepen te worden door twee handen.

De Kommandant keek op en ik viel op mijn knieën neer. 'Alstublieft...' mompelde ik.

'Wat is dit?' Ze keek naar iets achter me en kwam overeind uit haar stoel.

Twee kinderen van een jaar of acht, negen, vervuild, in lompen. Ze kwamen binnen en liepen langs me heen, rechtstreeks naar de Kommandant en begonnen meteen over hun oma: 'Waar is oma? We moeten eten. We hebben zo'n honger en er is geen eten voor ons. Oma...'

'Wat zeggen ze?' vroeg de Kommandant aan de bewaker, die – op weg naar mij – bleef staan.

Ik keek om, de deur was open, de aandacht was bij de kinderen – kon ik stiekem wegvluchten? Ik schuifelde naar achteren.

De kinderen zagen aan het gezicht van de Kommandant dat ze hen niet begreep en liepen dichter naar haar toe. Er stond een glas water op de tafel, halfvol. Er hadden zich druppels condens gevormd op de zijkant die naar beneden gleden en op het bureau terechtkwamen. Het glas was me tot dan toe niet opgevallen maar nu ik het zag, kon ik mijn ogen er niet van afhouden. Een van de kinderen vloog eropaf. In haar haast liet ze een regen aan druppels over de rand klotsen maar ze wist snel een paar slokken naar binnen te klokken en gaf het glas toen aan haar broertje, dat het gulzig tot op de laatste druppel leegdronk. De Kommandant had kleine donkere watervlekjes op haar uniform en ook de papieren op het bureau waren licht met water besprenkeld.

'Wat is dit? Hoe zijn jullie hier binnengekomen?'

De kinderen keken haar alleen maar aan.

'Eruit! Nu! Gooi ze ook maar in de bunker.'

De kinderen moesten het woord 'bunker' hebben begrepen want ze pakten allebei haar rok vast.

'Ik versta ze niet. Haal die kinderen weg.'

De bewaker rukte de kinderen los.

'Wacht,' zei de Kommandant terwijl ze haar rok afveegde. 'Jij,' zei ze. Ze wees op mij.

Het was stil toen iedereen zich omdraaide en merkte dat ik er nog steeds was. Misschien had ik toch beter kunnen verdwijnen toen ik de kans had, schoot het door mijn hoofd.

'Jij kiest wie er naar de bunker gaat en wie de zweepslagen krijgt. Je bent toch zo'n aanhanger van het regime? Beslis jij dan maar hoe de straffen worden verdeeld!'

Er ging een golf van paniek door me heen. Mijn maag draaide zich om. 'Kommandant,' zei ik terwijl ik probeerde mijn stem terug te vinden. Twee gezichtjes, roze en smoezelig, keken met grote ogen op naar mij en de bewaker met de zweep. 'Ze vragen alleen naar hun grootmoeder. Ze zijn haar kwijt en hebben honger,' zei ik.

De bewaker pakte haar zweep en richtte haar blik op mij. De kinderen doken ineen op de vloer.

'Je verstaat ze?'

'Ja, ze spreken Nederlands. Ze zijn op zoek naar hun oma.' Tegen de kinderen zei ik: 'Stil, kleintjes.'

'Spreek je nog meer talen?'

'Ja. Veel.'

'Goh, een talenknobbel,' ze lachte samen met de bewaker en maakte een minieme beweging met haar hoofd.

De bewaker sloeg met haar zweep tegen de rug van het grootste kind. Hij viel met een schreeuw op de grond. Het meisje sprong boven op hem om hem te beschermen. De Kommandant keek toe terwijl de bewaker het jongere kind van het gevallen jongetje probeerde af te sleuren.

'Stop!' zei de Kommandant. 'Zeg tegen die kinderen dat ze terug naar hun barak gaan.'

Ik deed wat ze me opdroeg en zei dat hun oma daar ook was. Ik loog om ze te kalmeren en ze keken allebei naar me op. De jongen zat op de grond en het meisje hurkte naast hem. Ik loog omdat ze daardoor naar me luisterden. Ik loog omdat ik dan misschien niet naar de bunker hoefde. Ik loog om mijn straf uit te stellen.

'Zal ik ze terugbrengen naar hun barak?' vroeg ik.

'Ja.'

'Kom mee,' zei ik tegen de kinderen terwijl ik hun handen pakte. We draaiden ons om om te gaan.

'Wacht...'

Ik keerde me om. Ik dacht dat de bewaker me te pakken zou nemen.

'Er komen hier vrouwen uit heel Europa aan. Het zou handig zijn als iemand ze kon vertellen hoe het hier werkt.'

'Natuurlijk. Als ik kan helpen...'

'Meld je hier morgen. Zes uur.'

'Dank u wel.'

Wat me bezielde weet ik niet, maar ik liet een van de kinderhandjes los, stak mijn arm schuin omhoog en riep: 'Heil Hitler.'

De kinderen keken naar me alsof ik een monster was en het andere handje wrong zich los.

De bewaker glimlachte wetend, minachtend.

Ik keerde me om en liep de deur uit. De kinderen kwamen achter me aan en zodra we de witte, hete zon in stapten, schoten ze weg.

Ik keek ze medelijdend na, die kleine lijfjes in smerige vodden. Toen ze uit het zicht waren verdwenen, liep ik terug naar mijn barak. De zon brandde op mijn hoofd en in mijn nek, maar ik had me nog nooit zo opgelucht gevoeld. Een paar minuten eerder moest ik nog naar de bunker, mijn dood tegemoet...

'Dit is...' Miriam staat op om de brief terug op tafel te leggen. Ze kan de woorden niet vinden om te zeggen wat ze voelt.

'Wie heeft ooit beweerd dat de waarheid niet walgelijk is?' vraagt Eva.

'Maar dit? De kinderen?' vraagt Miriam. 'Mijn vader kan hier niets van weten. Hij zou nooit met iemand die zulke dingen doet willen omgaan. Iemand die zoiets overweegt, verminkte, aan het bed gekluisterde vrouwen verraden. En kinderen! Nee!' Miriam schudt haar hoofd. 'Dit kan niet de vrouw zijn over wie mijn vader het heeft. Hij kán niet van... zo iemand houden...' Ze wappert met de brief.

'Daar kun je gelijk in hebben,' zegt Eva, 'maar, en dat weet jij als geen ander, liefde is niet altijd wat we er ooit van verwachtten.'

20

MIRIAM

'Deze brieven zijn zo gruwelijk, zo aangrijpend, maar ook zo belangrijk,' zegt Miriam, 'en vreselijk om te lezen. En ik had er echt geen idee van dat het zo was in de kampen. Is dit werkelijk gebeurd? Hebben mensen elkaar dit echt aangedaan?'

'Dat is ook de reden waarom er zoveel verhalen over verloren zijn gegaan. Degenen die het hebben meegemaakt kunnen de woorden niet vinden om het te beschrijven en de mensen om hen heen willen het niet horen. Woorden zijn veel machtiger dan we beseffen,' zegt Eva. En meer tegen zichzelf mompelt ze: 'Zelfs de donkerste woorden zullen het licht vinden.'

Miriam pakt de volgende brief. 'Maar iets wat verloren is, kan misschien weer gevonden worden...'

Henryk,
Op weg naar mijn barak na mijn bezoek aan de Kommandant, kwam Stella op me afrennen. Ze pakte mijn hand.

'Hallo mooie mevrouw, neem je me mee naar huis?' Ze stak haar arm door de mijne.

De twee Nederlandse kinderen stonden me op te wachten bij barak 20. De oudste spuwde op de grond. 'Leugenaar,' zei hij.

'Sorry – heb je al in het hospitaal gezocht?' Ik kromp ineen bij de gedachte aan de ziekenboeg van het kamp:

een plek van lijden en dood, niet altijd veroorzaakt door ziektes.

'Ja, maar ze is niet ziek. Jij zei dat je zou helpen, dat je haar zou vinden. Leugenaar!' Hij spoog weer op de grond. 'Iedereen liegt altijd.'

Stella keek naar de kinderen, haar hand veilig in de mijne. Ik wilde dat ze weggingen, bang dat Stella te veel begreep.

'Misschien kan ik jullie helpen en kunnen we samen naar haar op zoek gaan.'

'Nee. We hoeven geen hulp van jou. Je hoort bij hén.' Het meisje wees naar een bewaker. 'Bij hén!' Ze zei het hard en ik wilde dat ze haar mond dichthield. De belediging vibreerde door mijn borstkas.

De kinderen draaiden zich allebei om, hand in hand.

Stella keek me aan, vragend om uitleg – die ik niet gaf.

Ik riep hun achterna: 'Als je zegt hoe jullie grootmoeder heet, dan kan ik jullie proberen te helpen.'

De jongen riep terug: 'Omama.'

Miriam ademt lang en beverig in totdat ze kalm genoeg is om de volgende brief te pakken.

Henryk,
Toen we terugkwamen in de barak zat Bunny te naaien en sprong Stella naast haar op het bed, waar ze blij begon te spelen met een nieuwe pop die van een smerig stuk stof gemaakt was waarin met een touwtje een hoofdje, handjes en voetjes waren geknoopt.

Ik ging naast Eugenia op haar brits zitten en vertelde haar dat ik een baantje had.

Eugenia ging rechtop zitten en luisterde aandachtig terwijl ik het uitlegde.

Henryk, ik maak me ongerust... Het is misschien beter dan zand scheppen, maar het is een grote verandering en ik ben bang voor wat ze me zullen vragen te doen. Maar het is zoals Eugenia zegt: er valt niets te kiezen.

Bij het tel-appel, onder een strakblauwe hemel, kwam Hani naast me staan. Vóór de soep stonden we altijd urenlang op de Appellplatz, waar de bewakers ons telden, nog een keer telden en nog een keer – zodat we er eindeloos moesten staan. En als er iemand in elkaar zakte, begonnen ze opnieuw.

'In de winter duurt het nog langer,' fluisterde Eugenia in mijn oor.

'Nóg langer?' vroeg ik en ze knikte.

Ik boog me naar Hani toe om dat te zeggen, maar ze had een diepe frons op haar gezicht en vermeed mijn blik.

Ik pakte haar hand maar ze trok de hare weg.

'Wat is er?'

'Leugenaar,' fluisterde ze. En toen schreeuwde ze: 'Leugenaar!' Zo luid dat de bewakers naar ons keken.

Eugenia siste dat we onze kop dicht moesten houden en het was weer stil.

Hani leunde van de ene voet op de andere en haar handen balden zich beurtelings tot vuisten en ontspanden dan weer. Wat er ook in Hani's binnenste woedt, het gaat overkoken, en snel, dacht ik.

Toen het appel eindelijk voorbij was en we teruggliepen naar de barak, vroeg ik: 'Wat is er aan de hand?'

'Jíj! Jíj bent aan de hand!' zei ze en ze greep mijn arm beet. 'Vuile nazi!'

'Hani! Hou je mond! Waar héb je het over?' fluisterde ik terwijl ik soep uit het vat in mijn kom kreeg geschept en de lepel die aan mijn jurk vastgenaaid was tevoorschijn trok.

'Paulo en Brigitte. Ken je die?' vroeg ze, nog steeds te hard, terwijl ze soep kreeg opgeschept en haar kom te snel wegtrok, zodat de soep erlangs gutste.

'Nee.'

'Kinderen, kleine kinderen! En jij hebt Paulo met de zweep laten krijgen, zodat je die niet zelf over je heen kreeg!'

Ik probeerde het haar uit te leggen. Haar te vertellen dat ík die beslissing niet heb genomen, maar de bewaker.

Hani was erg van streek. 'De striemen staan op zijn rug! Jij liegt dat je hen zult helpen hun oma te vinden. En je hebt de Kommandant beloofd dat je dingen voor háár gaat doen. Je wijst Paulo aan om jóúw zweepslagen te krijgen. En je brengt de Hitlergroet!'

'Hani. Hou. Je. Mond.' Ze had een doordringende stem en ik had het gevoel dat iedereen naar ons keek.

'Leugenaar. Je hebt tegen me gelogen! Alwéér!'

'Nee, dat wílde ik helemaal niet. Alsjeblieft, laat me het je uitleggen.'

'Zodat je nog meer leugens kunt vertellen?' reageerde ze. 'Wie ben je? Je bent een nazi. Je ziet eruit als een nazi en je bént er verdomme een!'

Ik legde mijn hand op de bovenkant van haar arm. 'Alsjeblieft, luister nou even.'

'Raak me niet aan!'

'Oké. Maar luister even naar me, dan leg ik het uit.'

Ze hield haar mond, maar toen wist ik opeens niet wat ik moest zeggen.

We werden omringd door anderen en hoewel we Nederlands spraken, wist je nooit wie er meeluisterde.

'De kinderen,' zei ik. 'Hoe weet je dat zíj de waarheid vertellen?'

Ze sloeg me in het gezicht. Het deed geen pijn op mijn huid, het was als een stomp in mijn maag, ijskoud, die werd gevolgd door een dodelijke blik. Het was de ergste klap die ik ooit heb gekregen. Hij raakte me diep in het hart.

'Ik hou van je. Ik vertrouw je,' zei ze snikkend. 'Ga je weg, is het dat? Laat je me hier alleen achter?'

'Nee, maar ik probeerde hier weg te komen, ja,' zei ik eerlijk. Ik nam een lepel soep. Een uur daarvoor had ik me uitgehongerd gevoeld maar nu kreeg ik geen hap door mijn keel. Ik schoof mijn kom naar Stella, die er blij mee was.

'Mag ik hem delen met Bunny?' vroeg ze en ze nam de kom mee naar haar brits. We keken haar allebei na en toen vertelde ik Hani alles, fluisterend.

Ze zweeg.

'Alsjeblieft, Hani, zeg iets!'

Hani at haar kom leeg en liep zonder iets te zeggen van me vandaan.

Ze heeft geen woord meer tegen me gezegd. Ik ben buitengesloten. Ze slaapt met haar hoofd op de plek waar onze voeten normaliter liggen.

Ik ben iets kwijt waarvan ik niet wist dat ik het had. Ik heb me nog nooit zo alleen gevoeld. Ik weet niet of ze me zal vergeven of dat het mijn verdiende loon is. De toekomst zal het leren, denk ik.

'Die brieven.' Miriam ademt diep in. 'Het is allemaal zo akelig.'

Eva loopt naar de tafel toe en legt de opgevouwen jurk erop neer.

Miriam strijkt met haar vingertoppen over de ruwe stof. 'Het is ijzingwekkend om je voor te stellen onder wat voor omstandigheden ze leefden,' zegt ze. 'En ze rakelen ook allerlei herinneringen bij me op.' Ze probeert de woorden te vinden om uit te leggen wat ze bedoelt.

Eva wacht.

'Zoals dat staan op de Appellplatz,' begint Miriam. 'Mijn man zette altijd een wekker, snap je, een kookwekker, als we van mening verschilden over iets. Hij had er ergens over gelezen. Hij zei wat hij wilde zeggen en dan mocht ik. Dat was de bedoeling ervan, geloof ik.'

'Hij zette de wekker?'

'Ja. Als we van mening verschilden, kregen we allebei een halfuur om ons zegje te doen. Dan moest ik rechtop gaan staan en mocht ik me niet verroeren zolang hij aan het woord was, zodat ik met mijn volle aandacht naar hem luisterde. Als ik bewoog, even zwaaide op mijn benen, zette hij de wekker opnieuw.' Ze hoort het mechanische geknerp van de eierwekker (in de vorm van een kip) die weer naar dertig – altijd dertig – minuten wordt gedraaid.

Eva's gezicht vertrekt en ze gaat tegenover Miriam zitten.

'Het werd steeds erger,' zegt Miriam. 'Het lukte me niet. Het klinkt zo simpel. Blijf staan en luister of zeg wat je wilt zeggen. Hij kon het. Staan en zijn verhaal doen. Maar ik moest naar hem opkijken en op de een of andere manier... stond ik altijd onvast op mijn benen.' Miriam werpt een korte blik op Eva. 'Het is natuurlijk niks vergeleken met dit,' zegt Miriam terwijl ze de op de brief wijst. 'Ik wil...' Ze laat haar vinger over een streep van de jurk glijden.

'Miriam,' zegt Eva.

Ze kijkt niet op. 'Sorry. Ik wil het natuurlijk totaal niet vergelijken met... met wat die vrouwen hebben meegemaakt, of met de brieven, of met mijn vader zelfs. Het herinnert me alleen aan dingen. Dat is alles.'

'Het klinkt alsof je een verschrikkelijke tijd hebt gehad,' zegt Eva en ze leunt naar voren.

'Ik mocht niet gaan slapen tot het me was gelukt. Dertig minuten,' zegt Miriam. Haar stem trilt. 'Dat was alles. Maar hij hield me uit mijn slaap. Ik smeekte hem om rust,' fluistert ze. 'Ik wist zeker dat het me dan zou lukken.'

Miriams nek deed pijn van het opkijken naar Axel. Ze voelde haar hart overslaan toen er zwarte puntjes voor haar ogen begonnen te zweven en schreeuwde zichzelf toe: Nog even! Nog maar een paar minuten!

De eierwekker stond op vijf. Ze kon het zien.

Vijf minuten en dan was het voorbij. De wekker tikte als een klok maar dan sneller, als een kippenhart.

Tik-tik-tik-tik-tik.

Vijf minuten. Dan kon ze slapen. Uitrusten.

'En, wat denk je?'

'Ja!' zei ze. 'Ik denk ja!' Ze had geen idee waar ze mee instemde, zijn argumenten waren zo ingewikkeld dat ze ze niet kon volgen. Ze kon er niets anders bij hebben. Al haar aandacht werd opgeslorpt door het staan. Gewoon blijven staan.

'Wauw,' zei Axel, toen hij haar moest opvangen omdat ze zijn kant op viel terwijl ze haar ogen dichtdeed om helder te worden. Er tolden zwarte spikkels om haar heen.

Hij zette haar zachtjes op de bank neer. Hun bank. Hun nieuw-begin-bank. Hij bracht haar een kop water uit de keuken.

'Hoe voel je je?' Zijn gezicht stond bezorgd.

'Ik ben heel erg moe, Axel. Kunnen we dit misschien een andere keer doen?'

'Wat doen?' vroeg hij.

'De discussie. Ik ben het eens met wat je zei, maar kunnen we er een andere keer mee verdergaan als je me nog iets wilt vragen? Morgen misschien?'

'Welke discussie, schat?' Hij zag er zo verward uit dat ze haar hand op zijn wang legde.

'De... eierwekker... en zo... Ik ben echt heel moe,' zei ze.

'Miriam, waar heb je gezeten?' Zijn stem was zacht.

'Hier. Ik was hier,' stamelde ze. 'Ik stond met je te praten. Ik werd een beetje duizelig en...'

'We hebben gepraat en ik ben uren geleden naar bed gegaan. Je zei dat je zo naar boven kwam, maar toen ik daarnet wakker werd, was je er niet. Dus ging ik naar beneden. Je zat hier in de woonkamer in jezelf te mompelen dat je iets kwijt was... Wat ben je kwijt?'

Miriam schudde haar hoofd totdat de zwarte spikkels weer voor haar ogen dansten. 'Nee, we hadden een discussie. Ik moest staan van je...'

'Je moest staan van me?'

Ze knikte.

'Maar schat, waarom zou je dat moeten?'

Ze had geen antwoord. Maar ze voelde dat zijn woorden zich haar hoofd in wurmden, ze woelden alles wat ze dacht te weten door elkaar.

'Met de kookwekker. Ik werd duizelig.'

'Ik sliep en ik werd wakker van je gemompel. Dat zei ik net. Ik geloof,' ging hij verder, 'dat dit weer zo'n situatie is als waar we het laatst bij de dokter over hadden.' Hij stond op en liep bij haar vandaan.

'Nee!' riep ze. Ze wankelde achter hem aan en viel. 'Nee, Axel, alsjeblieft.'

De mechanische klik van de camera deed haar ineenkrimpen. Ze trok haar benen op.

De camera spuugde zoemend een foto uit. Axel wapperde

ermee in de lucht. 'We moeten vastleggen wat er gebeurt, zegt de dokter, zodat we je misschien kunnen helpen.'

Miriam verroerde zich niet. De vloer golfde om haar heen. 'Het spijt me,' fluisterde ze. 'Het spijt me heel erg, Axel.'

'Het is goed, schat. In voor- en tegenspoed. Toch? Het is bedtijd, vrouwtje van me,' zei hij op een babytoontje. 'Zal ik je de trap op dragen?'

Toen ze niets zei, liep hij de kamer uit. Ze hoorde zijn voetstappen de trap op bonken.

'Wacht niet te lang!' riep hij.

Ze opende haar ogen en keek naar de schoorsteenmantel. Daar stond de camera. En ernaast, er vlak naast, stond de eierwekker.

'En?' moedigt Eva haar aan als ze niets meer zegt.

'Ik zat onder de medicijnen,' zegt ze. 'Niemand geloofde me. Ik geloofde mezelf niet eens. Sorry, maar dit heeft niets te maken met de brieven. Of met de kampen. Ik doe belachelijk.'

Eva opent haar mond en zegt iets, maar Miriam onderbreekt haar.

'Ik moet checken hoe het met mijn vader is,' zegt ze terwijl ze het gewicht van haar nek en schouders schudt. 'Ik heb te lang gezeten,' mompelt ze tegen zichzelf.

'Gaat het wel, Miriam?'

'Ik ben doodmoe.'

'Wil je dat ik wegga?' vraagt Eva.

'Als je wilt...' zegt ze terwijl ze steun zoekt bij de wand omdat ze licht in haar hoofd is. 'Ik moet bij mijn vader gaan kijken.'

'Je hebt een lange dag achter de rug,' zegt Eva terwijl ze achter Miriam aan de hal in loopt. Ze loopt naar de voordeur.

'Dank je wel dat je die wat beter voor me hebt gemaakt,' mompelt Miriam terwijl ze Eva nakijkt vanuit de deuropening.

Later doet Miriam de afwas. Haar handen doen een alledaags werkje terwijl de gedachten door haar hoofd dwalen en van het ene naar het ander detail uit de brieven springen.

Ze pakt een fles rode wijn maar bedenkt zich en zet hem weer terug. In plaats ervan pakt ze een doosje codeïne. Ze stelt zich voor hoe ze de bitter smakende pilletjes doorslikt. Als ze voor het raam staat, kijkt ze omlaag naar de straat.

Er loopt een schaduw over het pad. *Axel.*

Ze rukt de gordijnen dicht, de ringen kletteren over de roede, en controleert of de deur op slot zit, schuift de grendels ervoor en stopt het veertje ertussen. Dan tilt ze een van de zware stoelen uit de woonkamer naar de hal en zet hem zo neer dat hij de deur blokkeert. 'Hij is terug,' zegt ze.

Ze checkt nog een keer of de deur op slot zit.

Miriam brengt de nacht door in de stoel bij haar vaders bed. De beslissing van die ochtend maalt door haar hoofd. Ze hoort tik-tik-tik in het gezoem van de matras, een geluid dat ze niet eerder heeft gehoord. Morgen.

Ze houdt haar vaders hand vast en leunt naar achteren in de stoel. Haar ogen vallen dicht; ze verlangt naar de warme deken van de slaap.

'De rituelen,' fluistert hij en haar ogen gaan open als ze zijn stem hoort. 'De rituelen van de onschuld...'

'Ja, pap. Ja.'

'Miriam. Miriam. Je. Bent...'

'Ik ben hier, papa. Ik hou van je,' zegt ze. Ze wacht en houdt elke beweging die hij maakt angstvallig in de gaten, maar hij valt weer in slaap – snurkt.

Algauw doet zij hetzelfde.

21

HENRYK

In mijn eerste heldere herinnering van na Auschwitz doet de reflectie van de zon op het gras pijn aan mijn ogen. Het was zo groen. Zo groen dat het schitterde als goud. Zo scherp dat mijn ogen ervan traanden. Ik bracht een vochtige zakdoek naar mijn gezicht en hoopte dat iemand me binnen zou halen.

Toen raakte een roze handje mijn knie aan, een klein maar zwaar roze handje. Het werd gevolgd door net zo'n handje en toen verscheen er een heel roze mensje, haar gezichtje ter hoogte van mijn knie. Haar donkere haar omlijstte bolle wangetjes en donkere ogen. Ze leek op een pop. Ze lachte naar me, een tandeloze grijns. Ik voelde mijn gezicht vertrekken. Iets kwam terug.

Ik glimlachte.

Het drong tot me door dat ik in een stoel zat, op het gras, dat werd omringd door kiezels. De zon was niet heet maar comfortabel, hij warmde de botten zonder de huid te verbranden. Het moet laat in de herfst zijn geweest. Ik hoorde stemmen om me heen maar ze waren als het gekwetter van vogels: lichtelijk irritant maar gemakkelijk te negeren.

Ik leunde naar voren en keek over mijn knieën omlaag. Mijn schoenen zaten aan de verkeerde voet. Ik had geen sokken aan. Op het gras, met één been onder zich en twee handjes aan mijn schoenveters, de vingertjes druk bezig met de knoop, zat mijn meisje, mijn kleine meisje.

Miriam.

MIRIAM

Ze kijkt hoe het vuur steeds dichter naar haar vinger toe kruipt, tot de heldere vlam haar rauwe huid kust.

Ze wacht. Ze kunnen elk moment komen nu.

De hitte likt aan haar vingers en brandt haar kapotte huid. Haar vingers beven als ze nog een lucifer aansteekt – en komen dan tot rust. Het beven houdt op.

De geur is verrukkelijk.

Vuur en zijn allesverzengende macht. De macht om te verbranden en te vernietigen, alles tot stof te reduceren. Het zou een prachtige manier zijn om te gaan. Het appartement in vlammen op zien gaan. Likkend langs de oude stoel, oplaaiend langs de wanden. Vuur dat alle zuurstof in de kamer opslurpt. Als het eenmaal brandt, steelt het alles op zijn pad. Ze stelt zich voor hoe het zou zijn om bewusteloos te raken terwijl ze ziet wat de vlammen aanrichten die door het huis van haar ouders dansen.

Het afstrijken van een lucifer stopt het beven van haar handen. Een taak die voorkomt dat ze zichzelf verwondt.

Ze kijkt naar de vlam die door het hout vreet, dichter en dichter bij haar vingers komt. Ze schrikt van een klop op de deur, laat de lucifer vallen en trapt hem instinctief uit.

Ze zijn er.

Voor hem.

Ze komen met een brancard. Het is het omgekeerde van toen hij thuiskwam uit het ziekenhuis, twee weken eerder, toen ze ermee had ingestemd dat hij naar huis werd gebracht. Het ziekenhuis was niks voor hem. Je moet in je eigen bed kunnen sterven, met je eigen spulletjes om zich heen. Dat hadden de artsen gezegd. En nu halen ze hem weg.

Ze is niet opgelucht als het ambulancepersoneel met hem vertrekt. Ze voelt verlies.

Ze nemen hem mee en laden hem veilig in de ziekenauto. Ze kust zijn klamme voorhoofd en omklemt wanhopig zijn hand. Ze wil hem niet laten gaan.

Miriam checkt het hele appartement. Van top tot teen. Het is leeg, verlaten. Het soort verlatenheid dat als water je oren vult.

Onderwater-leeg.

De witte muren, de grote meubels, de ruimte. En niets te doen. Alleen. Nutteloos. Ze wacht. Waarop weet ze niet. Ze staart naar de nooit eindigende zee van duisternis.

Laat in de middag, als ze nog steeds niets over haar vader heeft gehoord, gaat Miriam door met het lezen van de brieven, in grote zekere letters door Eva vertaald. Er is niets anders te doen. Ze pakt de volgende in de reeks. En terwijl ze hem openvouwt weet ze dat er niets is wat goed eindigt.

Mijn eerste dag in 'Canada', een enorme ruimte waar de bezittingen van alle gevangenen opgeslagen liggen, en waar ik vanaf vandaag brieven moet vertalen. Sommige bezittingen mag je houden, andere gaan naar 'degenen die het kunnen gebruiken' en de meeste worden gelabeld en opgeborgen. Mijn taak is het lezen van brieven in andere talen en de informatie erin in een paar zinnen samenvatten.

Toen ik klaar was en naar buiten ging, prikte de zon in mijn ogen. Stella stond me op te wachten.

'Stella? Wat is er?' vroeg ik met een blik op haar ongeruste gezichtje.

'Jouw Hani weg.' Ze ademde gejaagd. 'Mooie mevrouw, alsjeblieft jij haar helpen?'

Ik boog, kuste Stella boven op haar hoofd, ademde haar onschuld in en vermande me.

'Kom mee,' zei ik met een zekerheid die ik niet voelde.

Maar er is een week voorbij en nog steeds is Hani weg.

Ik slaap alleen.

De Kommandant laat me brieven vertalen; ik zoek naar adressen en locaties van mensen die worden gezocht door de SS.

Canada ligt vol kleding, geld, juwelen. Er liggen ook medicijnen. Pillen zonder etiketten. Alles heeft zijn plek. Maar bezittingen doen er niet toe in Ravensbrück.

Mijn andere taak, buiten het lezen van de brieven die ze vinden, is schrijven aan families dat hun dierbare is overleden. De formulieren zijn voorgedrukt, ik hoef alleen de namen en adressen in te vullen. Ik mag zitten en lezen en schrijven. Ik dank tante Maya elke dag dat ze me Frans, Duits en Pools heeft geleerd, omdat die talen mijn leven hebben gered.

Ik mag me twee keer per dag wassen en ik heb nu heel veel papier tot mijn beschikking. Mijn brieven aan jou kunnen langer zijn nu. Als ik schrijf, schrijf ik niet echt aan jou, omdat ik niet kan weten of je ze zult ontvangen; ik schrijf aan mijn herinnering aan jou en dat houdt me in leven, aan de taal waar ik verliefd op werd; met jou.

Ik vraag iedereen die ik ken en die ik tegenkom naar Hani. Ik denk aan de kinderen en hun 'omama' en kan haar dodelijke blik op mij niet vergeten.

Hani zoeken wordt steeds belangrijker voor me. Een obsessie. Ik ruil mijn eten tegen informatie. Ik ben bezeten, ik kan alleen maar naar haar uitkijken. Ik voel me misselijk, ik eet niet en kan nauwelijks slapen; ik ben uitgeput. Het werk dat ik nu doe is veel beter. Ik ben bang dat ik in de zon en het zand in slaap zou zijn gevallen. Gestorven zou zijn. Hier ben ik veilig. Ik zit naast een lerares. Ze zwijgt, maar stoot me aan om me wakker te maken als er een bewaker aan komt. Ik weet niet hoe ze heet. En ik wil er ook niet naar vragen. We werken in stilte.

Ik slaap in mijn eentje en hoewel ik nu meer ruimte heb, vind ik geen rust. Ze was alles wat ik had hier. Nu ben ik zonder schaduw, alleen, in de brandende zon.

Miriam zit naast het bed en huilt. Alle moeite die Frieda heeft gedaan om brieven aan haar vader te schrijven. En nu is ze helemaal alleen. Ze kan zich zo goed verplaatsen in de vrouw, de geliefde van haar vader, dat ze niet kan ophouden met huilen. Ze weet hoe het voelt om helemaal alleen te zijn.

De volgende brief is de brief over Eugenia, die nu op de juiste plek ligt in de reeks. Haar hart voelt zwaar als ze beseft dat de brief die erop volgt het einde van Eugenia's verhaal bevat, iets wat ze helemaal niet wil lezen. De stilte om haar heen groeit als een storm. Ze denkt aan de vlammen, de lucifers. Dat kalmeert haar. Ze herinnert zich de moeder en de baby met de kleine schoentjes die op iets wachten. Ze leest.

Eugenia ademde heel diep in, knikte tegen zichzelf en blies haar adem uit terwijl er een hele woordenstroom uit haar mond buitelde. Ze praatte snel, de woorden liepen in elkaar over en struikelden over elkaar.

Eugenia vertelde dat ze zo erg schrok dat ze haar hoofd tegen het deksel van de kist stootte. Ze voelde de soldaten voordat ze ze hoorde. Ze bewogen als schaduwen. Toen rook ze een scherpe brandgeur.

De baby slaakte een kreet vanwege de herrie, maar de moeder wist het kind te sussen. Eugenia lag verlamd van angst in de kist. Ze proefde brand en kon de rookslierten die om haar heen kronkelden aanraken. Het leken skeletvingers die oprezen om haar te grijpen. Ze vreesde levend te verbranden.

'Zoeken. Zoeken,' klonk het bevel.

De grote deur ging open en ze hoorde zware laarzen. Er werd van alles kapotgeslagen. Ze had het benauwd, alsof de soldaten op haar longen stonden. Elke vezel in haar lichaam was tot het uiterste gespannen; als een duveltje in een doosje vlak voor het tevoorschijn springt. Ze was bang dat ze zonder het te willen als vanzelf uit de kist omhoog zou schieten.

De voetstappen liepen van haar vandaan.

Toen ging het deksel van de kist open.

De vrouw en de baby. Ze lagen in het volle daglicht. Eugenia dook in elkaar, maakte zich zo klein mogelijk en schoof zo ver mogelijk naar achteren. Daardoor kon ze verder omhoogkijken. Ze kon ze zien.

Hun zware stemmen schreeuwden allerlei beledigingen.

De vrouw werd aan haar haren omhooggetrokken. Haar borst was nog steeds ontbloot, de baby zoog hard om de tepel vast te houden. Het kind kon niet anders dan meegesleept worden met de moeder, die ruw uit de kist werd gesleurd. Het kind belandde op de vloer.

Staand. Los. Alleen. Verlamd van schrik.

Maar de mama krijste en gilde en trapte en klauwde. Ze strekte haar armen naar de baby uit.

De soldaten hielden haar met gemak in hun greep, hoewel ze zich hevig verzette en haar uiterste best deed om bij het kindje te komen. Een van de soldaten tilde het jongetje voorzichtig op en hield hem in zijn dikke handen. De moeder gilde. De baby ook, hun armen naar elkaar uitgestoken – de hare lang en slank, de zijne klein en mollig.

Ze schoten haar door haar nek. Ze vouwde dubbel als een laken.

De baby krijste nog harder dan de moeder had gedaan, er ontsnapte een schril gejammer uit zijn keel. Eugenia huilde, maar de baby krijste, beet, krabde en schopte naar de soldaten. Het was lastiger voor ze om het kind in hun greep te houden dan de moeder. De baby wierp zich heen en weer in de armen van de soldaat om los te komen en naar zijn mama te kunnen.

Een van de anderen moest zijn wapen hebben getrokken, maar Eugenia hoorde: 'Niet schieten. Zonde van de kogel... En als je mist raak je mij!'

Ze lachten. Alsof het een spelletje was.

De baby krijste en gilde maar door.

'Toen hoorde ik een klap. Zijn schedel, tegen de zijkant van de kist.' Eugenia zei het zo snel dat het even duurde voordat haar woorden tot me doordrongen.

Het was doodstil. We hoorden Stella zachtjes snurken. Bunny trok haar dichter tegen zich aan.

Toen de soldaten weg waren, klom Eugenia uit de kist. Zo snel ze kon.

De moeder lag met haar gezicht omlaag op de vloer. Eugenia keerde haar om. Haar ogen waren open, haar lichaam gestrekt, haar armen uitgestoken naar haar baby, die ook op de vloer lag, als een bloederig hoopje, één schoen was van zijn voetje gevallen.

Zijn ronde gezichtje was verbrijzeld, scheef, zijn oogjes dicht.

Eugenia pakte de armen van de moeder beet en sleepte haar over de vloer. Er bleef een lang, glinsterend bloedspoor achter. Het kostte haar nogal wat inspanning om haar op te tillen en de kist in te krijgen, maar het lukte en even later viel ze met doffe bons op de bodem neer. Eugenia klom weer uit de kist en tilde het kindje op. Zijn hoofd viel naar achteren. Geknakt. Zijn mondje was open en ze zag kleine tandjes. Hij rook naar melk en bloed.

Eugenia legde de baby in de armen van zijn mama en deed haar best ervoor te zorgen dat hij echt lekker lag. Ze probeerde zelfs de arm van zijn moeder om hem heen te slaan en legde haar hand op zijn buikje. Daarna legde ze haar jas als een deken over hen heen. Eugenia overwoog even de ogen van de moeder te sluiten, maar twijfelde of ze dat wel moest doen. Misschien had ze ze nodig om in de hemel over haar kindje te waken. Dus stopte ze ze samen in en deed het deksel weer dicht...

Ik zat druk te schrijven en Eugenia keek naar me op.

'Ik weet hun namen niet,' zei ze. 'Hun bestaan is uitgewist. Niemand die ooit van hen heeft gehouden zal weten hoe ze zijn gestorven.'

En weer ademde ze diep in. Toen pakte ze het stuk stof dat op haar schoot lag en naaide de zoom dicht, net zo methodisch en nauwkeurig als altijd.

Henryk, haar verhaal blijft door mijn hoofd spoken. Angst zaait zich tenslotte uit. Ik hou mezelf voor dat de herinnering aan ons, hoewel ons lichaam sterft, zal voortleven. In de harten van mensen die ons kenden, die van ons hielden. Zolang zij leven, overleven wij ook.

Eugenia raakte die dag iedereen kwijt die van haar hield, dus vertrouw ik jou haar verhaal toe, ter nagedachtenis, zodat ze geen twee keer hoeft te sterven.

De jouwe, voor altijd.

Miriam voelt zich ziek, de slangen zijn weer door haar huid gekropen en kronkelen in haar binnenste. Ziek van wat ze leest, niet van een droom deze keer.

De baby.

Een gedachte. Een flikkering, een flits en weg. *De baby*.

De tranen zwemmen in haar ogen. Ze haast zich naar de badkamer en wast en wast en wast haar handen.

Eugenia geloofde dat ze niet langer bestond. En zij? Wat deed zíj om te laten zien dat ze het leven waard was, terwijl al deze ongelofelijke vrouwen dood waren?

Lieve Miriam, mijn vrouw, mijn schat.

Ze kan zijn stem horen, zijn handen voelen op haar wang, ze glijden naar de achterkant van haar hoofd en strelen haar nek.

Ik zal je nooit, nooit kwaad doen.

Ze kan de kus voelen als hij zijn lippen op de huid in haar hals drukt.

Mijn schat, mijn dierbare vrouw. Ik blijf altijd bij je.

Ze hoort geen woorden van liefde, maar woorden die diepe littekens hebben achtergelaten.

Ze staart in de spiegel totdat haar trekken vervagen in zijn woorden en ze zijn adem in haar nek voelt en zijn stem hoort.

'Wat ga je doen, Miriam?' vraagt ze haar eigen spiegelbeeld.

22

HENRYK

Na mijn eerste ontmoeting met de kleine Miriam, kwam de wereld weer snel in focus.

Ik werd een vader en een echtgenoot. Ik bevestigde de waslijn die van de ene naar de andere hoek van ons kleine kamertje liep beter, zodat Emilie niet meer op een wankel krukje met één half afgebroken poot hoefde te staan als ze Miriams luiers ophing. Ik keek, knuffelde, voedde, en hield het kleine mensje dat ik zonder het te weten had gemaakt in mijn armen. En ik keek naar Emilie met Miriam als een aapje om haar hals, een stralende moeder, en was trots dat ik haar iets had gegeven.

Iets goeds.

Miriams komst veranderde alles in ons leven. We waren ouders en onder Emilies vleugels hervond ik mijn evenwicht. Ik keek hoe Emilie Miriam te slapen legde op onze matras; de wieg in de bovenste gang van ons appartementenblok voelde te leeg om te vullen.

Emilie zong terwijl ze over Miriams ruggetje wreef, toen ik plotseling werd overvallen door het zeurende gevoel dat ik al weken probeerde te onderdrukken. Met volle kracht. Het benam me de adem.

'Emilie,' zei ik zachtjes terwijl ze om me heen redderde. Ze was altijd bezig en keek me nooit echt aan. Ik vroeg me af wat ze had meegemaakt, zwanger en alleen. Ik vroeg me af of ze me ooit zou kunnen vergeven. 'Emilie, ik moet proberen Frieda te vinden,' zei ik.

'Hoezo?' vroeg ze. 'Wat voor goeds kan dáár in godsnaam van komen?'

'Ik moet het proberen. Ik moet proberen uit te vinden wat er met haar is gebeurd.'

Emilie ging door met wat ze deed en keek niet op.

'Emilie. Alsjeblieft. Laten we erover praten,' zei ik.

'Waarom, Henryk. Waarom wil je dat? We hebben een kind, een toekomst!' Ze schudde haar hoofd, ademde diep in en ging in de stoel tegenover me zitten. 'Wil je het echt weten?'

'Ja.'

Emilie pakte mijn hand in de hare. 'Henryk, Frieda is overleden, in het ziekenhuis. Nadat die plek waar... waar jullie gevangenzaten, bevrijd was,' zei ze. 'Het spijt me, ik had het je niet op deze manier willen vertellen.' Ze probeerde me een knuffel te geven, maar ik was volkomen verstijfd en reageerde niet op haar aanraking.

'Nee!' zei ik. In ons eenkamerappartement, in de nasleep van de oorlog, leek alles zwart maar ook verblindend wit.

'Het spijt me,' zei ze.

'Nee!' Ik stond op en begon door de kamer te ijsberen. Het liefst was ik weggerend. Ik wist niet goed waar ik naartoe wilde. 'Nee!' zei ik nog een keer. 'Hoe kun je dat weten?'

'Ik weet het,' zei ze triest.

'Dat kún je niet weten.' Ik haalde mijn hand door mijn haar en streek over mijn ogen. 'Hoe dan? Hoe is ze gestorven?'

'Henryk, alsjeblieft. Kalm!'

Ik liep van de ene naar de andere muur en weer terug, als een gekooid dier.

'Ik heb je gevonden in het ziekenhuis, weet je nog? Zij lag daar ook.' Emilie richtte haar blik op haar schoenen. 'Ze is er gestorven.'

'Nee!' schreeuwde ik en ik zakte neer op een stoel. 'Emilie, waarom zeg je zulke dingen?'

'Ik heb het je niet meteen verteld, Henryk. Je kon niet eens zelf eten, je niet zelf aankleden.' Ze haalde diep adem. 'Ze was stervende, Henryk, ze wilde naar je toe, maar kon het niet. Hier...' Ze stond op en liep naar de oude kast – het enige meubel dat in het appartement stond toen we het kregen, waarschijnlijk voornamelijk omdat het ding te zwaar was om te stelen. Ze zocht iets ergens diep onderin en haalde een laken tevoorschijn.

Ik stond op toen ze het op tafel legde en vouwde het voorzichtig open. Ik weet nog dat ik ernaar keek en dacht dat Emilie moest weten wat ik had gedaan, waarom zou ze me anders hiermee confronteren?

Een uniform – ik nam aan dat het het mijne was. Het lag opgevouwen voor me op tafel.

'Dit was van haar.'

'Je wilde dat ik wist dat ze in een kamp heeft gezeten, dat ik haar dit heb aangedaan. Ik heb haar vermoord, Emilie.' Mijn bekentenis was nauwelijks hoorbaar, het was een stille fluistering.

Emilie probeerde me tegen haar zachte lijf aan te trekken, maar ik hield me stijf. Ik was volkomen gefixeerd op het uniform. Een leeg uniform, een uniform waar niemand meer in woonde, het bewijs van wat ik had gedaan.

Emilie praatte door: 'Ik zorgde voor je en wilde dat je beter werd. Voor mezelf en voor Miriam. Ik was bang dat je een terugval zou krijgen als ik het je vertelde. Ik weet dat ik het je eerder had moeten zeggen, maar ik wist niet hoe. Dus alsjeblieft, je moet het loslaten. Het is voorbij.'

Ik was zo in de war dat haar woorden langs me heen gleden. *Zoek haar!* Hoorde ik. *Zoek haar! Ja,* dacht ik. *Ik ga haar zoeken. Maar hoe?* De jurk was leeg.

'Waar is Frieda?' vroeg ik.

'Ze is dood.' Met een ongerust gezicht trok Emilie me met zich mee.

Ik moest gaan zitten en haar aankijken, maar de jurk, uitgevouwen, de strepen, de opgestikte zak. Ik kon mijn ogen er niet van losmaken. 'Ze is niet dood,' zei ik.

'Van hoeveel mensen die daar zaten weet je dat die het hebben overleefd?'

Ik keerde me naar haar toe, haar donkere ogen keken bezorgd in de mijne en ik omklemde haar beide polsen met mijn handen. 'Ze heeft daar niet gezeten. Ze is niet dood.'

Emilie wilde zich lostrekken, maar ik bleef haar polsen vasthouden. 'Kijk!' Ze knikte naar de jurk.

'Alsjeblieft, alsjeblieft Emilie, zeg dat het niet waar is. Zeg dat je niet weet waar ze is. Zeg iets, wat dan ook, maar alsjeblieft, zeg dat het niet waar is. Alsjeblieft,' smeekte ik haar op heftige toon.

Ze keek me strak aan. 'Het spijt me, Henryk,' net zo intens als ik tegen haar sprak.

Leeg. Plotseling voelde ik me volkomen leeg. Een diepe verlatenheid. Diep- en diepzwart. Een oneindig niets. Alles werd vlak, alle kleur verdween, weggezogen in een vacuüm. Alles en iedereen. Een reeks nietszeggende lege hulzen. Als de lege jurk.

Er bewoog niets terwijl ik me vasthield aan Emilie.

Ik ving haar blik en bleef haar strak aankijken, maar net voordat ik verpulverde tot stof, schoten haar ogen naar Miriam. Ze stond haastig op en liep naar het kind toe, dat – op haar buik, met haar duim in haar mond – vast in slaap was. Ik keek toe terwijl Emilie zogenaamd druk bezig was haar in te stoppen.

Ze loog over iets, maar waarom?

Om me een nog pijnlijker verdriet te besparen? Over hóé Frieda was gestorven? Hield ze iets voor me achter?

Of maakte ze een einde aan iets wat ikzelf nooit had kunnen beëindigen?

Verdoofd en in verwarring verliet ik het appartement. Buiten zette ik koers naar het Heerstraße-kerkhof, waar ik tussen de graven dwaalde en de treurende, geschokte gezichten van de rouwenden bekeek. Ze zagen eruit zoals ik me voelde. *Het was niet waar!* En terwijl ik daar rondliep, zonder slaap, wist ik zeker dat ze leefde.

Want lichten die zo helder schijnen, doven niet zomaar.

MIRIAM

De hemel is donker als ze teruggaat naar de brieven. Haar gezicht is nat van de tranen en in haar binnenste opent zich een kolkend zwart gat.

Dingen kunnen niet niet-gehoord of niet-gezien worden, de beelden sijpelen naar binnen en hoewel ze probeert afstand te houden – ze was er niet bij – kan ze het beeld van de baby niet tegenhouden.

Als de klok vooruitkruipt en ze niets van Hilda hoort, merkt ze dat de tijd zelf is veranderd: vier uur 's middags was een tijdstip waarop ze haar vader verzorgde, maar nu betekent vier uur in de middag niets meer; om zes uur 's middags moest ze hem draaien maar dat hoeft ze ook niet meer te doen; ze hoeft helemaal niets meer. Ze heeft de hele dag niemand gesproken, van niemand iets gehoord – en met niets te doen is haar dag leeg.

Ze loopt naar de telefoon en ontdekt dat de stekker eruit getrokken is. Als ze hem haastig terug in het stopcontact doet, beseft ze dat ze het telefoontje waar ze al de hele dag op wacht misschien heeft gemist.

Ze belt Hilda. Geen gehoor.

Ze belt het hospice.

'Hallo, kan ik de verpleegster die Herr Winter verzorgt alstublieft spreken? Henryk Winter. Hij is vandaag per ambulance binnengebracht.'

'Geen Herr Winter hier, vrees ik,' zegt een diepe nasale vrouwenstem.

'Hij...' De verbinding wordt verbroken en Miriam draait opnieuw. 'Ik ben Henryk Winters dochter. Hij zou vandaag aankomen.'

'Zoals ik al zei, er zijn vandaag geen nieuwe patiënten binnengebracht hier.'

'Wacht,' zegt Miriam. 'Kunt u het alstublieft nog een keer nakijken?'

Er klinkt een enorme zucht aan de andere kant van de lijn. 'Zoals ik zei: geen nieuwe patiënten vandaag.' Het is stil aan de andere kant van de lijn en ze hoort geritsel. 'We hadden een Herr Winter gepland staan voor kamer vier, maar hij is niet gearriveerd.'

'Hoe bedoelt u? Niet gearriveerd? Waar is hij dan?'

'Dat weet ik niet. Luister, de manager is al naar huis. Belt u morgen terug, zij kan u vast meer vertellen.'

Miriam belt weer naar Hilda. Weer geen gehoor. Ze laat een bericht achter en probeert kalm te klinken, maar haar stem is hoog en geknepen en als ze ophangt staat ze op het punt in tranen uit te barsten.

Ze belt de dokterspost, maar die is al gesloten. Ze laat geen boodschap achter.

Ze pulkt aan haar duim en scheurt met haar tanden het kleine hoekje huid dat loskomt verder af. Ze kijkt naar de telefoon en pakt de hoorn weer, terwijl ze haar duim aan flarden trekt.

Ze draait een ander nummer. Het nummer dat ooit haar eigen nummer was.

'Waar is mijn vader?'

'Hallo? Mim? Ben jij dat?'

'Waar is mijn vader? Wat heb je gedaan?'

Hij geeuwt uitgebreid en ze hoort dat hij zich uitrekt. 'Is hij vandaag overgebracht?'

'Ja,' zegt ze en plotseling weet ze niet goed meer waarom ze hem heeft gebeld.

'Dan ligt hij toch in het hospice?'

'Je weet dat hij daar niet is aangekomen. Waar is mijn vader? Wat heb je gedaan?'

'Miriam... schat, heb je je medicijnen wel genomen vandaag?'

Vermoeid wrijft ze met haar hand over haar voorhoofd, maar ze stopt er meteen weer mee. De huid van haar duim brandt door de aanraking.

'Alsjeblieft, Axel, vertel me waar hij is. Hij heeft me nodig. Ik zal de medicijnen innemen. Ik zal álles doen!' De stilte aan de andere kant van de lijn duurt heel lang. 'Alsjeblieft, Axel,' smeekt ze.

'De medische staf en ik zijn het er volkomen over eens dat je geestelijk niet in orde bent. En omdat je mijn vrouw bent, Miriam, kom je thuis en ga je je medicijnen innemen. Zodat je beter wordt.'

'Wat heb je met hem gedaan?' Er schieten allerlei scenario's door Miriams hoofd. 'Alsjeblieft.'

'Is dat afgesproken?'

'Dat ik terugkom?'

'Ja, dat je naar huis komt.'

Ze bijt op haar duim. Heel hard.

'Nee, Axel, ik kom niet naar huis.' Ze zegt het. Voor het eerst. Hardop. Een tijdje is er alleen statische elektriciteit op de lijn. Terwijl de stilte uitdijt hoort ze hoe hij van houding verandert.

'Binnenkort heb je sowieso niets meer te kiezen.'

Hij zegt het meesmuilend. In gedachten ziet ze hem glimlachen. IJzig. Ze omklemt de hoorn zo hard met haar vingers dat ze bang is dat ze hem kapotknijpt.

Axel lacht. 'Ik moet ophangen, Mim. Als ik jou was zou ik de dokter bellen. Waar beschuldig je me eigenlijk van? Dat ik je vader uit de ambulance heb ontvoerd of zoiets? Ik ben het zat, al dat gestoorde gedrag van je. Je bent paranoïde.' Dan hoort ze de kiestoon.

Ze belt nog een keer naar Hilda, met hevig bevende handen, maar als er weer niet wordt opgenomen, hangt ze op.

Ze loopt heen en weer door de gang en komt daarbij steeds langs de slaapkamer van haar vader. Niets.

Ze trekt haar schoenen en een jas aan, maar omdat ze geen idee heeft waar ze heen moet, loopt ze weer terug naar de telefoon.

Ze belt nog een keer naar het hospice. 'Weet u misschien waar de ambulance mijn vader dan naartoe kan hebben gebracht?' vraagt ze radeloos en met een veel te hoge stem.

'De ambulance is van het ziekenhuis, dus u kunt denk ik het beste daarheen bellen en vragen naar het ambulancepersoneel. De meeste mensen die ze vervoeren gaan naar het ziekenhuis, dus misschien ligt uw vader daar?'

Na ongeveer tien telefoontjes naar de spoedafdeling van het ziekenhuis, neemt er iemand op. Dan krijgt ze achter elkaar drie mensen aan de lijn aan wie ze steeds hetzelfde vraagt, waarna ze in de wacht wordt gezet. Ze wacht en bijt op het velletje langs haar vingernagel en trekt het eraf. Ze duwt haar nagels zo diep mogelijk in de wond op haar pols, totdat ze het gevoel heeft dat haar maag zich omdraait. Dan komt er eindelijk een antwoord: 'Ja, Herr Winter is naar de spoedafdeling gebracht omdat hij onderweg in de ambulance zeer snel achteruitging. Hij is nu stabiel en ligt op afdeling 71.'

'Kan ik hem zien?'

'Het bezoekuur duurt tot halfnegen.'

Miriam pakt haar tas en haast zich de deur uit.

In het ziekenhuis is altijd geroezemoes en herrie en er brandt dag en nacht licht. Ze belt aan bij afdeling 71 en wordt naar haar vaders bed gebracht. Hij is zo wit als het laken waarop hij ligt, heeft een zuurstofmasker voor en slaapt met open mond. Ze gaat naast hem zitten en houdt zijn hand vast. Ze vouwt de plooien van haar donkerblauwe rok in en uit, in en uit...

Terug in het ziekenhuis... Ze herinnert zich de nacht dat ze wegging bij Axel en voelt zich iets beter omdat ze niet heeft toegegeven aan de telefoon en heeft gezegd dat ze niet naar huis komt.

Ruim een maand geleden was ze uit de bus gestapt en het ziekenhuis binnengegaan. Even later zat ze in haar nachtjapon met een jas erover op een met plastic overtrokken stoel – plastic dat bij elke beweging luid kraakte – naast haar vader. De stoel had zo'n hoge rug dat ze niet op kon kijken zonder een stijve nek te krijgen.

Ze luisterde naar wat ze dacht dat haar vaders laatste ademtochten waren. De piepjes van de monitor waren kalmerend. Elke binnenkomende verpleegster bood haar iets warms te drinken aan, iets te eten of een deken. Ze werd net zo goed verzorgd als de man in het bed.

En nu zit ze hier weer. Hetzelfde groen, hetzelfde plastic, hetzelfde waakzame oog op de monitors. Maar nu voelt ze Axels hete adem in haar nek. De eerste keer dacht ze dat haar vader zou sterven en zij daarna ook. Maar nu denkt ze dat haar vader misschien wel opknapt, maar dat er voor háár geen ontsnapping mogelijk is. Ze zal iets moeten doen, maar ze heeft geen idee wat. Ongelofelijk stom dat ze hem heeft gebeld! Haar vaders hartslag trekt lijnen over het scherm en ze vraagt zich af wat Axel voor háár in de pijplijn heeft zitten.

'Ik moet minder gek zijn,' zegt ze hardop en ze lacht om de ironie ervan.

Om halftien wordt ze de zaal uit gebonjourd. Ze is veel te lang gebleven en de dienstdoende verpleegster vindt het welletjes.

Op al haar vragen krijgt ze 'morgen' als antwoord.

'Komt het weer goed met hem?'

'Dat horen we morgen.'

'Gaat hij nog naar het hospice?'

'Dat kunnen we morgen vragen.'

'Hoe laat kan ik terugkomen?'

'U wordt morgen gebeld.'

Maar diep in haar hart is ze er niet zeker van of hij morgen wel haalt en ze wordt overspoeld door paniek. Er springen tranen in haar ogen en als ze de afdeling af loopt, bonkt haar hart alsof ze een marathon heeft gelopen.

Op de gang gaat ze op een bankje zitten. Het staat in een nis met aan beide kanten een grijze dossierkast. Ze voelt zich er vreemd veilig, onbespied, en denkt erover daar tot die 'morgen' te blijven zitten. Morgen, wanneer al haar vragen worden beantwoord.

Dan hoort ze voetstappen.

Ze ruikt hem voordat ze hem ziet.

'Dus je hebt hem gevonden?'

Miriam staat op en probeert langs Axel heen te komen, die lijkt te groeien, zodat ze er niet door kan. Ze kijkt niet op, maar richt haar ogen op de vloer. Hij steekt een arm uit om haar tegen te houden, maar het enige wat ze heeft gedaan, is haar gewicht van de ene voet naar de andere verplaatsen. Meer kan ze niet.

'Wat maak je toch rare bokkensprongen, Miriam. Ik bedoel, wat moet dokter Baum daarvan vinden?'

Ze probeert via de andere kant te ontsnappen, maar hij grijpt haar pols en trekt haar tegen zich aan.

'Wat moet ik nou toch met je?' Hij strijkt over haar haren. 'Want het gaat echt niet goed met je, hè? Zo jammer. Hilda belde me, schat, om te vertellen dat je vader hiernaartoe was gebracht. Naar míj. Niemand heeft nog vertrouwen in jou.'

De gedachten schieten door haar hoofd; zijn woorden steken.

'Heeft Hilda je gebeld?' wil ze zeggen, maar hij snoert haar de mond met een kus. Ze probeert zich te verzetten, of ze dénkt in ieder geval dat ze zich probeert te verzetten. Plotseling voelen haar benen als pudding. Wat heeft het voor zin, denkt ze.

Axel trekt haar met zich mee achter de bank.

Het dringt tot haar door dat ze in de val zit. Niemand kan hen zien.

Maar het heeft wél zin. Eva gelooft haar! Eva weet het!

Miriam duwt tegen zijn borstkas. Met al haar kracht.

Er gebeurt niets. Alsof ze een muur probeert weg te duwen. En hij omklemt haar pols zo stevig dat ze geen kant op kan.

Hij draait haar om zodat ze met haar gezicht naar de muur staat. Er hangt een schilderij. Een foto van de zee bij zonsondergang, twee mensen pootjebadend langs de vloedlijn. Hij drukt zijn lichaam tegen het hare en haar wang raakt de koude muur. De foto zit in een houten lijst die nu doorbuigt en de muur ook raakt.

Hij hijgt in haar oor, ze voelt zijn adem en er gaat een siddering door haar heen, elke cel in haar lichaam weert hem af, ze walgt van hem. Als ze haar arm probeert los te trekken, manoeuvreert hij die achter haar rug.

'Zo! Dit voelt vertrouwd...' verzucht hij terwijl hij haar wang kust en haar iets naar rechts schuift, weg van de foto en dichter naar de hoek. Hij raakt de achterkant van haar nek aan en strijkt met een vingernagel langs het kuiltje in haar keel. 'Heel vertrouwd!' Hij geeft haar een snelle zoen op haar wang. 'Ik heb je gemist, Mim.'

Ze kijkt weg en probeert haar hoofd af te wenden, maar hij perst zijn lichaam tegen het hare en ze voelt zich platgedrukt tussen hem en de muur. Verstikkend.

Dan trekt hij haar rok omhoog en rinkelt er iets metaalachtigs op de vloer. Ze merkt het niet, totdat hij stopt, zich bukt en zo zwaar op haar leunt dat ze bijna achterovervalt. Hij raapt het ding op dat is gevallen.

'Wat is dit?' Hij houdt iets glimmends, iets goudkleurigs in zijn hand, maar hij houdt het zo dicht voor haar gezicht dat ze het niet goed kan zien. Hij duwt haar omlaag langs de muur, tot op de vloer.

Ze is onzichtbaar, afgeschermd door het bankje en zijn lichaam. Hij ligt boven op haar. Ze ziet een ring, haar trouwring, nu herkent ze hem.

'Wat is dit?' vraagt hij weer en hij geeft een harde ruk aan haar pols.

Haar ring. Ze is vergeten hem uit de zak van haar rok te halen toen ze hem dagen geleden afdeed.

Miriam voelt de koele, vochtige waas van de vloer tegen haar wang.

Hij rukt aan haar slipje terwijl ze hem probeert van zich af te draaien. Hij pakt haar kin beet en forceert haar gezicht naar zich toe zodat ze hem wel aan móét kijken, de spieren in haar nek trillen van de pijn.

'Je weet dat ik niet zonder je kan,' zegt hij. Hij laat haar kin weer los. Die mag weer op de koele vloer rusten. 'Mijn vrouw. Ik kan niet leven zonder jou, schat.'

Ze staart naar de vloer, allemaal keurige vakjes in een rij, met vlekjes als willekeurig verspreide madeliefjes. Als je eroverheen loopt, denkt Miriam, is hij gewoon groen. Maar dat is hij niet. Ze zoekt naar patronen, telt de bloemen, de kleine witte bloemblaadjes die ze kan zien. Ze probeert van hem weg te bewegen. Hij drukt haar hand tegen haar buik en houdt haar op die manier onder controle terwijl hij op haar gaat liggen.

'Sst, sst...' hijgt hij in haar oor.

Dan de pijn. Pijn die in haar stoot als een gloeiendhete golf. En weer. En weer.

Het gaat maar door.

Elke pijngolf walst over de vorige.

Rood. Zwart, en dan eindelijk: witheet.

Er ontsnapt een zachte kreet uit haar keel, samen met wat speeksel. De bloemen vervagen en lopen in elkaar over. De vloer is tenslotte gewoon groen. Hij ligt met zijn volle gewicht op haar en ze heeft, weer, het gevoel dat ze stikt.

'Ik heb je gemist,' zegt hij.

Hij leunt zwaar op haar om op te staan. Ze hoort dat hij zijn kleren in orde brengt. Dan buigt hij zich weer naar haar toe en pakt haar hand. Hij kust haar knokkels.

'Ik zal je nooit pijn doen, Mim. Ik hou van je.'

Dan iets kouds; metaal dat over haar vinger wordt gewrongen. Haar trouwring, op de plaats waar hij hoort; terug aan haar vinger.

Ze ligt nog een tijdje alleen en verwacht dat hij terug zal komen. Maar hij is weg, ze hoort zijn wegstervende voetstappen. Ze trekt zichzelf overeind aan de bank en leunt tegen de kast.

De foto. Het stel op het strand, de helderblauwe zee, ze zijn verschoven op het haakje en de foto lijkt nu vanaf een boot genomen. Ze hangt hem recht en schuifelt weg – dicht langs de muur – door de lange gang.

23

MIRIAM

Ze wordt opgemerkt door een man in een blauw uniform. Ze loopt door maar hij vraagt iets. Ze kan hem niet goed horen. Ze weet alleen dat ze haar ene voet voor de andere moet blijven zetten. Maar de man is naast haar en pakt haar arm. Hij leidt haar met zachte druk door de gang.

'Ik ben Karl, een van de portiers. Bent u patiënt hier?'

Ze schudt haar hoofd.

'U ziet eruit alsof u iets is overkomen.'

Het dringt tot haar door dat haar kousen zijn gescheurd en haar rok te ver omhoog zit. Ze probeert hem omlaag te trekken, maar haar jas hangt in een vreemde hoek over haar schouder en ze kan er niet bij. Haar arm wil niet goed buigen en voelt zwaar en verdoofd. Ze leunt zwaarder op de man.

'Ik moet naar huis,' zegt ze.

Er zijn veel mensen die tegen haar praten. Haar aanraken. Dan praten ze met elkaar over haar alsof ze er niet bij is. Als ze de stem aan een persoon kan koppelen en de persoon aan de locatie – een klein hokje –, zegt ze tegen niemand in het bijzonder: 'Ik wil naar huis.'

'Wij zouden u graag onderzoeken als dat mag, om te zien of u gewond bent. U verkeert in shock, dat is duidelijk,' zegt een verpleegster terwijl ze Miriams arm uit de mouw van haar jas haalt, er een strakke band om doet en een koude stethoscoop tegen de binnenkant van haar elleboog houdt.

Miriam ziet de verpleegster naar de littekens op haar arm kijken.

'Ik doe wat kleine controles en dan komt er een arts om u te onderzoeken,' zegt ze als de band om haar arm leegloopt en ze het klittenband losscheurt.

'Hebt u ergens pijn?' vraagt ze, terwijl ze een thermometer in Miriams mond steekt.

Ze schudt haar hoofd. De thermometer tikt tegen haar tanden.

'Goed. De dokter komt zo.' De verpleegster, een omvangrijke, kleine vrouw, trekt de gordijnen om het bed achter zich dicht.

Miriam kijkt om zich heen. Ze rilt. Haar jas is half uit. Ze trekt hem aan en knoopt hem tot bovenaan vast. Haar kousen rimpelen over haar benen. Haar rok is opgestroopt. Ze stapt van het bed af en hoewel ze licht in haar hoofd is, staat ze redelijk stabiel. Ze vindt haar slipje opgepropt onder haar rok. Gescheurd. Ze bukt om haar schoenen uit te doen en haar kousen uit te trekken. Ze stopt ze met haar slipje in een bruin papieren zakje dat naast het bed ligt. Om in te braken, vermoedt ze. Ze vouwt de bovenkant dicht. Twee keer.

Miriam zit op het randje van het bed en ziet dat haar pleisters scheef zitten, half losgeraakt zijn en blauwig stof hebben verzameld. Ze haalt ze er allemaal af en strekt langzaam haar vingers. Ze schuift haar trouwring voor de tweede keer van haar vinger en gooit hem in een geel bakje met een rood deksel dat ook naast haar staat. De ring belandt met een ferme, tevredenstellende tik op de bodem.

Ze buigt voorover om haar veters vast te maken als het gordijn opengaat. Er torent een lange, imponerende dokter boven haar uit.

'Goedenavond, ik ben dokter Evellor.' Hij draait zich om en trekt het gordijn dicht.

'Hebt u verwondingen? Bent u gevallen? Hebt u uw hoofd bezeerd?'

'Nee, nee. Alles is in orde, geloof ik.'

'Hoe komt u dan hier op de afdeling spoedeisende hulp?' Hij glimlacht breed en oprecht, laat zich op het voeteneinde van het bed zakken en legt een klembord naast zich neer. Hij kijkt haar aan.

'Ik wil graag naar huis.'

'Bent u op familiebezoek geweest? Hebt u slecht nieuws gekregen, misschien? Uw kousen waren kapot, staat hier genoteerd.'

'Ja, ik heb ze uitgetrokken. Ik wil naar huis nu, er is niets met me aan de hand. Het spijt me dat ik uw tijd verspil.' Ze staat op.

'Gaat u alstublieft weer zitten. Zullen we alles even goed doornemen? Wat is u overkomen voordat u hier op mijn afdeling belandde?'

Miriam weet de woorden niet te vinden en glimlacht alleen. Ze kijkt de dokter aan. Zijn ogen zijn helderblauw maar roodomrand. Vermoeidheid.

'Mijn man is een beetje ruw geweest. Dat is alles. Het gaat wel over. Maar nu moet ik naar huis, naar mijn vader.' Dan beseft ze dat haar vader hier in het ziekenhuis ligt; ze heeft niemand voor wie ze naar huis moet.

'Ruw behandeld? Waar?' Hij schrijft iets op het klembord.

'Het is niets.'

'Heeft hij u seksueel ruw behandeld?' vraagt hij op dezelfde toon.

'Ja,' antwoordt ze, blij dat hij het formuleert. 'Ja.'

'Denkt u dat dat opzettelijk was?'

Miriam knikt.

'Goed. Dan ga ik nu, als u het niet erg vindt, een andere arts halen. Ik wil graag dat u zich niet ongemakkelijk voelt en een vrouwelijke arts is dan prettiger om de verwondingen die u misschien hebt opgelopen tijdens de gemeenschap mee te bespreken. Sarah, mijn collega, komt zo naar u toe. Maar als u vóór ze komt nog iets nodig hebt, hoor ik het graag.'

'Ik wil graag naar huis.'

'Naar uw man?'

'Nee, naar het huis van mijn ouders. Ik ben weg bij mijn man.'

'Ik laat deze formulieren bij u achter. Wilt u ze zo goed mogelijk invullen? Sarah komt zo bij u. Zodra we u hebben onderzocht en u in orde blijkt te zijn, kunt u naar huis.'

Ze vult de formulieren in, maar de meeste vakjes blijven leeg. Haar huwelijkse staat – ze weet het niet. Haar medische geschiedenis – gecompliceerd. In een zeldzaam helder ogenblik flitst het door haar hoofd dat haar medische geschiedenis alles te maken heeft met haar huwelijkse staat.

Sarah komt binnen in een haastige wolk van rode haren. Ze bloost en stamelt nerveus. Miriam voelt zich nog oncomfortabeler dan daarvoor, dus wil ze geen medisch onderzoek, niet dat er bloed wordt afgenomen of een uitstrijkje wordt gemaakt, en ook geen advies over voorbehoedsmiddelen.

'Dat is niet nodig,' zegt ze steeds zo vriendelijk als ze kan.

'Omdat u gewond bent en nu hier op de eerste hulp zit, wil ik u vragen of u iemand van de politie wilt spreken. Er is hier een vrouwelijke agent bij wie u een verklaring kan afleggen – of met wie u op z'n minst uw opties kunt bespreken.'

'Ik heb echt niets nodig. Echt niet. Dit gebeurt wel vaker, Sarah. Ik was gewoon even niet op mijn hoede.'

'Vindt u het dan niet verkeerd dat hij u dit aandoet?'

Miriam houdt haar hoofd schuin en kijkt haar aan.

'Ik bedoel, als u met de politie praat, wordt het vastgelegd dat hij u kwaad heeft gedaan. Als u me toestaat naar uw verwondingen te kijken, kunnen ze er een aanklacht van maken. Hij kan gestraft worden omdat hij geweld heeft gebruikt. Want dit is echt helemaal niet in orde!' Miriam reageert niet. 'Ik ga een glas water voor u halen. En een plak cake. Dan kunt u er even over nadenken. Ik ben zo terug. Is er iemand die ik voor u kan bellen?'

Miriam schudt haar hoofd. 'Nee, dank u wel.'

Sarah trekt het gordijn dicht zodat Miriam de mensen om haar heen niet meer ziet, maar nog wel hoort. Ze denkt aan de gevolgen van 'vastgelegd'. Misschien geloven anderen haar dan wél...

Als Sarah terugkomt, stemt ze in met het onderzoek en een gesprek met de politie erna.

De gezette oudere verpleegster blijft er de hele tijd bij. Ze heeft zweetdruppeltjes op haar bovenlip en een naamplaatje opgespeld met 'DAWN' en een sticker van een gele zon erop.

Het schiet door Miriams hoofd dat Dawn zélf wel wat zon kan gebruiken. Ze is grijs, van top tot teen: haar uniform, haar huid en haar haren. Alleen haar zwarte schoenen glimmen.

Er worden koude instrumenten ingebracht om haar te onderzoeken. Het gebeurt met zoveel zorg en voorzichtigheid als roestvrij staal kan geven. Miriam voelt zich verdoofd, dus vindt ze de pijn die het doet minder erg dan de vernedering.

Ze denkt aan 'de konijnenmeisjes', bij wie de roestvrijstalen scalpel lange sneeën in hun benen maakte. Ze denkt aan Hani die verdwenen is. Ze denkt aan terugvechten, aan vastleggen.

Precies zoals Frieda deed toen ze al die brieven schreef. Al die brieven. Miriam haalt diep adem en ziet de gezichten van de vrouwen die verdwenen zijn voor zich. Ze kan ze stuk voor stuk heel duidelijk zien. En Stella, de kleine Stella.

Dawn zit naast haar terwijl de verwondingen aan haar genitaliën heel precies worden gemarkeerd op een schematische tekening van de vrouwelijke geslachtsdelen. Miriam heeft die nog nooit zo duidelijk en gedetailleerd weergegeven gezien, het is bijna een bloem.

Als Sarah alles wat ze heeft gevonden heeft genoteerd, draait ze het klembord om.

Miriam staart naar haar bevindingen en wil het papier het liefst van het bord afrukken en verscheuren. Alle lijnen, elke rode markering en alle kronkelende strepen die iets aangeven – wat weet ze niet – uitwissen.

Als Sarah vraagt of ze de verwondingen kunnen doornemen, de nieuwe en de oude, zodat Miriam begrijpt wat al die rode markeringen betekenen, wendt Miriam haar blik af.

'Kijk, de gearceerde lijnen zijn littekens en de dikkere zijn recente verwondingen. Miriam, hoe vaak heeft je man dit soort dingen bij je gedaan?'

'Een tijdje,' is het enige wat ze zegt.

Sarah stelt een antibioticakuur voor om een infectie te voorkomen en Miriam stemt ermee in.

Haar hoofd voelt vol, de tekening van de genitalia in zwarte inkt met de lijnen van de dokter erop met alle rode markeringen die haar imperfecties aangeven, staat in haar geheugen gegrift.

Als de vrouwelijke agent arriveert, heeft ze geen idee wat ze moet zeggen.

Ze vertelt de waarheid. Alles.

Dawn zit naast haar en zegt af en toe dat ze iets langzamer moet praten of vraagt of ze iets nog een keer wil herhalen. Ze klinkt kalm en vastberaden en Miriam doet wat ze zegt; ze probeert alles zo goed mogelijk uit te leggen. Ze krijgt steeds meer het gevoel dat alles heel begrijpelijk zou moeten zijn, maar voelt dat dat steeds minder zo is. Elke vraag veroordeelt haar verder.

Uiteindelijk geeft de agente haar een kaartje – agent Müller.

Ze zegt: 'Je bent heel dapper geweest.' Zoals een tandarts na een lange behandeling in zijn stoel zou zeggen.

Als Sarah haar de tabletten geeft en een taxi belt, helpt Dawn Miriam naar de uitgang.

'Ik hoop dat je veilig thuiskomt,' zegt ze als ze staan te wachten tot de taxi voorrijdt. Er hangt een blauwe rookwolk omdat er vlak bij de ingang een groep patiënten met hun infusen naast zich in pyjama en in rolstoelen zit te roken.

'Mag ik je een advies geven? Iets wat mijn moeder ooit tegen mij heeft gezegd?' vraagt Dawn.

Miriam staart naar de motregen, die een wazige sluier om hen heen vormt en eerder lijkt op te stijgen dan te vallen, alsof de druppeltjes gewichtloos door de lucht zweven.

'Ze zei altijd: "Als je een man geeft wat hij wil, zal hij nooit pakken wat hij nodig heeft."'

Miriam zegt niets terwijl de zwarte auto voor de ingang stopt. Ze doet het portier open en stapt in, zonder één blik achterom.

De schaamte overspoelt haar in enorme golven en als ze thuis is, loopt ze rechtstreeks naar de badkamer, trekt haar kleren uit en draait de douche naar kokendheet.

Haar handen schrikken terug van het hete water als het de opengehaalde huid brandt. Het water schroeit haar hoofdhuid met kleine speldenprikken. Als ze omlaagkijkt naar haar lichaam, voelt ze zijn handen overal, de afdrukken als teervlekken op haar huid. Waar hij haar aanraakte, waar hij haar pijn deed, zijn verf op haar canvas. Zijn handen op haar lichaam. Het water stroomt als over olie, ze kan zijn ongewilde aanraking niet wegwassen. Het duurt altijd dagen voordat ze hem niet meer ruikt of proeft, hoe hard ze ook boent.

Eén keer heeft ze het met bleek geprobeerd, maar toen leek het of haar huid was weggeschuurd met schuurpapier en ze daarna was aangevallen door een zwerm bijen. Het spul verschroeide haar neus- en keelholte. Het enige wat ze rook was bleek, vijf dagen lang, lang genoeg om hem te doen verdampen, in ieder geval uit haar lichaam. Maar de littekens en het krabben duurden nog een hele maand.

Later zit ze op de rand van het bad met een handdoek losjes om zich heen en staart naar de druppels roze water die langs haar benen glijden en opgeslokt worden door het kuiltje onder haar enkel. Ze laat haar tranen stromen.

Dan wikkelt ze de handdoek om zich heen en gaat naar de slaapkamer van haar vader, waar ze een halve seconde voor het raam staat en een blik werpt op het uitzicht, onveranderd, hetzelfde als altijd. Maar aan de andere kant is álles veranderd. Ze doet de gordijnen dicht en dwaalt rond door het lege huis, raakt wat dingen aan, maar verplaatst niets. Haar vaders afwezigheid vult de ruimte en maakt alles vreemd en onbekend.

Ze krabt en blijft pogingen doen *hem* uit te wissen. Haar huid schrijnt. Dan probeert ze afleiding te zoeken en gaat voorzichtig zitten. Ze kijkt naar de brieven. Elke brief even eigen, even prachtig en even tragisch als de vorige. Maar deze zullen niet zomaar in het niets verdwijnen, zoals de vrouwen over wie erin wordt geschreven.

De onbekende namen en de onbekende verhalen.

Verhalen die nu voor haar op tafel liggen, de tafel van haar ouders. Ze hebben tientallen jaren gevangengezeten in een jurk. Ze wil ze bevrijden, erachter komen hoe de vrouwen dit hebben overleefd.

Áls ze het hebben overleefd.

24

MIRIAM

Liefste Henryk,
Wanda Bielika en Bunny komen uit hetzelfde dorp, Lidice. De nazi's maakten het met de grond gelijk, net zoals ze dat een jaar later met Lublin deden.

Wanda vertelde het me toen we buiten, in de schaduw van een barak, een zeldzaam moment samen hadden: dat ze Bunny al kende voordat ze elkaar hier leerden kennen. Ze was een jonge moeder en heette Neta-Lee. Wanda ontdekte dat zíj het was toen ze naast elkaar op de afdeling 'bijzondere behandelingen' lagen in het hospitaal.

Een vrouw die Jacosta heette en aan de andere kant naast Wanda lag, bleek ook op het transport uit Lidice te hebben gezeten en kende Neta-Lee ook. Ze was niet stom. Ze trouwde jong met haar jeugdliefde en kreeg vier kinderen met hem.

Toen de nazi's kwamen, moesten haar man en haar kinderen tegen de muur van hun huis gaan staan. De kleintjes riepen hun mammie, strekten hun armpjes naar haar uit.

Ze smeekte de soldaten háár dood te schieten en de kinderen te sparen.

De soldaat lachte.

Vijf schoten.

Weg. Het hele gezin.

Wanda was al ouder en had nooit gedacht dat ze uitgekozen zou worden, alle andere konijntjes waren jong en hadden lange, slanke benen. Maar ze werd wel geselecteerd en genoot met de anderen van het warme bad dat ze eerst moesten nemen. Ze waren allemaal zo overdonderd en verbaasd dat ze plonsden, spetterden en lachten en zich voor het eerst in heel lang weer vrouw voelden. Toen had Wanda Neta-Lee bij haar voornaam aangesproken om een gesprek te beginnen. Maar ze had niet gereageerd.

Daarna, toen ze in schone kleren in een schoon bed lagen, kwam een verpleegster hun benen scheren.

De volgende ochtend kregen ze een pil en werd de wereld vaag. Wanda herinnert zich dat de muren golfden alsof ze vloeibaar waren. Ze werd naar een steriele kamer gebracht en vastgebonden aan haar bed. Ze kon zich niet bewegen.

Toen ze wakker werd, zaten haar benen tot aan haar kruis in het verband. Ze kon anderen het horen uitgillen van de pijn, maar zij had nergens last van. Ze voelde zich moe, maar verder niets. Maar toen ze die avond weer wakker werd, leken haar benen in brand te staan. Ze kon zich niet verroeren. Een vrouw in het bed tegenover haar had de hik, een hik die niet ophield. Toen die toch eindelijk over was, kwamen ze haar lijk weghalen.

Ze hadden allemaal verschillende letter- en cijfercombinaties op hun verband – niemand wist wat die betekenden. Wat ze zich het meest herinnert is de dorst. 's Avonds bloedden haar lippen, zo droog waren ze.

Een van de vrouwen van een ander bed, die er al een paar weken was, kwam langs met een emmer water. Ze hobbelde rond, want ook haar been zat helemaal in het verband. Ze bracht water naar alle uitgedroogde monden en liet een spoor van bloed en pus achter op de vloer.

Dat was, bleek later, Eugenia. De dagen daarna bestonden uit pijn, gekerm en gejammer; er stierven drie vrouwen voordat de week voorbij was.

Overdag kwamen de artsen langs. Ze keken van de nummers op het verband naar hun klemborden en zeiden geen woord. 's Avonds kwam Eugenia langs met water.

Bunny lag ook in een bed, zwijgend, maar met open ogen. Ze luisterde. En ze weigerde het water dat haar werd aangeboden.

Wanda keek me aan. 'Daarom beschermen we Bunny, we moeten een beetje voor haar zorgen. Ze heeft zoveel doorstaan. Het is onze plicht haar te helpen.'

'En Stella?' vroeg ik.

'Stella houdt Bunny in leven, denk ik. Alle liefde voor haar kinderen gaat nu naar haar.'

Toen Wanda op een dag nadat haar verband was verschoond werd teruggebracht, lag Bunny volkomen roerloos op haar bed. Wanda dacht dat ze dood was. Ze strekte haar arm uit en pakte haar hand.

Bunny liet haar niet meer los.

Een week later werd Eugenia uit het ziekenhuis ontslagen. Ze begon eten vanuit de barakken naar Wanda en de andere konijntjes te brengen en leverde dat en andere dingen door het raam.

Ze waren allemaal getuige van de dood van Jacosta. Haar kaken waren op elkaar geklemd van de pijn. De verpleegster stak een naald in haar hart zodat ze niet 'leed'.

Eugenia vertelde dat ze de bewakers had horen praten over het vernietigen van bewijzen van de expe-

rimenten en waarschuwde Wanda dat ze waakzaam moest zijn. Die nacht kwam de verpleegster weer met een spuit in haar hand langs. Toen Wanda wakker schrok, stond ze over haar heen gebogen. Wanda begon te krijsen: 'Ik ben geen proefkonijn! Ik ben geen proefkonijn!' en maakte Bunny daarmee wakker. De volgende ochtend waren zij de enigen die nog leefden.

Eugenia plande hun ontsnapping. Bunny kon niet lopen; Wanda had wat meer geluk en kon staan. Op zo'n plek zijn en niet kunnen bewegen, was een doodvonnis. Dus ging Eugenia ze halen.

Ze kwam aan met een stoel met een gebroken poot die ze had gevonden en ze bond Bunny er met een laken op vast. Eugenia en Wanda droegen Bunny, onder de ogen van de bewakers, terug naar de barak. De bewakers lachten hen alleen maar uit. Twee vrouwen in het verband die nauwelijks konden lopen met een stomme op een kapotte stoel.

Rebellie was de enige macht die Eugenia en Wanda nog hadden en ze waren vastbesloten Bunny te redden. Wanda wilde haar per se niet alleen achterlaten.

Algauw kwamen er meer en meer vrouwen en armen die hielpen om Bunny te tillen en de konijntjes in veiligheid te brengen.

Ze hingen een paar planken op in het oude toilethok en Eugenia naaide de huid van Bunny's been weer dicht met haar perfecte rijgsteek.

Wanda's benen leken beschoten: wonden voor en achter met zwarte kringen eromheen; ze was blauw tot aan haar knieën. Wanda liet me haar littekens zien, haar benen misvormd, de nieuwe huid nog felrood en rauw. 'We moeten blijven leven, we zijn de enige getuigen,' zei ze.

Miriam denkt aan de arceringen, de markeringen die de dokter maakte met haar rode pen. Zij heeft óók littekens, maar minder zichtbaar en minder geloofwaardig.

Kent iemand Wanda? Herinnert iemand zich haar? Miriam betwijfelt het en dat maakt haar triest.

Ze haalt een pen en papier uit de werkkamer van haar vader, legt de vele grootboeken terug in het bureau en maakt een stapel van de rest van de boeken en papieren, die ze naar één kant schuift.

Ze heeft de tijd nu, terwijl ze wacht op de dood van haar vader – of tot Axel haar weer te pakken heeft. Ze probeert er niet over na te denken wat eerst zal komen.

Ze gebruikt haar vaders goede pen en staart naar de brief. Haar hand beeft zo erg dat de inkt uit de pen druppelt en vlekken maakt op het papier. Als ze de punt van de pen op het papier zet, buigt die licht door. Haar vingers houden op met beven. Ze zijn rustig. Ze raakt er helemaal door geboeid terwijl ze aan het werk zijn en de pen over het papier bewegen, ze volgen Wanda's woorden. Het schrijven maakt haar drukke hoofd stil en er daalt een diep en vredig gevoel over haar neer.

Nu ze de brief voor de tweede keer leest en haar eigen letters op het blanke papier bekijkt, beseft ze dat hij prachtig is geschreven. Geschreven zoals ze denkt dat de bedoeling was. Zoals Eva de brieven die in het Frans geschreven waren heeft 'gerestaureerd', zal Miriam dat met de rest doen, neemt ze zich voor. Ze gaat ze opschrijven zoals Frieda ze zich moet hebben voorgesteld, hoe ze ze had gewild. Ze had vast iets anders gewenst dat dit gekriebel op een vodje dat de weidsheid van haar gedachten nooit kon bevatten. De pagina's stromen over van liefde en verdriet.

'Als je een man geeft wat hij wil, zal hij nooit pakken wat hij nodig heeft.' De woorden van de verpleegster echoën door haar hoofd. Ze voelt zich stom en aanstellerig omdat ze een klaagverhaal over Axel tegen de artsen en de politie heeft gehouden. Met 'de konijntjes' waren verschrikkelijke dingen gebeurd, maar zíj klaagden niet! Axel had seks met haar, dat is alles, maar zij liep jankend naar de politie. Misschien had Dawn gelijk. Misschien kwam het door háár gedrag dat zijn behoeften hem de baas werden. Misschien verdiende ze het. Alweer. En dan dat gejengel en gejammer over zoiets. Het moest zo in het niet vallen bij wat de politie normaliter te horen krijgt...

Ze gaat door met schrijven, vervuld van schaamte over haar eigen daden. Het is een nieuw gevoel, het kriebelt op haar huid als uitslag. Geen schaamte om wat iemands anders haar heeft aangedaan, maar schaamte om wat ze zélf heeft gedaan. Ze schrijft totdat Wanda's woorden weer bestaan en belt dan het ziekenhuis.

Haar vader is stabiel en van de zuurstof af. Miriam is opgelucht en wordt dan meteen bekropen door angst. Alsof ze tegelijkertijd wordt aangetrokken en afgestoten door iets. Het ziekenhuis. Stel dat Axel daar weer is? Stel dat hij haar niet alleen iets aandoet, maar nog iets veel ergers van plan is? Haar gedachten flitsen naar het 'ergers' wat hij eerder heeft gedaan.

Ze gaat door met het uitschrijven van de brieven, toegewijd en volhardend. Als haar handen pijn beginnen te doen en ze een groot deel van de brieven heeft gekopieerd, wikkelt ze ze in een doek en stopt ze in haar handtas.

Dan staat ze op. Ze slentert wat doelloos rond door de studeerkamer van haar vader. Ze doet haar jasje uit, wrijft leven in haar bovenarmen en begint de berg papieren die op de vloer ligt op te ruimen. Ze raapt ze op, zoekt ze uit en bergt ze op in zijn bureau of in de dossierkast erachter. Ze werkt zonder te stoppen door tot ze de vloer weer kan zien en er nog maar een paar stapeltjes op het bureau liggen om uit te zoeken. Als ze haar vaders bureaustoel onder het bureau vandaan trekt, ziet ze een boek liggen dat blijkbaar op de grond is gevallen.

Ze pakt het op.

Yeats, in het Engels.

De rug is gebroken en heeft diepe vouwen. Het boek valt open bij een gedicht en er zweeft een papiertje uit dat landt op de vloer. Ze raapt het op en leest wat erop staat.

When darkness drops, I am your light.
Frieda.

Als de duisternis valt, ben ik je licht...

Het gedicht, 'The Second Coming' (De wederkeer), staat vol onderstrepingen en de marge is volgekrabbeld met opmerkingen in haar vaders handschrift.

Ze laat zich neerzakken op de bureaustoel en leest en herleest het gedicht en het briefje.

Van Frieda.

Haar vader heeft blijkbaar aan Frieda gedacht en moet dit gedicht in deze stoel hebben zitten lezen...

Miriam slikt een brok in haar keel weg.

Hij moet haar nooit hebben gevonden...

25

MIRIAM

'Vrolijk kerstfeest,' zegt Eva terwijl ze haar laarzen uittrekt en een tas met eten op de vloer zet. 'Ik heb een cadeau voor je.'

'Kerstfeest?'

'Het is kerstavond.' Eva heeft een rode jurk aan en een donkergroene trui.

'Echt?'

Miriam loopt achter haar aan de keuken in.

Eva pakt haar tas uit: groenten, koffie en een krant.

Miriam pakt de krant meteen op en bladert erdoorheen. VERLOSSERKERK OPENT ZIJN DEUREN, is een van de koppen. De kerk is bijna dertig jaar gesloten geweest, maar vanavond wordt er om acht uur een dienst gehouden en iedereen is welkom, leest ze.

'De kerk,' zegt ze. Ze houdt de krant naar Eva op zodat ze de kop kan lezen. 'Er is een mis vanavond.'

'Ben je gelovig?' vraagt Eva.

'Nee, maar mijn ouders zijn daar getrouwd. Nu papa niet hier is, zou ik er graag naartoe gaan, geloof ik.'

Axel zal haar daar nooit zoeken.

'Misschien kan ik met je meegaan?'

Miriam kijkt Eva aan. 'Graag.'

'Hier, ik heb iets voor je,' zegt Eva. Ze rommelt in haar tas, haalt er een envelop uit die ze terzijde legt en zegt terwijl ze verder zoekt: 'Ik moet er nog maar een paar, dan ben ik klaar. En ik heb dit nog voor je.' Ze geeft Miriam een klein pakje in roze tissuepapier. 'Gelukkig kerstfeest,' zegt ze nog een keer, terwijl Miriam het plakband losmaakt en het papier openvouwt.

Het is een sjaal in herfsttinten, van het zachtste materiaal dat Miriam ooit tussen haar twee zwaargehavende handen heeft gehad.

'Vind je hem mooi?' vraagt Eva.

'Hij is...'

'Ik weet dat hij fel van kleur is, maar ik heb een hekel aan pastels en, tja... ik zeg altijd: bleke kleuren zijn voor een bleek mens, dus...' Ze lacht en vervolgt: 'Ik dacht dat jij wel een beetje kleur kon gebruiken, toch?'

Miriam strijkt met haar vingers over de stof. 'Hij is prachtig.'

'Kom, kleed je aan, dan maak ik het eten klaar... Als je dat goedvindt?'

Miriam kijkt omlaag en het dringt tot haar door dat ze nog steeds haar pyjama draagt. Ze glimlacht en rekt zich uit.

Als ze zich heeft aangekleed, gaat ze terug naar de keuken – waar het aanrecht een flinke puinhoop is van tomaten, steelpannen, messen en iets wat broccoli moet zijn. Het lijkt of er een ontploffing heeft plaatsgevonden. Ze schudt haar hoofd, pakt een stukje wortel van de snijplank en begint erop te knabbelen. 'Mijn moeder zou een toeval hebben gekregen als ze haar keuken zo zag.'

'Ik beloof dat ik alles op zal ruimen.'

'Nee, nee, ik bedoelde het niet als kritiek, gewoon als... constatering. Het is geen probleem, hoor.'

'Ik vind koken heerlijk, dus dit is echt een traktatie voor me. Je doet weinig moeite als je alleen woont, dus kook ik graag voor iemand anders,' zegt Eva terwijl ze naar een lepel zoekt in de la.

Miriam wijst naar de la waar het bestek ligt.

'En het is Kerstmis, natuurlijk.'

'Mag ik vragen hoelang je al alleen bent?'

'Mijn man is vijf jaar geleden overleden.'

'En heb je kinderen?'

'Mijn man had al twee dochters toen we trouwden: Renka – de moeder van Jeffrey, die je hebt ontmoet, en Clotilde...' Eva slikt moeizaam. 'Ik ben al drie keer grootmoeder.'

'Heb je een goede band met je dochters?'

'Nou, Renka vluchtte al zo lang geleden... Met Jeffrey. Het was lastig goed contact te houden. En Clotilde...' Eva verandert van onderwerp. 'Hoe is de verhuizing van je vader verlopen?'

'Papa is naar het ziekenhuis gebracht, niet naar het hospice. Hij heeft iets opgelopen dat behandeld moet worden.'

'O, nee, Miriam, wat erg! Wat heeft hij?'

'Longontsteking. Ik ben gisterenavond bij hem geweest. Hij is stabiel nu. Maar ik zou hem graag willen vertellen wat er met Frieda is gebeurd, zodat hij zich dat niet meer hoeft af te vragen.'

Ze eten in de woonkamer. De brieven liggen aan de ene kant van de tafel en zij zitten aan de andere. De regen tikt zachtjes tegen de ramen. Ze eten in stilte. Miriams gedachten schieten alle kanten op maar ze merkt dat hoe meer ze eet, hoe rustiger ze wordt. Ze focust zich op de maaltijd.

'Wijn?' biedt Eva aan en ze schenkt zichzelf een half glas in.

'Nee, dank je... Dat is niet zo'n goed idee, denk ik.'

'Om hen?' vraagt ze met een knikje naar de deur.

'Ja, ik had wijn gedronken. Meer dan één glas en papa kreeg een toeval. Dus dat is nu het bewijs dat ik niet stabiel ben en ze niet op me kunnen rekenen. En Axel, Axel vindt dat alleen maar leuk. Het is koren op zijn molen.'

'Laat ze lekker oprotten!'

Miriam schiet in de lach. Ze weet niet goed of ze om zichzelf lacht of om Eva's verbazend expliciete reactie.

'Wat?'

Miriam lacht nóg harder.

Als de borden leeg zijn, staat Miriam op.

'Het was heerlijk, Eva, dank je wel. Het is fijn om samen met iemand te eten. Ik eet altijd in mijn eentje.' Ze stapelt het servies op en ze lopen samen naar de keuken.

'Altijd?'

'Ja, toen ik met Axel was, was ik altijd te nerveus om te eten. En als je nerveus bent, kun je bijna niet eten, dus at ik altijd voordat hij thuiskwam of als hij 's avonds weg was.'

'Die echtgenoot van je klinkt als een tiran,' zegt Eva. 'Wat je laatst ook al vertelde...'

'Alsjeblieft, vergeet het, ik deed veel te dramatisch.'

'Nee, ik heb erover nagedacht en –' begint Eva.

'Alsjeblieft, Eva. Niet nu. Ik kan er niet over praten.' Ze voelt haar maag samentrekken.

'Oké,' zegt Eva. 'Ik weet niet veel meer van je dan wat je over Axel hebt verteld. Dus: wat voor iemand is je vader?'

Miriam glimlacht en ze antwoordt zonder op haar woorden te letten. 'Wijs. Slim. In de beste zin van het woord. Niet alleen intelligent; hij kende ook zijn eigen gevoel en was bovendien enorm eerlijk. Ik hield van hem.'

Eva ademt verschrikt in.

'O! Ik zei net "hield". In de verleden tijd.'

'Ja.'

Miriam ademt diep in. 'Ik hou van mijn vader, maar ik heb alleen maar herinneringen aan hem van toen ik nog een ander iemand was. En nu ik weet dat hij in een kamp heeft gezeten, lijken alle herinneringen een andere kleur te krijgen.' Ze zucht. 'Ik heb zo lang niet met hem gepraat.'

'Voor zover ik kan zien, heb je het druk gehad met vechten tegen je eigen demonen. Dat begrijpt je vader vast wel.'

'Ik heb zoveel gemist.'

'Ga je van hem scheiden?' vraagt Eva, terwijl ze water in de gootsteen laat lopen.

'Ik ben bang dat dat geen goed idee is.'

'Hoezo?'

'Hij zou furieus zijn. Hij is echt angstaanjagend. In het geniep, als je begrijpt wat ik bedoel.'

'Je bedoelt gevaarlijk?'

'Ja. Hij maakt me wijs dat ik volkomen krankzinnig ben. En het probleem is dat iedereen hem gelooft. Ik heb zelfs de begrafenis van mijn moeder gemist door zijn leugens en ben alleen bij de wake geweest.'

'Hoe weet je dat hij loog?'

'Ik wíst het gewoon. Dat is drie jaar geleden. Toen ik het telefoontje kreeg dat papa in het ziekenhuis was opgenomen... Ik kon het gewoon niet nóg een keer laten gebeuren. Mama had papa, maar papa heeft niemand.'

'Je houdt heel veel van je vader,' zegt Eva ernstig. 'En dat je hier bent vergt moed.'

'Nee. Ik ben meer dan twintig jaar met Axel geweest. Ik ben zo ontzettend, ontzettend stom geweest. Ik geloofde hem. Ik kan nu pas zien dat hij liegt, maar ik weet ook dat ik heel gemakkelijk weer terugval in een relatie met hem. En hoe meer verzet ik bied, hoe erger hij wordt.'

'Daarom wil je niet scheiden?'

'Precies. Als ik terugvecht, wordt het een hel.'

'En nu? Hoe zit het nu?' Eva draait zich om, er hangen sopvlokken aan haar armen.

'Hoe bedoel je?' Miriam pakt een theedoek en begint het druipende bestek af te drogen.

'Geloven de mensen jou of hem?'

'Hem. Altijd hem. Als jij hem ontmoette, zou je hem ook geloven.'

'Nooit. Die man. Ik zou hem doorzien.'

'Zo ver mogelijk uit zijn buurt blijven, is mijn plan...'

'Maar misschien kun je terugvechten?'

Miriam zegt niets en ze doen de afwas in een kameraadschappelijke, maar ook eenzame stilte.

'Zullen we een taxi bellen? Om naar de kerk te gaan?' stelt Eva voor.

'O, ja! Ik was het al bijna vergeten.' Miriam haast zich om zich klaar te maken.

'Ik zou zelf wel gereden hebben, maar mijn auto –'

'Jeff zei dat hij kapot was?'

'Ja, hij is nog steeds niet gerepareerd. De garage heeft pas in het nieuwe jaar tijd, zeggen ze.'

'Vervelend voor je.'

'Ja, zeg dat wel. Nou moet ik op het openbaar vervoer vertrouwen.' Ze trekt een gezicht.

Miriam glimlacht en loopt naar de telefoon om een taxi te bestellen.

De taxichauffeur zet ze af bij de Muur. Er loopt een gearmd stel, maar Miriam ziet geen doorgang naar de kerk. Ze betaalt de chauffeur en dan volgen ze het stel. Er blijkt een heel stuk van de Muur weggehaald te zijn.

Miriam loopt langzaam en voorzichtig.

'Gaat het?' Eva heeft rode wangen van de kou en ze wrijft haar handen alsof ze ze insmeert met crème.

'Ik had gisteren een vervelende confrontatie met Axel en ben een beetje stijfjes, dat is alles. Het gaat vanzelf over. Kom, laten we doorlopen, het is koud.'

Ze duiken onder de metalen steigerpalen door die de rest van de Muur stutten en zijn dan in het vroegere niemandsland, de 'dodenstrook' tussen Oost en West.

'Dit is unheimisch,' zegt Miriam tegen Eva, die naast haar loopt.

'Weet je dat ik na de bouw van de Muur elke nacht droomde dat ik hier liep? Ik haat muren, deuren, alles wat me opgesloten houdt.'

Miriam neemt Eva op terwijl ze door het zand lopen, ooit onbezoedeld, nu vol voetstappen. Ze probeert de kluwen van gedachten in haar hoofd te ontwarren en een paar woorden te bedenken.

'In een ander leven zou ik aan zee willen wonen: al die ruimte,' zegt Eva. 'Aan de andere kant van de Muur is geen ruimte, elke dag kijk je over je schouder, wacht je tot...' Ze maakt de zin niet af.

Miriam kijkt in het felle licht van een lamp die boven hen hangt hoe laat het is. 'Vroeger kwam ik hier met mijn vader,' zegt ze. Ze wijst op de toren. 'We zijn vroeg. Zullen we naar boven gaan?'

Binnen leidt een wenteltrap omhoog naar de klokkentoren. Het geluid van hun schoenen op de keien van de traptreden resoneert door de lucht. Ergens druppelt water en de ramen die uitzicht boden op de rivier zijn allemaal dichtgetimmerd.

'Pas op. Het is aardedonker.'

Miriam voelt dat haar nekharen overeind gaan staan als ze haar eigen stem om zich heen hoort galmen.

'Trappen zijn een straf voor oude heupen.'

Miriam glimlacht even. 'Het is het waard... Kom op!' Ze klinkt vlak, zelfs in haar eigen oren.

Ze bereiken de balustrade waarvandaan je kunt uitkijken over de rivier. Overal om hen heen liggen lege bierblikjes en sigarettenpeuken.

De vrieskou in de lucht verstilt de rivier en in het duister lopen water en lucht in elkaar over. Ze staart zwijgend voor zich uit en kijkt dan naar Eva.

Ze is in tranen.

'Wat is er?'

'Wat je daarstraks zei, dat doet me zo'n verdriet.' Eva balt haar vuist tegen haar buik.

'Wat bedoel je?' Onzeker keert Miriam zich weer naar het uitzicht.

'Je bent weg bij Axel, toch?'

Miriam knikt.

'Waarom scheidt je dan niet van hem? Dan kan hij niet meer zeggen of doen wat hij nu doet. Hij maakt je kapot, ook al ben je bij hem weg.'

En hoewel Miriams gedachten opschrikken van Eva's woorden, is ze meer gefocust op de diepte.

Als ik val, voelt het dan als vliegen?

'Dat kan ik niet,' zegt ze afwezig.

En hoe voelt de wind? Strelend? Of geselend?

Eva zegt iets maar ze klinkt ijl en verloren. Een speldenprikje van woorden, ver weg.

Alleen dat ene moment. Verder niets.

Vliegen. Vallen.

Het einde.

Miriam buigt naar voren, op haar tenen, ze leunt zwaar op haar handen.

'Miriam!'

Eva's stem brengt haar terug. Ze schiet naar achteren en staat weer plat op haar voeten, haar handen wat losser om de reling. Eva staat helemaal te trillen en omklemt de balustrade zo stevig dat haar knokkels wit zijn.

Opeens ziet Miriam hoe enorm de diepte vóór haar is. Ze zet onwillekeurig een paar stappen naar achteren, weg van Eva en de balustrade, weg van de afgrond. Ze schudt haar hoofd en trekt zich terug in haar innerlijke schuilplaats, waar op zo'n moment altijd een alarmbel afging – maar nu blijkbaar niet meer. Haar ogen prikken en ze voelt zich gedesoriënteerd. Ze kijkt langs Eva heen naar de witte sikkel van de maan.

'Miriam! Wat ben je? Een man of een muis?' vraagt Eva.

'Geen van beiden?' antwoordt Miriam aarzelend.

'Precies! Je bent een vrouw!' zegt Eva. 'En er is niets sterker dan een vrouw. Je gedraagt je als een man, een lafaard, je vlucht en rent weg als een klein...' – in het licht van de maan trippelen haar wijs- en middelvinger door de lucht, de schaduwen van haar handen uitvergroot – '... muisje,' zegt ze.

'Je bent vríj,' vervolgt Eva. Ze spreekt het woord 'vrij' langgerekt uit, zodat het in de lucht blijft zweven. 'Maar je zult het gevecht verliezen en teruggaan. Axel zal het nooit opgeven.' Eva keert zich om en stapt naar binnen om de trap weer af te gaan.

'Nee! Ik heb me tegen hem verweerd. In het ziekenhuis. Hij had... had iets gedaan... Ik heb er zelfs met de politie over gesproken!'

'De politie...' Eva klakt met haar tong, het klinkt luid in de kleine ruimte boven aan de trap, als een muntstuk dat de treden af kaatst.

'Wat kan ik anders doen?'

'Je kunt van hem scheiden, anders blijft hij met je spelen tot je stopt met wegrennen.'

'Ik doe mijn best,' zegt Miriam. 'Het is moeilijk en om eerlijk te zijn ga ik, als papa dood is, óók liever dood dan dat ik deze hele toestand op mijn nek haal.'

'Jij wilt dat iemand anders je problemen oplost, maar er zelf niets voor doen. Je bent bij hem weg. Dat is de kracht van een vrouw! Maar je gaat terug...'

'Nee! Nee! Dat doe ik echt niet!'

'Dat doe je wél, tenzij je zelf het heft in handen neemt.'

'Hoe... Hoe weet je dat allemaal zo goed?' vraagt Miriam.

Er valt een stilte. Het druppelgeluid in de toren klinkt opeens veel harder.

Eva praat door alsof ze haar niet heeft gehoord: 'Je denkt zoals hij, je bent gebruikt, misbruikt, mishandeld, maar hij heeft iets in je geplant...' – ze wijst naar Miriams hoofd – '... en je bent vergeten hoe je vanuit hier moet denken.' Ze prikt een harde vinger in Miriams borstkas. 'Ik kan niet... Ik kan niet aanzien dat je dit jezelf aandoet. Niet wéér. Het spijt me, Miriam. Ik zal de brieven die ik nog niet heb vertaald teruggeven. Maar ik kan het niet nóg een keer aanzien.'

'Nóg een keer?' vraagt Miriam, maar de leegte na Eva's woorden vlamt door haar binnenste en echoot zoals de toren zelf, waarin Eva's voetstappen wegsterven totdat ze helemaal verdwijnen.

Miriam loopt weer naar de balustrade en kijkt over de rand de peilloze diepte in. Ze staat er een hele tijd – met haar handen om de reling geklemd. Hard.

26

MIRIAM

Ze let goed op als ze de natte traptreden afloopt. Ondanks haar gevoelloze tenen maakt ze haast. Beneden kijkt ze steeds om zich heen, op zoek naar Eva. Haar adem komt in snelle witte wolkjes uit haar mond. Ze gaat richting de kerk. De koepel tekent zich verloren af tegen de avondhemel, ze hoort geluiden binnen en er valt een streep licht door een kier in de deur.

Miriam loopt achter de mensen aan die de kerk binnendruppelen. Binnen ruikt het leeg en vochtig en koud. Ze gaat dicht bij de deur zitten en kijkt naar de scheuren in de tegels, ooit terracotta en groen in een diamantpatroon, nu kapotgeslagen. Achteraf herinnert ze zich helemaal niets van de mis. Ze zit totdat de mensen naast haar opstaan. Dan staat ze ook op en als de mensen naast haar weer gaan zitten, doet zij hetzelfde. Als de mis is afgelopen, loopt ze achter hen aan naar buiten. Alleen.

Ze neemt een taxi met een vastbeslotenheid die haar aan één kant energie geeft, maar haar ook bang maakt. Ze rijden door de straten van Berlijn: de straatlantaarns branden helder en de sfeer is uitgelaten; de bars en clubs dreunen en puilen uit van de dansende mensen.

Miriam gaat naar het ziekenhuis voor het laatste bezoekuur. Op de afdeling haalt ze de stapel overgeschreven brieven tevoorschijn en gaat zitten. De kamer is vol geluiden: gezoem en gepiep van alle apparaten, getik van de radiatoren. Ze kust haar vader op de wang en geeft een kneepje in zijn hand. Hij is geschoren en heeft een slang in zijn neus die om zijn gezicht krult. Zijn huid is zacht en ruikt babylotionfris.

Als dit alle brieven zijn die Eva voor haar vertaalt, dan moet ze ze delen met haar vader. Hij heeft er recht op te weten wat erin staat. En als Eva haar niet meer kan helpen, vindt ze wel iemand anders. Eva's woorden schallen na in haar hart en ze voelt zich schuldig omdat ze niet aan Eva's verwachtingen kan voldoen.

'Ik zou er altijd spijt van houden als ik dit niet deed, maar het blijft iets waar ik over twijfel. Het is zulk onzeker terrein. Ik hoop dat je me hoort, pap. Ik heb brieven. Van Frieda.' Ze vouwt het dikke papier open en begint vanaf het begin te lezen.

'Ik leef, of tenminste, ik denk dat ik leef...'

Nadat ze een heleboel brieven heeft voorgelezen, glijdt er een traan over zijn wang. Ze droogt hem met een zakdoek.

HENRYK

Miriam leest me voor. Ik probeer me te concentreren, te horen wat ze zegt. De tijd stopt met tikken, begint te stromen en vliedt algauw weg. Ik weet dat er iets is wat ik vast moet houden.

Zoals Emilie wilde, verhuisden we in 1946 terug naar ons oude appartement, op loopafstand van wie er over waren van onze vrienden.

Ik wilde doen wat Emilie wilde, wat het ook was. Ze werkte in het ziekenhuis om ons gezin te onderhouden. Ze was gelukkig en ik deed er alles aan om dat zo te houden.

Maar ik bleef me de periode van daarvoor, de eerste keer dat we er woonden, herinneren. Die zal ik nooit vergeten. Hoe ze naar me keek als ik thuiskwam na een ontmoeting met Frieda. Hoe ze dan in de stoel zat met dekens om haar smalle schouders heen geslagen en met beide handen aan de wol zat te plukken. Als ik de kamer in liep en ze opkeek, stonden haar ogen zo vol teleurstelling en verdriet dat ik wel in de grond had willen verdwijnen. Uit haar leven – en dat van Frieda – gerukt wilde worden. Ik vroeg God, in wie ik niet geloofde, die wens in te willigen.

Terug in ons oude appartement werd haar gezicht nog altijd getekend door datzelfde verdriet. Alles om ons heen herinnerde aan Frieda en ik had het leven met haar dat ik was kwijtgeraakt wel aan de haren terug willen sleuren. Vaak draaide ze haar gezicht af en negeerde ze me urenlang.

Ik zou haar nooit om vergiffenis vragen, maar ik wilde wel alles doen om haar het leven te geven dat ze altijd had gewild.

We kregen Miriam en dat veranderde alles.

Vijftien jaar bleef ik thuis met Miriam. Ik verbaasde en verwonderde me over hoe ze groeide, over haar intuïtie, haar vindingrijkheid. De jaren vlogen voorbij, hoewel ik me herinner dat de dagen lang waren.

Als ze naar school moest, liep ik met haar mee en bleef bij het blauwe hek staan terwijl zij kletste met haar vrienden en vriendinnen – die ik graag mocht. Jongens en meisjes als kleurige bloemen die samen opgroeiden, een eeuwige lente; het was een voorrecht hen te zien ontluiken. Ik hielp hen graag met hun Franse of Engelse huiswerk. Af en toe stelden ze me vragen: over het leven, over de liefde – soms.

Op een dag, toen ik me omdraaide om te gaan, hield een docent me tegen. Hij kende me van gezicht en wist dat ik Miriams vader was. Hij vroeg of ik even met hem wilde meelopen naar zijn kantoortje.

'Miriam vertelde me dat u docent was, of misschien nog bent?'

'Ja, dat klopt.' Ik was onmiddellijk op mijn hoede en voelde me benauwd en opgesloten in de kleine ruimte met een kop slappe, kokendhete thee voor me, te diep weggezakt in een stoel, waardoor de vorm van mijn knokige knieën zich aftekende in mijn broek.

'Miriam is een uitzonderlijke leerling.'

'Dank u. Ik ben trots op haar.'

'Ze zou natuurlijk betere cijfers halen als ze wat minder kletste.' Hij lachte. Zijn bureau lag vol met papieren, boeken, tijdschriften. 'Herr Blundell' heette hij, had ik op het naambordje op de deur gezien. Hij was Miriams mentor. Dat wist ik toen niet, dat kwam pas later.

'Precies haar moeder,' zei ik.

Miriam was een levendig kind. Aan het einde van de dag verlangde ik altijd naar stilte, na al het gebabbel van moeder en dochter.

'Ik heb drie tienermeiden,' zei Herr Blundell. 'Het is niet gemakkelijk de enige man in huis te zijn, dat kan ik u verzekeren!'

'Dat kan ik me voorstellen.'

'Allemaal hormonen, hè.'

'Vrouwen hebben het zwaar.'

'Maar... u hebt geen baan op het moment?'

'Nee, ik ben thuis en zorg voor Miriam.' Ik had het gevoel dat ik dat op de een of andere manier moest uitleggen en vervolgde: 'Ik heb vroeger lesgegeven op de universiteit.' Zijn gezichtsuitdrukking veranderde en ik had meteen spijt van mijn opmerking.

'Indrukwekkend. Hebt u gepubliceerd?' Herr Blundell verplaatste een stapel boeken en tijdschriften naar de vloer en er kwam een stoel onder vandaan die ik in eerste instantie niet had opgemerkt. Hij ging zitten.

'Ja, een periode, ja.'

'Zou u interesse hebben in een baan?' vroeg hij serieus.

'Nee, niet echt. Om eerlijk te zijn denk ik dat ik niet tot werken in staat ben.'

'Gezondheidsproblemen?'

'Zoiets, ja,' mompelde ik en ik zette mijn niet-opgedronken thee op een stapel tijdschriften neer. 'Ik moet gaan.'

'Misschien helpt het: ik heb er ook gezeten.'

'Waar?' Het kostte me moeite om uit de stoel op te staan en ik vroeg het eigenlijk om tijd te winnen terwijl ik mijn best deed me uit de te zachte kussens te werken.

'Buchenwald,' zei hij. Het was alsof ik een stomp in mijn maag kreeg. Krachteloos zakte ik terug in de stoel. 'Daarna

Auschwitz-Birkenau.' Hij begon de knoopjes van zijn overhemd los te maken, schoof zijn das opzij en trok zijn overhemd open, waardoor één letter met vijf cijfers erachter zichtbaar werd, een nummer – net zoals ik op mijn pols had.

'De klootzakken besloten me hier te brandmerken.' Hij wees op zijn borst.

'Waarom?'

'Ik verzette me,' zei hij.

Toen deed hij de knoopjes van zijn overhemd weer dicht en trok zijn das recht. 'Deze school is één grote familie en als u een baan als docent zoekt, bent u hier van harte welkom.'

'Weet Miriam, ik bedoel, weten de leerlingen dat u... daar hebt gezeten?' vroeg ik met een blik op zijn borst.

'Nee, ik geef geschiedenisles, maar geen les over mijn persoonlijke geschiedenis. Ik zie het als mijn taak de volgende generatie bij te brengen wat er is gebeurd en daarmee te voorkomen dat de geschiedenis zich ooit herhaalt.'

'De meeste mensen praten er niet over,' zei ik, terwijl ik mezelf eindelijk uit de stoel wist te hijsen en rechtop ging staan.

'Dat weet ik, maar ik schaam me er niet voor het met anderen te delen. Weet u waarom?'

Ik schudde mijn hoofd.

'Omdat het niet míjn schuld is! En als ik het goed heb, geldt dat ook voor u.'

'Ik denk dat u zich vergist,' zei ik en ik verliet het kantoortje met een hart dat zo razendsnel klopte dat mijn voeten al na een paar stappen verdoofd aanvoelden. De geur van het kantoortje hing om me heen en Herr Blundells woorden bleven in mijn hoofd hangen: 'Ik verzette me.'

MIRIAM

Thuis gaat ze rechtstreeks naar het stapeltje Duitse brieven. Bovenop ligt een klein kattebelletje. Ze knipt het licht aan en begint te lezen. Ze weet niet wat het verschil is tussen de Duitse en de Franse brieven. Als Eva stopt met vertalen, wat mist ze dan?

Ik vroeg Wanda of ze een stuk papier wilde om een brief aan haar familie te schrijven, maar ze heeft niemand om te schrijven. Toen de oorlog begon, was haar hele familie al uit elkaar gevallen. Ze had vier kinderen en zes kleinkinderen. Een idyllisch leven, zegt ze. Ze is zesenvijftig.

Wij zijn nu haar enige familie.

Ze is een moeder voor ons allemaal. Ik stel me haar voor met een schort om, voor een fornuis, het ruikt naar warm deeg. Haar kinderen en kleinkinderen hangen om haar heen en wachten op het lekkers dat uit de oven gaat komen.

Ze is ze allemaal kwijtgeraakt.

En nu zit ze opgesloten in een barak en zorgt ze voor ons.

Wanda neemt ons allemaal onder haar vleugels. Ze omarmt ons, geeft ons een gevoel van geborgenheid. Als een thuis.

Zoals ik met jou had.

Zij is de lijm die me bij elkaar houdt en me doet geloven in een wat minder troosteloze toekomst.

Miriam leest de laatste brief nog een keer. Als Wanda dood is, weet iemand dat dan? Vertelt iemand haar verhalen, kan iemand de namen van haar kinderen opnoemen? De vernietiging van het hele gezin is als het weghalen van de wortels van een boom. Als je de wortels weghaalt, gaat de hele boom eraan, gaat alles kapot.

Ik leef in ieder geval, denkt ze. Miriam legt het papier terug op tafel. *Ik leef*. Maar wat heeft ze met dat leven gedaan? Niet veel... Ze weet in ieder geval dat ook zíj door niemand herinnerd zal worden als ze dood is. Ze heeft helemaal niets gedaan, betekent niets, ze is alleen de vrouw van Axel geweest, en de dochter van ouders die binnenkort allebei dood zullen zijn. Een wees. En nu ook zonder vrienden. Ze begrijpt waarom Eva haar achterliet bij de kerk, ze zou hetzelfde doen als ze in haar schoenen stond. Ze is pathetisch, precies zoals Axel altijd zei.

Kerstmis is zo levenloos als een plastic bloem die slap hangt in de vochtige hitte van het ziekenhuis. In de zaal, versierd met kerstslingers die minstens tien jaar oud zijn, hangt een lusteloze feeststemming.

Ze is er al vroeg in de ochtend. Haar vader heeft een geel feesthoedje uit een Christmas cracker op zijn hoofd. Ze haalt het meteen weg. Ze gaat naast hem zitten en leest hem het hele bezoekuur voor. Terwijl ze leest begint ze een patroon te zien: de uit het Frans vertaalde brieven in Eva's handschrift zijn persoonlijk, liefdesbrieven; de Duitse meer algemeen, over het kamp en de vrouwen die er zitten.

Er gaat een vlaag van affectie voor Frieda door haar heen. Ze moet haar vader zo goed hebben gekend.

Dan denkt ze aan Eva: het moet moeilijk voor haar zijn geweest om liefdesbrieven te vertalen, zo kort na de dood van haar man. Het dringt tot haar door dat ze alleen aan Eva had gedacht als de vertaler van haar brieven. Als iemand die toevallig in haar leven was en dat voor haar kon doen. Het is niet eens in haar opgekomen haar te vragen of ze het wel aankan, die vertalingen. Ze heeft zich niet in Eva verplaatst, geen interesse in haar getoond. Ze heeft niet eens gecheckt hoe de vrouw die haar enige vriendin was, zich eronder voelde. Ze veracht zichzelf erom – ze zijn zo hartverscheurend, de brieven.

Haar vader knijpt in haar hand en draait zijn hoofd naar haar toe.

'Dank je wel,' zegt hij.

Zijn kerstcadeau! Aan haar...

De klank van zijn stem; hij is er... ergens.

Ze leest weer poëzie voor, net als vroeger tijdens zijn 'periodes', voornamelijk in de hoop zijn stem nog een keer te horen. Hij heeft maar drie woorden gezegd, 'dank je wel', maar dat is genoeg om haar op te beuren.

Als de verpleging haar vader zijn medicatie heeft toegediend en hij in slaap valt en regelmatig snurkt, pakt Miriam de volgende brief.

Hij is geschreven op een vel bladmuziek.

Hani is terug.

Ze is gesteriliseerd.

Op haar huid ligt een klamme waas en ze voelt ijskoud.

Ze is twee weken weggeweest en bloedt hevig.

Hani vertelt niet wat er is gebeurd. Ze klimt op onze brits en kruipt tegen me aan – zoals altijd. Zo liggen we de hele nacht. Mijn lichaam verwarmt haar rug en als ze zich omdraait, haar voorkant. Ze is nooit helemaal warm.

We proberen haar te laten aansterken, we proberen haar warm te houden.

Stella zingt voor haar en strijkt over haar langer wordende haren. Stella heeft iets magisch. Ze komt een tijdje bij ons op onze brits liggen. Ze begint een verhaal over dat ze op vakantie is met Hani, naar de kust, en beschrijft de golven en de zeemeeuwen. 'Kijk dan! Een regenboog! Zien jullie?'

We moesten allemaal zeggen dat we een regenboog zagen, anders vertelde ze niet verder.

'We zien regenbogen op mijn vakantie, Bunny. Hani, welke kleuren zie je?'

'Rood,' zei Hani in het Nederlands.

Ik vertaalde het automatisch in het Duits.

'Dat weet ik wel, mooie mevrouw! Ik praat nu ook Hani!'

Ik schoot in de lach, Eugenia ook, Wanda veegde haar ogen droog. We zagen de regenboog nu allemaal.

'Rood maakt ons aan het huilen als het uit ons stroomt,' zei Stella. Ze ratelde door zonder adem te halen. 'De zweep, de honden, ze maken alles rood. Oranje is de zon. Die schijnt niet helder meer. De zon is verdrietig omdat de mensen verdrietig zijn. Geel is zand, het zand in mijn ogen, tussen mijn vingers, mijn tenen. Zand bijt overal. Groen is heel zeldzaam, zoals glimlachjes en foto's. Mooie mevrouw, jouw ogen zijn groen, ze sprankelen. Bunny's ogen zijn bruin. Uit Hani's ogen druipt heel veel liefde.'

Dat is inderdaad zo.

'Ze zeggen dat mijn ogen blauw zijn. Ik kan mijn ogen niet zien.'

'Jouw ogen zijn blauw, Stella,' zei Eugenia. 'Zo blauw als saffieren of zoals een prachtige blauwe lucht.'

'Blauwe lucht smaakt naar zout als de wind waait. We zijn bij de zee. Een diepe, blauwe, natte zee. Hani, welke kleur komt er dan?'

'Paars.'

Stella lachte en zei het onbekende Nederlandse woord een paar keer na.

Hani moest ook lachen.

'Paars,' vervolgde Stella. 'Van als het rood niet naar buiten stroomt maar onder je huid huilt. Bunny is paars, ze huilt vanbinnen.'

Bunny knikte.

'Er is geen grijs, Stella.'

'Jawel, er is wel grijs. Een regenboog heeft alle kleuren van de wereld.' Ze richtte zich tot Eugenia. 'Genia, waar is het grijs?'

'Het grijs is helemaal onderaan, een heel klein streepje, voordat het overgaat in wit.'

'Hier is heel veel grijs,' zei Stella. 'De lucht, het beton, het prikkeldraad, de uniformen. De doden.'

'Maar we zijn niet hier, Stella. We zijn op vakantie. We zijn op het strand,' zei Hani.

'Miriam Winter?' vraagt een vriendelijke verpleegster in een donkerblauw uniform als ze op het punt staat te vertrekken. 'Kan ik u even spreken?' Ze neemt haar mee naar een zijkamertje waar ze op de bank die er staat gaat zitten en Miriam met een handgebaar uitnodigt hetzelfde te doen.

'Ik heb goed nieuws,' begint ze. 'We kunnen uw vader waarschijnlijk woensdag of donderdag overbrengen naar het hospice. Hij reageert op de antibiotica en krijgt sondevoeding – u hebt het slangetje in zijn neus natuurlijk wel gezien. De fysiotherapie om zijn longen vrij te maken kan hij ook in het hospice krijgen. Het gaat goed met hem.' Ze glimlacht. 'Als u het mij vraagt, heeft hij iets om voor te leven.'

'Ja, dat klopt,' zegt ze. 'Dat klopt.'

Twee dagen later verlaat Miriam het ziekenhuis tijdens de wisseling van de dienst. Tussen het verplegend personeel loopt ze de afdeling af. Even later staat ze op de stille straat om naar huis te gaan. Er is niemand te zien. Niemand. Haar oog valt op een paars uithangbord – *purper* – dat wordt beschenen door het licht van de straatlantaarns. ABBOTT, ABBOTT & CO staat erop. En op een papier achter het raam staat in witte letters: KOOP-/HYPOTHEEKAKTES, TESTAMENTEN, HUWELIJKSE VOORWAARDEN/SAMENLEVINGSCONTRACTEN, ECHTSCHEIDINGEN/VOOGDIJ.

Miriam stapt naar binnen. Boven haar hoofd rinkelt een belletje en er kijken drie mannen op.

Uren later komt ze weer naar buiten, met een stapel witte papieren in haar tas die ze thuis behoedzaam, alsof het een bom is, op tafel legt.

Misschien heeft ze toch iets om voor te leven.

27

HENRYK

De baan die me op school werd aangeboden motiveerde me om werk te zoeken. Miriams school was de beste in Berlijn, maar Emilie spoorde me aan om iets op de universiteit te zoeken. Ik was tenslotte universitair docent.

Op mijn eerste dag zat ik met een Frans boek in mijn hand en een nieuwe aktetas aan mijn voeten tegenover een groep studenten die er uitermate slim en knap uitzagen. Ik voelde me vermorzeld. Zonder één woord verliet ik de collegezaal, om er niet meer terug te keren.

Een paar maanden later kwam ik Herr Blundell tegen op het schoolplein.

'Herr Blundell, is het niet?' riep ik.

'Herr Winter,' begroette hij me nogal afstandelijk.

'Ik wil mijn excuses maken voor de vorige keer: dat ik zo plotseling uw kantoor uit liep. U moet me enorm ongemanierd vinden. Ik vrees dat ik schrok van wat u zei en niet wist wat ik ermee aan moest.'

'Geen probleem. Niet iedereen is gewend erover te praten, neem ik aan.'

'Maar u had het niet bij het rechte eind. Ik heb geen idee wat u hebt meegemaakt, het is absoluut niet te vergelijken.'

'Dat is oké. Iedereen gaat anders om met een trauma. Ik had daar meer rekening mee moeten houden.'

'Nee, nee, dat vind ik niet,' hield ik vol. 'Maar de reden dat ik u aanspreek is... eh... geldt dat aanbod van een baan nog?'

'Ja, natuurlijk. En noem me alsjeblieft Peter.' Hij stak zijn hand naar me uit. En het bleef 'Peter' tot aan zijn pensioen. Ik droeg zijn kist tijdens zijn begrafenis, twee maanden voordat ik Emilies kist over hetzelfde middenpad droeg. Ik werkte tot mijn pensioen op die school en had in alle opzichten een vervuld en gelukkig leven.

Als ik niet aan Frieda dacht...

MIRIAM

Kerstmis gaat voorbij en ze denkt aan Eva, aan vrijheid en een leven hebben, háár leven.

Op de dag dat haar vader naar het hospice vervoerd wordt, slikt Miriam vier codeïnetabletten, om daarna meteen de kamer van haar moeder binnen te gaan.

De geur van herinneringen overvleugelt haar, maar desondanks begint ze vastberaden met het inpakken van haar moeders kleding. Ze haalt haar jurken een voor een tevoorschijn en stalt ze op het bed uit; ze zijn nog te goed om eeuwig in een kast te hangen en ze is van plan ze naar een tweedehandswinkel te brengen.

Als de kast helemaal leeg is en alle schoenendozen om haar heen staan, begint ze aan de ladekast. In de eerste la die ze opendoet, ligt een paar zijden handschoenen. Ze trekt ze aan en ze voelen zo prettig op haar kapotte, ontstoken huid dat ze zich in haar verdoofde staat voorneemt ze nooit meer uit te doen.

Ze vindt ook haar moeders schort, opgevouwen en in een andere la gepropt. Ze vouwt hem uit en hangt hem over de deur van de keuken – waar hij hoort.

Dan neemt ze de laatste twee tabletten uit het doosje in en gaat naar bed.

Ze wordt wakker als er op de deur wordt geklopt. De codeïne is nog niet uitgewerkt en ze heeft het gevoel alsof ze gehuld is in een dikke deken. Het lijkt een soort omhelzing, maar beter.

Een omhelzing die niet loslaat. Ze houdt het gevoel zo lang mogelijk vast.

'Hallo, Hilda.'

'Ik kan een andere keer terugkomen. Ik moet alleen wat spullen ophalen.'

'Nee, het is goed. Kom binnen,' zegt ze, hoewel ze merkt dat ze enigszins met dubbele tong praat.

Hilda komt haastig binnen en praat razendsnel. 'Lijkt te reageren; stabiel; krijgt fysio in het ziekenhuis.'

Miriam kijkt toe terwijl ze vastberaden de leeggelopen luchtmatras en andere medische spullen verzamelt die her en der in de slaapkamer liggen.

'Papa zou niet in een ziekenhuis moeten liggen en al helemaal niet nu je weet dat hij in een concentratiekamp heeft gezeten.'

'Ik weet het. O, Miriam, het spijt me zo. Als er iets was wat ik eraan kon doen,' zegt ze en ze staat stil.

'Je had achter me kunnen staan tijdens de bespreking. Kunnen zeggen dat papa hier kon blijven,' zegt ze als ze een traan die over haar wang rolt wegveegt.

'Je ziet er niet goed uit,' zegt Hilda.

'Nee. Dus dit was het, wat jou betreft?' vraagt ze.

Als Hilda de gang in wil lopen houdt Miriam haar tegen – ze wil niet alleen zijn. 'Je hebt Axel gebeld.'

'Hij belde *míj*. Hij zei dat jullie twee het na de bespreking hadden goedgemaakt en ik een boodschap aan je moest overbrengen.'

'Hij wachtte me op in het ziekenhuis.' Ze kiest haar woorden zorgvuldig en vervolgt: 'Hij heeft me aangerand. Of meer dan dat. Ik heb de politie gesproken en...'

Hilda kijkt haar aarzelend aan.

'Ze noemen het verkrachting,' zegt Miriam. Ze probeert het woord uit en kleurt hoogrood.

'Ik...' begint Hilda, maar Miriam laat haar haar zin niet afmaken. Langzaam en gedecideerd gaat ze verder. 'Ik vertrouw mensen, maar iedereen gelooft Axel. Mij niet. Hij doet me kwaad. Hij doet me dingen aan. Maar het interesseert niemand. Ik bén niet gek. Ik heb alles tegen de politie verteld. Dokter Baum heeft het mis,' zegt Miriam.

Hilda onderbreekt haar. 'Het probleem is,' zegt ze, 'dat je een historie hebt van psychotische periodes, paranoïde gedrag en zelfmutilatie. Het is allemaal vastgelegd.' Ze werpt een veelzeggende blik op Miriams handen, die nu schuilgaan onder witte zijde. 'Je echtgenoot staat officieel geregistreerd als je verzorger en je bent als vermist opgegeven toen je verdween uit Wolfsburg. Het staat allemaal in je dossier – dat ik natuurlijk had moeten lezen.'

'Maar het is allemaal niet waar, Hilda. Je hebt juist goed gehandeld. Je hebt me geholpen met de zorg voor mijn vader. Je hebt me geholpen dingen die ik verkeerd had gedaan goed te maken. Ik ben niet gek. Ik zal het bewijzen. Aan iedereen die wil luisteren. Het spijt me.'

'Mag ik vragen: waarom denk je dat Axel dat soort dingen doet? Want ik wil je graag geloven, maar het is zo onlogisch. Waarom doet hij al die moeite? Waarom?'

'Ik wou dat ik het wist.'

'Wat ben je nu van plan?'

'Eva zegt dat ik van hem moet scheiden, maar ik weet het niet... Uit zijn buurt blijven, denk ik.'

'Wie is Eva?' vraagt Hilda en Miriam beseft dat ze geen idee heeft wie Eva is.

'Een vriendin,' zegt ze.

'Ben je nog verder gekomen met die brief die je in die jurk had gevonden?' vraagt Hilda.

'Nee. Nee, helaas niet. Ik geloof...' Miriam strijkt met de zijden handschoen over haar gezicht en wordt begroet door een flauwe geur van aloë vera – haar moeders handcrème. 'Ik ben de draad kwijt, geloof ik. Ik weet het allemaal niet meer.'

'Denk je dat je misschien hulp nodig hebt? Ik heb het niet

over medicatie, maar over iemand die je kunt vertrouwen, met wie je misschien kunt praten?'

'Ik kan niet terug naar Axel. Hij behandelt me heel erg slecht, Hilda.'

Dat dat werkelijk zo is, is duidelijk en de waarheid hangt tussen hen in de lucht. Miriam, die een beetje minder mistig is nu, voelt zich beter. 'Hij is een heel slecht mens,' herhaalt ze nog eens.

'Er zijn meer mensen die je kunt vertrouwen, Miriam, niet alleen Axel. Hoe zit het met die Eva?'

'Zij vertrouwt ook niemand,' zegt Miriam geïrriteerd. Maar in haar achterhoofd denkt ze: *Eva vertrouwde me*. Maar ze zegt boos: 'Ik vertrouwde jou en jíj hebt Axel gebeld!'

'Hij belde míj,' corrigeert Hilda. 'Het spijt me, Miriam. Echt. Maar ik moet nu gaan.' Ze draait zich om en vertrekt.

Alleen en helderder in haar hoofd, gaat Miriam naar de tafel en de brieven die daar liggen. Ze pakt er een op en legt hem weer neer. Ze loopt onrustig door het huis en probeert coherent na te denken. Ze heeft spijt van haar harde woorden. Dit is binnenkort allemaal voorbij. Geen Eva meer, geen brieven, geen papa. Maar Axel, Axel zal er altijd zijn...

Met Eva's woorden in haar hoofd en Frieda's stem in haar hart, vult ze de papieren voor de advocaat in.

Ze zet de radio aan en controleert de deur meerdere keren voordat ze zichzelf genoeg vertrouwt om te gaan zitten en een snipper heel dun papier op te pakken, bruin verkleurd aan de randen. Eva heeft haar vertaling eraan vastgemaakt.

Henryk,
Vijfentwintig dagen, is me verteld. Het is vijfentwintig dagen later. Ik ben teruggekeerd in het licht. Ik word nu vastgehouden zoals ik Hani vasthield.

Hani is beter en ze probeert me te verwarmen, maar niets kan me nu verwarmen. Ik ben heel dicht bij de dood. Ik voel het. Ik kan niet meer schrijven, ik heb Hani en Eugenia naast me.

Ik hou van je.

Miriam leest het briefje een paar keer opnieuw. De vorige brief ging over regenbogen. Ze kijkt de stapel door, maar dit briefje is echt het volgende in de reeks. Ze pakt de brief die erna komt om te kijken of daar iets duidelijk uit wordt.

Ze schrikt als er op de deur wordt geklopt. Ze verwacht dat het Eva is en loopt met de brief in haar hand naar de deur om haar binnen te laten.

Maar het zijn twee politieagenten in smetteloze blauwe uniformen.

'Frau Voight? Mogen we binnenkomen?'

Ze doet de deur verder open en legt de brief op de schoorsteenmantel.

De agenten ruiken naar mannen, een geur die het beeld van een werkplaats oproept, van overalls en hout. Ze houden hun platte petten in de hand als ze binnenkomen. Hun zware laarzen laten afdrukken na in het lichte kleed.

'Dit is agent Snelling en ik ben agent Nikolls,' zegt de oudste. 'Mogen we plaatsnemen?'

Miriam gebaart naar de woonkamerstoelen en gaat zelf ook op het randje van een stoel zitten.

'Onze collega, agent Muller, heeft ons ingelicht dat u...' – hij voelt in de zak van zijn jasje, haalt een pen en een notitieblokje tevoorschijn en bladert erdoorheen – '... op drieëntwintig december jongstleden bent aangerand.'

Miriam kijkt naar haar voeten; ze heeft kousen aan, haar tenen zijn gehuld in zijde.

'Vanochtend hebben we Herr Voight gesproken. En wegens

de kerst en omdat u uw telefoon niet opneemt, dachten we dat we dit beter op de ouderwetse manier konden aanpakken.' Hij glimlacht grote tanden bloot. 'Herr Voight gaf ons een volkomen andere versie van het gebeuren.'

'Vanzelfsprekend,' zegt ze.

'Zou u ons in uw eigen woorden nog eens kunnen vertellen wat er is gebeurd?'

'Is dat echt nodig?'

'We kunnen een vrouwelijke agent regelen om erbij te zijn als u zich daar prettiger bij voelt. Maar dat is niet eerder mogelijk dan morgen, vrees ik.'

Ze schudt haar hoofd.

'Hij maakte me bang.' Ze ademt moeizaam in terwijl de jongere agent, die nog geen woord heeft gezegd, zijn notitieblokje tevoorschijn haalt en krassend met een potlood iets opschrijft.

Agent Nikolls kijkt haar recht aan.

Ze praat tegen haar tenen. 'Hij draaide mijn arm om en drukte me in een hoekje, achter een kast. Toen trok hij mijn kleren kapot en duwde me op de grond. U hebt de rest?' Haar gezicht voelt warm en ze kijkt naar agent Snelling, die notities maakt. Hij knikt, zonder op te kijken.

'Dank u wel, Miriam,' zegt agent Nikolls. 'Maar ik moet u vertellen dat uw echtgenoot heeft verklaard dat hij rond zeven uur een telefoontje van u kreeg en dat u hem uitnodigde om hem in het ziekenhuis te ontmoeten. Hebt u hem gebeld?'

Ze slikt – er zit een brok zo groot als een rotsblok in haar keel – en strijkt met haar gehandschoende vingers over haar lippen.

'Hij heeft belgegevens waaruit blijkt dat er een telefoontje vanaf dit adres door hem is beantwoord en dat het gesprek drie minuten heeft geduurd,' vult agent Nikolls aan.

'Ja, ik heb hem gebeld. Ik wilde weten waar mijn vader was.'

'Hoe bedoelt u?'

'Mijn vader zou naar een hospice worden vervoerd, maar was

daar niet aangekomen, dus belde ik Axel omdat ik dacht dat hij daar misschien iets van wist.'

'Waarom dacht u dat Axel daar misschien iets van wist? Er staat hier dat u al een maand niet meer bij elkaar woont. Stond hij in contact met uw vader?'

'Nee. Mijn vader ligt op sterven. Ik nam aan dat Axel er iets mee te maken had toen mijn vader werd vermist. Hij is...'

'Uw vader werd vermist?'

'De ambulance had hem naar het ziekenhuis gebracht en niet naar het hospice. Hij was onwel gewonden onderweg.'

'En u was daar niet over ingelicht. Hebt u geprobeerd contact met hen op te nemen?'

'Ja, en toen ik erachter kwam dat hij naar het ziekenhuis was gebracht, ben ik daar meteen naartoe gegaan.'

'Hebt u Axel geïnformeerd dat u naar het ziekenhuis ging?'

'Nee.'

'Hoe wist hij dan waar u was?'

'Van Hilda, van de thuiszorg van mijn vader.'

'Uw man zegt dat u hem vroeg u te ontmoeten?'

'O ja?' Miriam denkt na, wat heeft ze precies gezegd aan de telefoon? Ze weet nog dat ze keihard in de hoorn kneep en hem had horen lachen aan de andere kant van de lijn. Ze schudt haar hoofd. 'Ik zou hem nooit vragen om mij ergens te ontmoeten. Dat weet ik zeker.'

'Toen we Herr Voight spraken, vertelde hij dat u beiden houdt van gewaagd seksueel contact.'

Miriam schiet rechtop, verbijsterd.

'Soms op publieke plekken, soms nogal...' Hij kijkt weer in zijn notitieblok. 'Ruw. Hij bevestigt dat u inderdaad seksuele gemeenschap had, maar dat het initiatief van u kwam en alles met volkomen wederzijds goedvinden plaatsvond.'

'Dat is niet waar, hij heeft me pijn gedaan. Hij doet me altijd pijn.'

'En dat blijkt ook uit het ziekenhuisrapport. Echter, het is uw woord tegen het zijne, dus valt het in de categorie "echtelijke ruzie". Onze betrokkenheid leidt meestal tot escalatie van dergelijke ruzies. Het probleem is dat u man en vrouw bent. Het zou heel lastig zijn voor een advocaat om hier een zaak van te maken – u bent tenslotte in de echt verbonden. Ik neem aan dat uw seksuele relatie vroeger consensueel was?'

Miriam knikt. 'Maar niet lang,' fluistert ze en dan zegt ze wat harder tegen de agenten: 'Als ik niet met hem was getrouwd, zou u het verkrachting noemen, toch?'

De jongere van de twee agenten schraapt zijn keel en krabt aan de eendagsstoppels op zijn wang. 'Hebt u duidelijk aangegeven dat het tegen uw zin was? Hebt u duidelijk "nee" gezegd?'

Het komt aan als een mokerslag. Ze krimpt in elkaar, haar schouders zakken in. 'Nee.'

'Hebt u geprobeerd hem weg te duwen? Fysiek verzet gepleegd?'

'Ik was bang,' zegt ze zacht. Ze denkt aan Dawns reactie. Misschien heeft ze er inderdaad om gevraagd.

'Gegild?' suggereert agent Nikolls in een poging behulpzaam te zijn. 'Dat zouden duidelijke signalen zijn, begrijpt u? Dat u niet instemde met dit specifieke seksuele contact met hem...'

'Wat hebt u dan gedaan?' Agent Snelling kijkt haar aan en Miriam ademt diep in.

'Ik heb het ondergaan, zoals ik altijd doe. Ik ben blijven liggen en heb geprobeerd aan iets anders te denken. Ik wacht altijd tot het voorbij is. Als ik me verzet wordt het erger.' Ze staat op. 'Maar het doet er niet toe. We zijn getrouwd. Misschien heb ik erom gevraagd. Mijn excuses dat ik uw tijd heb verdaan.'

Ze blijven allebei zitten. 'Ons werk,' zegt agent Snelling, 'is het dienen van de gemeenschap – kwetsbare mensen, zoals uzelf. Ik denk dat het het belangrijkste is om afstand te houden tussen u en uw echtgenoot, indien u niet wilt dat dit zich herhaalt en hij de indruk heeft dat u ermee instemt. U hebt nog wat andere problemen, vertelde hij, en daarbij hebben we ook een melding dat u al een tijdje wordt vermist.'

'Ja, eh, nou, ik wil u niet langer ophouden. Dank u wel dat u helemaal hierheen bent gekomen.'

Eindelijk staan ze op. 'Zaken zoals deze zijn complex, maar helaas kunnen we onder deze omstandigheden geen verdere actie ondernemen. Misschien kan uw arts u helpen? Vrienden wellicht?'

Ze wacht tot ze in beweging komen en loopt zonder een woord achter hen aan naar de voordeur.

'Als u nog vragen heeft,' zegt de oudste en hij geeft haar een visitekaartje.

'Dank u wel.' Als ze opkijkt zijn ze al aan het einde van de gang.

Ze sluit de deur, draait die op slot en schuift de grendels ervoor. Het veertje ligt op de plank en ze plaatst het zorgvuldig tussen de deur en de deurpost.

Dan begint ze te ijsberen.

28

MIRIAM

In de badkamer laat ze water in de wasbak lopen. Ze staart een tijd naar het rimpelloze oppervlak, waarin haar gezicht wordt weerspiegeld. Ze laat het water weglopen, ongebruikt, en trekt mama's zijden handschoenen weer aan. Ze pakt de brief van de schoorsteenmantel en gaat aan tafel zitten om die te lezen.

Vijfentwintig slagen.

Mijn straf voor morfine, drie flesjes ontsmettingsmiddel, maandverband en een piepklein uit hout gesneden beeldje van een konijntje. Alles, behalve de morfine, heeft de barak gehaald. Het was het laatste pakje. Ik had de morfine ontdekt en hoopte dat die Hani's pijn zou verlichten. Het was het gevaarlijkste wat ik die week uit de overvloed in 'Canada' had gestolen. Bunny had een zak in de binnenkant van mijn jurk genaaid en daarin had ik alles meegesmokkeld – dit moest het laatste zijn. Dat had ik mezelf voorgenomen; het risico was te groot. Maar Hani, zo koud, met zoveel pijn, krijste het 's nachts uit. Ik moest het proberen. Voor haar.

Ik werd gepakt.

Vijfentwintig slagen omdat ik had geprobeerd mijn vriendin te redden.

Vijfentwintig zweepslagen.

Een kruk, of misschien eerder een korte houten bank. Met leren riemen. Ze kleedden me uit, trokken me een gummibroek aan en dwongen me op mijn buik op het bankje te gaan liggen, met mijn gezicht omlaag. Ik knielde bijna, maar mijn knieën raakten de grond net niet – wat precies de bedoeling was. Ik werd op het hout neergedrukt en vastgehouden terwijl mijn bovenbenen en schouders met riemen werden ingesnoerd. Ik verloor alle controle; ik was ervan overtuigd dat het mijn dood zou worden.

Vijfentwintig zweepslagen... Ik kan me er niet meer dan tien herinneren.

Het lichaam kan meer verdragen dan de geest. Mijn geest gaf op. Ik voelde mijn huid openscheuren, een vlammend mes. Ze stonden om me heen, keken toe; ze kletsten met elkaar terwijl de huid op mijn rug tot aan mijn dijen openspleet.

Wonden helen, maar wat overblijft is dit:

Ik zag de schoenen van een bewaker, zijn broekspijp had een perfecte vouw in het midden. Ik weet niet wat er was gebeurd, misschien waren er bloedspetters op hem terechtgekomen. De zweepslagen hielden op. De bewaker knielde naast me neer. Hij rook naar sigaretten en aftershave. Roestig bloed. Iemand hield mijn pols vast en checkte mijn hartslag. Ik had acht slagen gehad, acht striemen die mijn huid openreten. Meer kan ik je niet vertellen. Ik wil het me niet herinneren. Maar de bewaker was gestopt bij acht. Zijn hand tilde mijn kin op en ik keek omhoog. Ik voelde tranen en snot en vuil op mijn gezicht. Ik keek naar hem op alsof hij mijn redder was. De zweepslagen waren opgehouden.

'Mond open,' zei hij.

Ik gehoorzaamde.

Hij spuugde erin.

'Doorgaan,' beval hij toen.

Even later verloor ik het bewustzijn. De duisternis was een zegen.

Ik kwam bij in een cel. Alleen. Voor het eerst in maanden was ik alleen. Ik bloedde, mijn huid lag open, mijn linkerbovenbeen leek een envelop – zo'n gapende opening zat erin. Alles deed pijn.

Ik had het koud. Mijn hart was bevroren, mijn lijf bloederig en bont en blauw. Ik was in shock.

Ik vond mijn uniform en trok het aan over mijn gebroken lijf. Ik kon staan. Ik probeerde een paar stappen. Het ging. Ik kon nog steeds bewegen. Het kamertje was vier bij zes passen. Ik kon er liggen.

Een vrouw in de cel naast de mijne had wat eten voor me bewaard. We praatten. Ik heb geen idee waarover. Ik sliep en ik liep en ik droomde.

Miriam blaast haar adem uit. Die heeft ze zonder het te beseffen de hele tijd ingehouden. Mistroostig kijkt ze een tijdlang voor zich uit. Dan begint ze te schrijven. De rest van de dag schrijft ze alle in het Duits geschreven brieven in haar eigen handschrift over op keurig wit papier. Dan voegt ze ze bij de laatste brieven die Eva uit het Frans heeft vertaald.

Later die dag gaat de telefoon, die ze weer heeft aangesloten omdat ze verwacht gebeld te worden.

'Hallo Miriam, je spreekt met Sue van het Ruhwald Hospice. Je vader is vanmorgen hier gearriveerd en alles is goed verlopen. Hij slaapt nu, maar als je vanavond op bezoek wilt komen, denk ik dat hij dat fijn zal vinden. Wil je dat ik hem zeg dat je komt?'

'Ja, graag.'

Het hospice ruikt naar lavendel, verse bloemen en jus. De kerstversiering glimt vrolijk en er staat een echte kerstboom met twinkelende lichtjes bij de ingang. Alles is zonnebloemgeel of donkerblauw, wat zo scherp contrasteert met het rood van de ballen en het groen van de boom dat Miriam het gevoel heeft dat ze in een caleidoscoop is beland.

Ze wordt naar zijn kamer gebracht, die uitkijkt over het Ruhwald Park. Niemand vraagt haar te vertrekken. Ze krijgt een beker thee en koekjes, ze krijgt zelfs een avondmaaltijd: een goedgevulde aardappel-preisoep met vers, knapperig brood.

De stoel naast het bed is een met stof beklede fauteuil. Miriam trekt haar benen op en leest de brieven hardop voor. Ze weet niet of hij haar hoort, hij beweegt niet en ziet bleek vandaag. Miriam neemt de tijd om hem om te draaien, hoewel hij vastzit aan allerlei infusen en monitoren en biedt hem water aan. Aan het einde van de dag heeft ze alle brieven die ze had meegenomen voorgelezen. Hij lijkt kalm en vredig.

'Ik blijf vannacht niet hier,' zegt ze tegen Sue, 'maar morgenochtend kom ik terug. Is dat goed? Ik kom morgen terug, pap,' zegt ze tegen haar vader en ze geeft een kneepje in zijn hand, die warm aanvoelt. Tot haar verrassing knijpt hij terug. Stevig. En blijft hij haar hand vasthouden. Ze laat zich op de rand van het bed neerzakken om het contact niet te verbreken.

Op weg naar huis is ze positiever gestemd. Ze denkt aan de brieven en haast zich om te lezen hoe het verdergaat en ze over te schrijven, zodat ze ze mee naar haar vader kan nemen. Het is goed dat ze ze niet heeft vernietigd, haar vader moet het weten. Ze komt langs het nu gesloten advocatenkantoor en duwt een dikke envelop door de laagste brievenbus. Hij landt op de mat aan de andere kant van de deur.

Geen weg terug meer nu.

Alleen vooruit.

Ze geniet van de avondlucht en haalt een paar keer diep

adem. Ze hoopt dat Eva op haar wacht zodat ze haar kan vertellen dat ze terugvecht.

Thuis is er geen Eva. Geen bericht.

Ze gaat door met het lezen van de laatste paar brieven die Eva met Kerstmis heeft meegebracht.

Liefste Henryk,
Jou verliezen zonder je te verliezen is zo wreed dat ik het niet voor elkaar kan krijgen te geloven dat je echt weg bent. Dat we zonder elkaar zijn. Ik heb geen afscheid kunnen nemen, hoewel ik betwijfel of ik dat ooit zou kunnen. Voor ons is er geen einde, geen afscheid.

Miriam kijkt op. De brief is op een driehoekig stuk papier gekrabbeld. *Geen einde, geen afscheid.* Ze kan zich niet voorstellen dat ze afscheid neemt van haar vader. Maar aan de andere kant is dat wat ze de laatste weken doet. Ze heeft langzaamaan afscheid genomen, haar liefde, haar zorg getoond.

Ze moet steeds aan Eva denken: waarom koos ze ervoor te stoppen met haar hulp? En wat bedoelde ze met 'niet nóg een keer'? Ze voelt zich zelfzuchtig en stom dat ze zich zo ongeïnteresseerd heeft gedragen. Ze weet niets van Eva, maar aan de andere kant heeft Eva dit allemaal moeten lezen, heeft ze haar ermee opgezadeld.

Walgend van haar eigen egoïsme leest Miriam verder.

Ik heb je nodig. Ik heb het nodig in je ogen te kijken en mezelf te bewijzen dat we echt zijn. Dat je echt bestaat, want op dit moment drijf ik door een dode zee. Er is maar één uitkomst die me opwacht.

Ik doe dit allemaal alleen. Ik ben je kwijt. Niet dat ik je ooit heb gehad. Elke dag opnieuw koos je weer voor Emilie en ik bewonder je om de manier waarop je van haar hield. Het herinnert me aan al het goede in de wereld. Het gevoel van pure vreugde door jouw liefde. Liefde die je net zo goed voor anderen had als voor mij. Ik gloeide van jouw liefde, straalde, ik reflecteerde licht. De maan van jouw zon.

Ik bevind me altijd in de schaduw.

Net zoals bij Louisa. Ze was groter en beter en slimmer dan ik. Ik stond altijd in haar schaduw. Ik idealiseerde haar, mijn ouders waren dol op haar. Ik kwam op de tweede plaats.

Maar er was één ding waarin ik niet op de tweede plaats kwam. Eén ding waar ik beter in was. Ik kon schaatsen. Elke winter gingen we naar het bevroren meer om er te schaatsen. Ik hield van het schrapen op het ijs onder mijn voeten, ik hield van de wind in mijn haar. Ik voelde me vrij en wat nog belangrijker was: ik was de beste. Louisa hield niet zo van het meer en ik was wreed, dwong haar om mee te gaan, pestte haar dat ze het minder goed kon dan ik. Ik ben er niet trots op.

Op een dag was Louisa bang dat het ijs niet dik genoeg was. De dag was zo helder en koud als sneeuw. Ik wikkelde mijn blauwe sjaal om mijn hals, hij was lang en zweefde als een lint achter me aan toen ik wegschaatste. Ik liet haar achter, ze zat haar schaatsen aan te trekken op de oever.

'Frey, wacht even.' Ze moet me heel vaak hebben geroepen.

Ik zweefde, heerlijk. Bevrijd van het altijd in de schaduw van Louisa staan.

Maar toen ik me omdraaide was ze verdwenen.

Ze was door het ijs gezakt. Dood.

En vanaf dat moment ben ik nooit meer uit haar schaduw gekomen.

Henryk, je gaf me het gevoel dat ik op de eerste plaats kwam, hoewel dat niet zo was. Je zag me, maar je koos altijd voor Emilie. Ik ben nooit genoeg geweest voor iemand, maar Henryk, ik heb altijd voor jóú gekozen.

Als we dit overleven, kunnen wíj dit dan overleven?

Want ik wil met jou zijn. Helemaal. Oorlog of niet. Bestaan we überhaupt in de concrete wereld? Of alleen op een metafysisch niveau, waar zielen elkaar vinden maar vingertoppen elkaar nooit raken?

Henryk, ik wil zo graag met je praten. Want we hebben iets gemaakt samen, iets gecreëerd. Ik weet het zeker. Het fladdert binnen in me en het is een wonder dat het de zweepslagen heeft overleefd.

We hebben een baby gemaakt.

Een baby! Er was een baby?

Miriam leest en herleest de laatste brief en zit de hele nacht rechtop in bed.

Ze denkt aan haar eigen baby.

Hoe haar lichaam groeide, uitdijde, hoe alles veranderde. Van zacht fladderen naar flink trappen. De hikjes midden in de nacht. Ze herinnert zich al die dingen en denkt dan hoe het moet zijn om dat mee te maken op een plek als Ravensbrück.

Ondanks alle dekens heeft ze het koud.

MIRIAM

De volgende dag neemt ze de brieven mee naar haar vader en als ze verder leest is ze in gedachten bij Frieda, zwanger, in Ravensbrück. Ze herinnert zich alle zorgen, angsten, hoe haar eigen lichaam veranderde. Ze verplaatst die zorgen naar Ravensbrück en, hoewel ze niet goed begrijpt waarom, huilt ze terwijl ze voorleest, elke brief lijkt anders nu.

Ze leest ze nu als een vrouw die in elke ademtocht leven en dood moet hebben gevoeld. Elk woord verandert haar in een mens, maakt haar levend. Ze huilt, maar blijft voorlezen.

'Miriam.'

Haar vader onderbreekt haar.

Ze springt op uit de stoel, de brieven vallen van haar schoot.

Hij knijpt hard in haar hand.

'Mijn wederkeer,' zegt hij langzaam, 'is nabij.'

'Niet bang zijn, pap. Ik ben bij je.'

Hij ademt rochelend terwijl ze naast hem zit en peinst over wederkeren, thuiskomen, tweede keren, tweede kansen. Ze pakt een onbeschreven vel papier en schrijft er het adres op van de uitgever van de *B.Z.*, dat ze opzoekt in de krant die op de afdeling rondslingert. Ze schrijft een brief waarin ze vraagt om informatie over Frieda. Ze vermeldt hoe oud Frieda was toen ze naar Ravensbrück werd afgevoerd, ze vermeldt de naam van haar vader en alle persoonlijke gegevens die ze zich herinnert uit de brieven. Ze vraagt iedereen die haar kent of heeft gekend, contact op te nemen. Ze noteert haar adres en telefoonnummer en sluit twintig Westmark in om de advertentie te plaatsen. Vlak bij het hospice stopt ze de brief in de brievenbus.

Uiteindelijk loopt ze doodmoe naar huis, haar hoofd barst van alle woorden en zorgen uit het verleden. Met zware tred loopt ze het appartementengebouw binnen. Ze voelt de duisternis naar binnen sijpelen. Twee vragen spoken door haar hoofd, als kronkelige klimop die zich naar binnen wringt: wat is er met Frieda gebeurd? En waar is ze nu?

Het einde van de brieven, vermoedt ze, zal ook het einde van haar vader zijn. Hiervoor houdt hij vast aan het leven. Ze vraagt zich af of de advertentie meer antwoorden zal prijsgeven voordat ze bij het einde is, maar met sommige van de brieven nog steeds in het Frans en een deel nog bij Eva, zal ze het misschien nooit weten.

Ze sluit de buitendeur van het gebouw achter zich en duwt ertegenaan om te controleren of hij goed dichtzit. Ja. Lionel moet al naar huis zijn gegaan.

Ze loopt de trap op en met elke tree worden de angststeken erger. Ze probeert ze te negeren. Hoewel ze geestelijk lang niet zo onstabiel is als ze haar willen doen geloven, is het misschien toch beter voor haar vader dat hij door iemand anders wordt verzorgd, denkt ze. Intussen krijgt ze het steeds benauwder. Ze kan de angst niet van zich afschudden en doet haar best om rustig en kalm te ademen.

Ze ruikt hem, denkt ze. Die geur van hem. Zeep en nog iets.

Maar ze weet dat ze het zich verbeeldt, haar geest houdt haar voor de gek.

Ze heeft de stap gezet en een scheiding aangevraagd, dit zal binnenkort allemaal voorbij zijn.

Ze denkt aan de advocaat.

Zes maanden zei hij, tenzij er financiële problemen zijn – die er niet zullen zijn. Hij heeft zíjn geld en zij het hare, of preciezer gezegd: het geld van haar vader.

Zes maanden tot de vrijheid. Ze verstapt zich bijna en grijpt de trapleuning beet.

'Zes maanden,' zegt ze hardop.

Misschien, heel misschien, lukt het.

Misschien krijgt ze het voor elkaar.

Misschien is er iets om op te hopen.

Ze omklemt de leuning harder en ziet haar witte knokkels door haar huid heen steken.

'Zes maanden.'

Ze hijst zichzelf de laatste treden op.

Als ze de voordeur opendoet, zweeft het veertje naar de grond en ze raapt het zachte, donzige pluimpje op. Ze wrijft het zachtjes tegen haar handpalm, opgelucht, en doet de deur dicht, draait die op slot, schuift de grendels ervoor en steekt het veertje weer terug op de plek waar het hoort.

Ze trekt haar schoenen uit en gunt haar tenen de tijd om te genieten van het zachte, dikke tapijt. Net zoals het ziekenhuis, dringt het hospice op de een of andere manier door tot in elke porie. Haar voeten voelen opgezet en moe. Ze trekt haar jas uit, hangt haar trui op, pakt haar handtas en loopt ermee tegen haar borst gedrukt de woonkamer in om de brieven daar op tafel te leggen. Ze doet het licht aan en is al halverwege de kamer als ze opkijkt.

Wat ze dan ziet is onmogelijk, het dringt niet echt door, het is te onwerkelijk. Haar hersens struikelen in hun poging te verwerken wie er aan de eettafel van haar ouders zit. Iemand die hier niet kán zijn.

Haar tas glijdt van haar schouder en ze vangt hem met twee handen op.

'Goed hè, dat veertje?' vraagt hij.

Ze stapt naar achteren en draait zich half om om te gaan.

'Wou je nou alweer weg? Wil je niet weten waarom ik hier ben?'

Razendsnel probeert ze te bedenken hoe hij is binnengekomen en hoe zij zo snel mogelijk weg kan.

'Maakt me niet uit, Axel, wat je wilt.' Hij kijkt haar onbeweeglijk aan. 'Je kunt beter gaan.' Ze doet een stap opzij zodat hij erlangs kan.

'O, kom op. Doe eens wat aardiger. Ik heb bloemen en chocolaatjes voor je meegebracht.' Hij wijst op de tafel, waar een veel te grote bos in papier gewikkelde lelies ligt. Er staat een doosje chocola naast. 'Voor het misverstand,' zegt hij.

Hij laat zijn duim langs haar wang glijden en tilt haar kin op. 'Je voelt me nog, hè? Mijn afdruk binnen in je? Als je loopt, als je gaat zitten?' Hij lacht.

Miriam probeert haar hoofd af te draaien maar hij houdt haar kin vast. Ze houdt zich zo bewegingloos dat ze vergeet te ademen.

Hij kust haar zacht op haar lippen.

Eén milliseconde wil ze hem aanvallen, die stomme glimlach van zijn gezicht klauwen met haar gebroken nagels en haar vingers in zijn ogen priemen.

Hij moet voelen hoe de woede door haar heen vlamt, want hij doet een stap naar achteren. Dan haalt hij een envelop uit zijn achterzak. Een witte envelop, in tweeën gevouwen. Door de manier waarop hij die vasthoudt, weet ze precies wat erin zit.

'Je hebt het beloofd,' zegt ze. 'Je hebt beloofd dat je die voor me weg zou gooien.'

'En jij hebt beloofd van me te houden en me te gehoorzamen.' Hij glimlacht en houdt de envelop tussen twee vingers omhoog, net buiten haar bereik.

'Het was belangrijk voor me om te weten dat hij weg was. Maar je hebt hem bewaard? Al die tijd?'

'Ik kan toch niet alles weggooien wat jij gebruikt?'

'Maar dit was...' stamelt ze, '... speciaal.'

'Ach schat, heb ik je teleurgesteld? Je bent toch weer beter? Ik dacht gewoon dat je deze nu wel weer terug wilde hebben. Als aandenken...'

'Ik wil hem niet terug, Axel. En ik wil dat je gaat.'

'Ik was niet van plan te blijven. Je bent duidelijk niet van plan om het gezellig te maken. Leuke avond, Mim.'

Haar aandacht is bij de envelop die hij boven haar hoofd houdt. Ze voelt zich duizelig, de envelop heeft het effect van een slingerend horloge – hypnotiserend.

Hij kijkt naar haar, werpt een blik op de tafel en zet de envelop tegen het enorme boeket, schuin tegen het zwarte papier van de bloemen. Dan tikt hij met twee vingers op het tafelblad en draait zich om. 'Hmm?' zegt hij, vragend, verwachtingsvol. Langzaam loopt hij weer op haar af.

Ze wacht. Zijn geur roept beelden op die ze niet kan stoppen. De pijn, de volharding, de angst. Alleen die geur en ze is terug bij het begin. Hij buigt en kust haar boven op haar hoofd. Snuift.

'Je ruikt lekker,' zegt hij.

En dan is hij weg.

Ze wiegt heen en weer op haar voeten, ineengedoken, in haar eentje in de gekneusde kamer. Ze hoort de grendels wegschuiven, de deur open- en dichtgaan, maar vertrouwt het niet en durft zich niet om te draaien, voor het geval hij er nog is en hij haar voor de gek houdt of ze zich heeft ingebeeld dat ze hem hoorde weggaan. Ze wil niet die enorme opluchting voelen en dan omkijken om te ontdekken dat hij er nog is, niet denken dat het voorbij is en dan merken dat het níét voorbij is.

Ze wacht. Ze houdt haar adem in, elke zenuw tot het uiterste gespannen, wachtend op een teken dat hij er nog is.

Zijn geur hangt nog in de lucht. Hij is muf. Die van de lelies penetrant en zwaar.

Als haar benen beginnen te trillen, haar tenen pijn doen

en haar tanden kreunen omdat ze ze zo hard op elkaar klemt, draait ze zich om, klaar om hem het hoofd te bieden.

Maar de kamer is verlaten. Ze controleert het hele huis, alle kamers, checkt of de ramen dicht zijn en sluit de gordijnen met dezelfde angst als een kind dat onder zijn bed kijkt of er geen monsters zitten.

Alleen is dit monster écht...

De envelop trekt haar terug naar de tafel. Ze loopt er een paar keer omheen, gooit de bloemen weg en komt dan terug om de chocolaatjes te pakken en die ook in de afvalemmer te gooien, tot de envelop, buiten de brieven van Frieda, het enige is wat er nog op tafel ligt. Ze pakt hem met beide handen op. Het gewicht van het kleine ding dat erin zit, voelt zwaar. De zwaarte is geruststellend. Het is tijd, denkt ze.

Ze loopt naar de afvalemmer en tilt het deksel op. De gezichtjes van de lelies kijken naar haar op en veranderen langzaam in geopende slangenbekken. Ze laat het deksel met een klap terugvallen.

In haar slaapkamer, op het voeteneinde van het bed, scheurt ze Axels cadeau open. Er gaat een vlaag van opwinding door haar heen als het ding op het laken valt. Ze legt de envelop neer. Likt haar lippen.

De schaar is open op het bed beland, de goudkleurige vingeropeningen en de schroef in het midden verbleekt, bijna wit. De snijbladen vlijmscherp. Een schaar die van háár was, nooit om papier of stof te knippen, maar om haar eigen pijn weg te knippen. Ze gebruikte alleen deze, het had iets te maken met de schoonheid ervan, het formaat en de precisie. De schaar was van háár, alleen van haar.

Ze schuift de mouw van haar blouse omhoog en ziet de littekens op de binnenkant van haar arm, een eclectisch lijnenspel.

Ze pakt de schaar en opent hem zo ver mogelijk, tot de snijbladen één lange lijn vormen. De kamer wordt vaag om haar heen, de tijd staat stil. De punt drukt op haar bleke huid.

Ze duwt het blad omlaag en gaat er in één lange haal mee over haar huid.

Een lange snee.

Alles komt eruit stromen.

Rood.

Ze ademt diep in. Zuurstof. Het is niet langer alsof ze verdrinkt.

Ze stopt de schaar terug in de envelop en neemt hem mee naar de eettafel. Daar legt ze hem naast de brieven van Frieda.

Het duurt niet lang of de bleke huid van haar arm begint te kloppen. Zodra die bekende, vertrouwde pijn terug is, wil ze de schaar opnieuw pakken om dieper en harder te snijden.

Zodat haar gedachten verdwijnen... Misschien langer nu...

Ze zet de radio aan in de slaapkamer van haar vader, die in de woonkamer en die in zijn studeerkamer. Ze doet de tv aan en valt midden in het nieuws van negen uur, met beelden van de Brandenburger Tor en hoe Oost en West Nieuwjaar zullen vieren als één land.

Omhuld door een cocon van geluid gaat ze zitten. Ze haalt de sjaal die Eva haar heeft gegeven tevoorschijn en weeft hem tussen haar vingers. Op en neer. Op en neer. En weer, en weer, en weer. Steeds opnieuw. Haar hele lijf voelt doodmoe, uitgeput. Verzadigd. Haar ledematen zijn zwaar, alsof ze onderdeel zijn van de olijfkleurige stoel waarop ze zit. Haar botten veranderen in het hout waarvan hij is gemaakt.

Ze strijkt met de sjaal over haar onderarm en denkt aan Eva. Hoe ze voor haar zorgde en haar vingers verbond. Hoe haar vingers heelden, hoe zich korstjes vormden waaraan niet werd gekrabd. De stof is zacht voor haar huid.

Ze mist Eva.

Als ze niet in slaap kan komen, haalt ze het veertje uit de gang en stopt dat bij de schaar in de envelop. Ze probeert de onrust in haar binnenste te smoren. Aan de ene kant is ze doodmoe en apathisch, aan de andere kant verlangt ze ernaar het prachtige gouden metaal over haar huid te laten glijden. Weten dat de schaar er ligt, de perfecte punt, weggestopt naast haar vleugellamme veertje...

Ze pakt de volgende brief, opgelucht dat ze zich kan laten opslokken door Frieda's verhaal en de kracht van haar eigen hand even kan vergeten.

Henryk, ik ben bang.
Je leeft in mijn binnenste, letterlijk nu. Ik kan je niet persoonlijk vertellen dat ik een kind draag. Jóúw kind. Ik voelde het bewegen in het donker, het was mijn enige licht. Elke fladderende beweging bracht me dichter bij de wereld, terug uit de diepte van mijn eigen hel.

Onze liefde heeft iets gemaakt, iets voortgebracht. Hoelang ik het kan laten groeien weet ik niet. Of we dit overleven is onzeker.

Mijn toekomst is troosteloos. Ik heb geen idee wat ik moet doen. Ik kan het aan niemand vertellen, dan breng ik iedereen in gevaar. En Hani, bij wie haar baarmoeder met koud staal is weggehaald, afgestorven en zwart, hoe kan ik haar aandoen dat de mijne vruchtbaar is en er leven in groeit?

Maar ik heb haar nodig, ik heb haar zo nodig nu. Omdat ze wéét dat ik egoïstisch en wreed ben en toch bij me blijft.

Ik klem me vast aan haar lichaam, ze houdt me vast. Ik hoop dat jij ook iemand hebt die je vasthoudt.

Miriam voelt het bekende gevoel groeien. Ze ruikt het ziekenhuis, ze ruikt Axel en ze voelt de baby in haar buik. De zwaarte, de hikjes en de schopjes waardoor ze zich op de een of andere manier compleet en heel voelde.

Ze staat op en ijsbeert door de kamer. *Ik hoop dat je iemand hebt die je vasthoudt*. Ja, ja, die had hij. Altijd. Papa had mama. Ze waren samen.

Ze kwamen op bezoek, vlak nadat het was gebeurd. Samen, hand in hand. Haar vader omhelsde haar stevig. Mama verzorgde de baby.

Ze vertrokken hand in hand, schouder aan schouder. Ze huilden de tranen die Miriam niet kon huilen.

Ze zat met Axels arm om haar heen. Bevangen door kou en een leegheid zo groot dat ze zich bijna transparant voelde.

De afwezigheid, het gemis, leek te glijden en te vallen, het gewicht zwaarder dan welk geluid dan ook.

En Miriam eronder, vermorzeld.

30

MIRIAM

Ze zet de verwarming hoger en hangt het vest van haar vader om haar schouders. Zijn geur brengt haar terug naar het heden en de brieven van Frieda.

Henryk,
We hebben iets gemaakt. Méér dan de combinatie van ons samen.

Het kind in me groeit flink. Sommige momenten van de dag vergeet ik dat het bestaat. Ik werk nu samen met Hani in de Siemens-fabriek. Het is er warm, we zitten er op stoelen met rug- en armleuningen en winden dunne draad op spoelen. Het is goed werk en er is een manager die toezicht houdt, geen bewaker – dus worden er minder zweepslagen uitgedeeld en kunnen we praten, fluisterend, boven de herrie van de fabriek uit, zonder gehoord te worden.

Overdag is de baby rustig, maar zodra ik ga liggen of iets eet begint hij te bewegen en te schoppen. Ik word erdoor gefascineerd. Mijn spieren en vet zijn verdwenen, gereduceerd tot vel over been, maar mijn buik wordt steeds dikker. Het kind groeit en groeit. Op de plek van de dood is er leven. Het kind is sterk. Ik stel me voor dat het donker haar heeft en heldere ogen. Dat het mijn hand vasthoudt, naar me opkijkt en op jou lijkt.

Mijn herinneringen zijn kapot, want overleven is nu mijn enige doel, voor ons beiden. Ik luister naar Eugenia en haar verhalen over geallieerden, over redding en vrijlating, en ik geloof. Ik geloof dat het mogelijk is omdat ik moet overleven om dit kind ter wereld te brengen. Ik moet overleven om het naar jou te kunnen brengen. Want wij verdienen een beter einde dan dit.

Ik hou me vast aan onze herinneringen, maar ze zijn als zand dat door mijn vingers glipt. Ik hoop dat we nieuwe kunnen maken, samen.

'Maar dat is nooit gebeurd,' zegt Miriam hardop terwijl ze de brief neerlegt.

In de vroege uren van de ochtend valt ze in slaap. Ze wordt wakker uit een zware sluimer. Ze doucht en laat het water over haar huid stromen. Er komt nog steeds bloed uit de wond, het kronkelt als een ader langs haar arm. Ongemakkelijk gaat ze op de klep van de wc zitten, plakt vier steriele hechtstrips over de snee om hem dicht te houden en omwikkelt haar onderarm met een wit gaasverband. Ze voelt zich schuldig.

Ze opent het raam; het is een heldere, vrieskoude ochtend. Terwijl de penetrante geur van Axel en de lelies naar buiten stroomt, stopt ze de envelop met de schaar en het veertje in de afvalemmer. De hechtstrip plakt aan haar blouse en trekt. Als een reminder.

Ze belt twee nummers. Het eerste om te checken hoe het met haar vader is. Ze krijgt te horen dat hij goed heeft geslapen en dat het beter met hem gaat. Het tweede telefoontje wordt beantwoord door een stuurse stem die zegt dat hij vandaag naar haar appartement kan komen maar niet kan zeggen hoe laat.

Ze hangt op en tilt de vuilniszak moeizaam naar buiten. Hij is zwaar. Ze gooit hem in de container en wordt meteen overrompeld door de drang erin te klimmen om de schaar terug te pakken.

'Morgen, meisje.'

'Morgen, Lionel, alles goed?' Zijn gezette gestalte komt naar haar toe. Ze staat op haar tenen, twijfelend, het deksel van de container omhooggeschoven.

Dan staat hij naast haar en trekt – om haar te helpen – het deksel omlaag. Dat kan ze zelf, natuurlijk, maar ze is blij dat hij het doet.

Weg.

'Goed, dank je. Hoe gaat het met je vader?'

'Hij houdt vol,' zegt ze. Ze draait zich om en keert het verleden de rug toe.

'Wens hem het beste als je hem ziet.'

Hij geeft een kneepje in haar schouder en staat op het punt weg te lopen, als ze zich herpakt en zegt: 'O, Lionel, voor ik het vergeet, er komt vandaag een slotenmaker om het slot in de voordeur te vervangen. Ik hoop dat ik op tijd terug ben, maar zo niet, kun jij hem dan binnenlaten?'

'Tuurlijk. Je echtgenoot zei al dat hij zijn sleutel kwijt was. Beter als je dan het slot verandert, toch, tegenwoordig? Voor de veiligheid.' Hij loopt met haar mee naar de foyer en zegt: 'Toen ik klein was, deden we de voordeur nooit op slot, iedereen kon zo naar binnen lopen. Maar ja, er viel ook weinig te stelen toen.'

'Je hebt mijn man binnengelaten?'

'Ja, vlak voordat ik naar huis ging. Hij had geluk, vijf minuten later en ik was al zowat thuis geweest. Hij had zulke prachtige bloemen bij zich, ik dacht dat je wel blij zou zijn hem te zien. Het was een verrassing, zei hij.'

'Ja, nogal,' mompelt Miriam. 'Lionel, mijn man en ik zijn uit elkaar. Laat alsjeblieft niemand mijn...' – ze hapert even om zich zelf te verbeteren – '... mijn vaders appartement binnen zonder dat eerst aan mij te vragen. Nooit.'

Hij opent zijn mond en sluit die weer.

Miriam loopt hoofdschuddend de trap op.

Terug naar de brieven. De volgende twee zijn op een envelop geschreven, aan beide kanten, de plakrand is inmiddels verkleurd en bruin geworden.

Henryk,
Ik voel een druk op mijn borst. Ik stel me voor dat een leeuw hetzelfde heeft vlak voordat hij zo hard brult dat de aarde ervan schudt. Ik brul niet en ik huil ook niet. Ik kan het niet kwijt, ik kan deze druk niet wegkrijgen. Hij wordt groter en groter, valt dan weg maar komt harder terug, dieper, sterker, groter.

Wanda heeft een nieuwe roeping gevonden. Er is een barak voor baby's geopend, een babyafdeling. Op die manier kunnen de moeders blijven werken.

Barak 22. Daar liggen de baby's en de moeders komen in de pauze terug van hun werk om ze te voeden. De kleintjes worden door gevangenen verzorgd en Wanda is er een van. Het vervult me met angst. Gescheiden worden van ons kind? Ik durf het me niet voor te stellen. Zolang het kind in mijn buik zit, is het veilig. Zo veilig als ik ben.

Maar ik kan niet denken aan wat er komen gaat. Dat overleef ik niet. De dood van ons kind. Want hier is er alleen maar dood. Geen kind dat hier wordt geboren blijft in leven, de meeste kinderen in de babybarak sterven.

Ik luister naar gepraat over de bevrijding en stel me voor dat ik op je afloop. Dan zie ik de schaduw van Emilie en weet ik dat mijn 'en ze leefden nog lang en gelukkig' niet bestaat.

Alle toekomstfantasieën zijn onmogelijk.

Ik probeer de dag te overleven, elke dag. Omdat ik hoop dat ik je zal weerzien.

Een klein voetje geeft me van binnenuit een duwtje en herinnert me eraan dat jij bestaat, dat wíj bestaan.

Tot morgen.

Miriam begint meteen aan de volgende brief.

Wanda kijkt naar me alsof ze het weet. Ze heeft het alleen maar over eten en poepen en verveelt ons met lange, gedetailleerde verhandelingen over alles wat met baby's te maken heeft. Ze is alleen maar bezig met het belang van een goede spijsvertering, alsof we allemaal weer baby's zijn en ze onze poepluiers bestudeert.

Maar ze kijkt vaak mijn kant op tijdens haar verhalen. Misschien beeld ik het me in, misschien is het hoe ik het interpreteer, maar het lijkt of ze het weet.

Ze is veranderd in de laatste paar weken, de periode waarin ik herstellend ben van de zweepslagen. Sinds ze is begonnen met dit werk. Ze vertelt verhalen die ik als ze van iemand anders kwamen nooit had geloofd.

De geboorte van een baby van drie kilo. De moeder krijgt een glas melk na de bevalling. Ze wordt gewassen en er wordt voor haar gezorgd.

Eugenia bedekt haar ogen en doet net of ze slaapt. Ze kan niet geloven dat er dingen veranderen, dat er iets wat lijkt op menselijkheid bestaat op deze plek. Ze kan niet geloven dat het waar is. Ze kan zichzelf niet toestaan de nazi's als iets anders te zien dan puur slecht. Barak 22 bewijst dat het niet waar is dat alle nazi's monsters zijn.

Eugenia en Wanda voeren oorlog over barak 22. Er zijn dagen dat er geen vriendelijk woord tussen hen wordt gewisseld. Toch ligt er onder de woorden en spanningen volledige toewijding.

Wanda heeft het over verpleegsters en zorg voor de baby's. Ze vertelt over de stof waarin ze worden gewikkeld, papier dat dienstdoet als luiers. Moeders die in de rij staan om hun baby in de pauze te zien. Ze praat over de baby's in haar armen houden, ze troosten, heeft het over mollige handjes, roze lipjes, gezonde pasgeborenen. Elk woord is als nectar voor mijn ziel en smelt mijn ongerustheid weg. Ik bid dat ze gelijk heeft.

Drie kilo?

Miriams baby werd gewogen in grammen. Vastgehouden, getroost. Maar ze was niet mollig, niet roze en niet levend.

Niet in staat om verder te lezen, niet in staat om het pad dat naar die herinnering leidt af te lopen, naar de dag dat ze hem verloor, verlaat Miriam het appartement voor een afspraak met haar nieuwe advocaat, David Abbott. Op straat kijkt ze niet om zich heen, ze checkt niet meer of ze hem ziet, het kan haar niet meer schelen.

David Abbott neemt de vette cheque die ze voor hem heeft uitgeschreven van haar aan en zegt dat Axel inmiddels bericht moet hebben ontvangen. Hij is bedompt en oud en in alle opzichten een typische advocaat; ze voelt zich meteen smoezelig, omgeven door zoveel beduimeld en vergelend papier. De vloer, de tafel, de stoelen, alles is bedekt met hoge stapels. Zijn vingers, zijn ogen, zijn niet zo witte haar, allemaal gelig.

Ze loopt naar huis, peinzend over haar achternaam. Ze heeft hem veranderd bij haar trouwen en gaat hem bij haar scheiding ook veranderen. Het voelt symmetrisch. Een cirkel, weer terug bij het begin.

In het hospice leest ze meer brieven aan haar vader voor. In haar eigen handschrift zijn ze gemakkelijker te lezen en ze is er al snel doorheen.

Ze maakt een praatje met de verpleging, ze helpt hen met

de zorg voor haar vader en hij praat, heel zacht. Woorden die ze niet kan verstaan maar hij praat! Dat beschouwt ze als een goed teken.

Ze ziet haar advertentie in de krant en houdt zich vast aan de hoop dat iemand misschien iets over Frieda weet.

Als ze thuiskomt, geeft Lionel haar een nieuwe sleutel en zit er een glimmend nieuw slot op haar voordeur. Binnen, op de tafel in de woonkamer, treft ze de opgevouwen rekening aan. Ernaast ligt een briefje in Hilda's wijdlopige handschrift:

Jammer dat je niet thuis was. Bel me alsjeblieft, Hilda x

De volgende dag verloopt vredig. Miriam wandelt naar het hospice, zorgt voor haar vader, en neemt dan de bus om Eva te zoeken, om zich te verontschuldigen, te begrijpen wat ze bedoelde, en vooral om te voelen dat ze niet in een vacuüm leeft.

De bibliotheek is dicht.

Om haar handen af te leiden en ze te beletten te peuteren aan het dunne nieuwe laagje huid op haar onderarm, loopt ze een winkel in met kleding en tassen in de etalage. Grote langwerpige tassen met kwastjes en felgekleurde jurken, alles volgens de laatste mode.

Miriam glimlacht als ze een paar handschoenen koopt, zijden handschoenen, niet vanwege haar gevoel voor mode, maar uit behoefte aan kleur. Ze koopt een roze sjaal, dezelfde kleur als de donkerste tint van de lelies. Een geheugensteuntje dat ze een keuze heeft gemaakt. Alleen! Dan denkt ze aan Stella's regenboog en neemt ook een purperen sjaal mee naar de kassa.

Met haar verlangen naar vrijheid enigszins gestild, gaat ze terug naar huis, waar ze een glas wijn inschenkt en weer begint te lezen; elke brief neemt haar dieper en dieper mee in iets waaraan niet te ontsnappen lijkt.

Stella.

Haar blonde haar was donker van het vuil, vol klitten, onontwarbaar. Ze hield iets in haar magere armpjes. Ik kon niet zien wat het was. Ze zong een wiegeliedje op de melodie van 'Stille Nacht', maar haar kinderlijke woorden waren onherkenbaar.

Terwijl ik naar haar keek, tilde ze langzaam haar hoofd op. Ze zag me en stak het bundeltje naar me uit, iets wat in een stuk stof was gewikkeld. Ze keek blij, haar ogen straalden. Helder als sterren.

'Pop,' zei ze.

Het was geen pop.

Het was een dode baby.

Miriam vouwt het papier weer op langs de oude vouwen en legt het op de tafel.

Ze herinnert zich de wimpertjes, lang en donker. De vingernageltjes, dieppaars maar lang, de pluk donker haar. Hij woog zwaar maar niet genoeg. Niet genoeg om zijn eerste adem te halen, of om zijn mondje open te doen. Of om zijn oogjes te openen zodat Miriam ze kon zien.

Het duurt lang voordat echt tot haar doordringt wat er in de volgende brief staat. Haar gedachten flitsen steeds terug naar die nacht en schieten dan net zo hard weer naar de brief.

Henryk,
Ik wil over Wanda vertellen, maar ik weet niet hoe. Nadat ik Stella met de dode baby had aangetroffen, raakte Wanda de weg kwijt.

Hani hielp Stella, ze nam haar bij de hand en ze groeven een kleine kuil om het kindje in te rusten te leggen.

Wanda begon in zichzelf te mompelen, onverstaanbaar.

Ze raakte haar eetkom kwijt.

Ze praatte niet meer tegen ons.

Ze ging elke dag naar barak 22 om voor de baby's te zorgen.

Toen begon ze baby's mee te smokkelen. Baby's die bijna dood waren. Slappe baby's die slecht ademden, met glazige ogen en aderen die door de papierdunne hoofdhuid schemerden. Ze probeerde brood fijn te kauwen in haar mond en het ze gemengd met water te voeren. Het werkte niet. Elke morgen moesten we weer een dode baby begraven.

Eugenia en Wanda hadden een enorme ruzie. We probeerden tussenbeide te komen, de vrouwen uit de barak probeerden hen te laten stoppen, maar uiteindelijk lukte dat zelfs de Blockova niet. Dus riep ze een bewaker, die hen allebei bewusteloos sloeg met de kolf van een geweer. Maar toen ze bijkwamen gingen ze, allebei duizelig, gewoon verder.

Wanda bleef baby's meebrengen. Ze legde ze op haar naakte borst en dekte ze toe met haar kleren. Ze legde aan ons uit dat de warmte van haar hart ze zou helpen. Maar het hielp niet. 's Morgens waren ze dood.

Eugenia stelde Wanda een ultimatum: stoppen of ze zou het melden aan de Kommandant. 'De moeders van die baby's hebben het recht hen voor het laatst te zien om afscheid van ze te nemen,' zei ze. 'Dat recht ontneem je hen omdat je de baby's steelt.'

Wanda kwam niet meer met baby's thuis.

Wanda kwam helemaal niet thuis.

Wanda was de weg kwijt.

Ik probeerde met haar te praten, haar te helpen de waarheid te zien.

Barak 22 was bedoeld als de barak waar de baby's moesten sterven. De omstandigheden waren er zo dat ze niet kónden overleven. Wanda begreep dat inmiddels, zoals Eugenia het al de hele tijd had geweten. Een barak met baby's zonder hun moeder bij zich – ze lagen er elke nacht koud en alleen –, twee keer per dag gevoed door uitgemergelde vrouwen.

Wanda had het over ratten en ongedierte op de baby's als ze 's ochtends de barak in kwamen. De baby's waren altijd ijskoud, ze lagen er bloot, zonder kleertjes of dekens. Tien op een rij, als sardientjes. Meestal dood in hun bedjes. Wanda en de andere gevangene die er werkte, checkten ze 's ochtends allemaal om te kijken welke er nog leefden. Doorgaans was meer dan de helft dood. Maar tegen de middag werden er nieuwe aangevoerd, roze en mollig, net uit de warme baarmoeder van hun moeders.

Alle baby's werden meteen weggehaald bij hun moeder, als die nog lag bij te komen in de mist van vlak na een bevalling. Het was überhaupt een wonder als een vrouw de bevalling overleefde en een gezond kind ter wereld bracht, maar dat het kind meteen werd weggerukt, zorgde voor zoveel wanhoop, onvoorstelbaar, een radeloosheid die niet te beschrijven is.

Het weghalen betekende een wisse dood voor de kinderen.

Maar Wanda bleef naar barak 22 gaan om de baby's in haar armen te houden. Hani is de enige die ze in haar buurt laat komen. Ze lopen samen.

De volgende brief rolt zich vanzelf op en Miriam moet moeite doen hem vlak te houden.

Ik droomde dat alles verloren was. Ik lag vastgesnoerd op een bed en de baby werd weggepakt. Dood of levend, ik weet het niet. Weggerukt. Weg. Om nooit het gezichtje te zien. Nooit jouw gezicht te zien.

Wanda is gisteren gestorven.

Ze heeft zichzelf tegen de elektrische omheining geworpen. We vonden haar 's ochtends. De bewakers schoten haar in de rug. Haar dode lichaam hangt aan de flarden van haar uniform.

We konden haar niet weghalen omdat we bang waren zelf geëlektrocuteerd te worden. Bij het avondappel hing ze er nog steeds. We schermden Stella's ogen af en liepen door. Maar vanmorgen was ze weg. Eugenia is stil, Bunny is stil, Hani en ik zijn stil. Stella huilt in Bunny's armen en wil niet eten.

Wat zal er van ons worden?

We hebben gezongen voor Wanda. Meer kunnen we niet doen.

Al haar familie was al dood voor háár dood, alle herinneringen die ze aan hen had, weg. De dood van Wanda betekent dat haar hele familie is verdwenen. Dat ze er ooit zijn geweest, is weggewist uit de geschiedenis.

Voor de achterblijvers van iemand die hier de dood verkiest, is dat een te pijnlijke vingerwijzing naar het lot dat we allemaal tegemoetgaan.

31

MIRIAM

Een groot deel van de dag erop is ze bezig met het overschrijven van de Duitse brieven, die ze tussen de Franse voegt. Nu kan ze weer verder met het voorlezen aan haar vader, zodat hij ook op de hoogte is en echt te weten komt wat er met Frieda is gebeurd.

Als ze aankomt in het hospice is het er stil en vredig. Haar vader ziet bleek.

'Hij heeft iemand op bezoek gehad vandaag,' zegt Sue, die naast haar komt staan.

'Wie?'

'Je man.'

'Wát?' Miriam is geschokt. Ze moet steun zoeken en leunt met haar rug tegen de muur terwijl Sue verder praat.

'Ja, je vader was er niet bepaald blij mee, hij had een lichte toeval. Zijn linkerkant, zowel zijn arm als zijn been, schokte een paar minuten lang. We waren er snel bij met de midazolam en hij is aan het bijkomen nu. Het gaat wel weer met hem maar ik heb tegen je man geopperd... Axel heet hij toch?'

Miriam knikt.

'... dat hij beter niet alleen terug kon komen, alleen samen met jou.'

'Sue, als hij tóch alleen terugkomt, laat hem er dan alsjeblieft niet in. Axel is op wraak uit.'

'Wraak op je vader?'

'Nee, op mij. Hij is fanatiek, niet iemand die opgeeft.'

HENRYK

Hij is fanatiek, niet iemand die opgeeft.' Ik hoor Miriams stem. Hij was híér, wil ik zeggen. Die zak. Hij vertelde wat hij mijn kleine meisje allemaal ging aandoen.

Maar mijn onbeweeglijke lichaam is me de baas en maakt me machteloos. Ik wil vechten, schreeuwen, krijsen, alles doen om hem tegen te houden. Ik voelde de druk oprijzen in mijn borst en naar mijn hoofd gaan, een leger kruipende torren. Ik wilde exploderen om zijn stem niet te hoeven horen. Zijn woorden. Ik wilde naar Miriam.

Ik ben de gevangene van mijn lichaam. De verpleging gaf me iets. Het smaakte heel sterk, naar pepermunt en kersen en ook bitter. Alles werd vaag en vlak. Ik lag op het bed, Axel was weg en ik wist dat ik het aan Miriam moest vertellen.

Maar ik had geen enkele mogelijkheid om dat te doen.

Miriam groeide zo snel op, ik denk dat ik dat niet besefte totdat ik in een te wijd pak in een ijskoude kerk zat. Miriam stond voor het altaar in een witte zijden jurk met viooltjes in haar lange, donkere haren. Mijn kleine meisje was volwassen en ik had het niet gemerkt.

Ze verliet het huis in stilte en Emilie en ik misten onze kostbare dochter allebei op andere manieren. Emilie ging vaak naar Miriams huis, maar ik kon dat niet. Ik zag de blik in Axels ogen en wilde haar meenemen en wegvluchten met haar. Emilie dacht er anders over en Miriams relatie met haar ontwikkelde zich, terwijl die met mij stagneerde.

Dus ik zag haar weinig, waardoor het me opviel hoe ze veranderd was als ik haar wel zag. Haar neergeslagen ogen, het feit dat ze eerst, met een blik op Axel, toestemming leek te vragen voor ze haar mond opendeed. Ik zag het allemaal te scherp, maar toen ik het er met haar over had, wilde ze me niet horen.

Emily zag het niet, Miriam zelf zag het niet, maar ik wel.

Nadat ze haar kindje had verloren verhuisden ze naar Wolfsburg, na jarenlang verderop in de straat te hebben gewoond.

Axel en Miriam gingen bij ons weg. Samen.

Ik hoopte dat ik er op bezoek kon. Ik bood mijn hulp aan, maar al mijn pogingen werden gesmoord. Na de verhuizing sprak Emilie Miriam nauwelijks meer. Ze ging er een keer onaangekondigd naartoe en werd niet binnengelaten. Ze moest uitgenodigd worden, kreeg ze te horen, maar er kwam nooit een uitnodiging. De telefoontjes werden steeds zeldzamer.

Toen Miriam een jaar in Wolfsburg woonde, werd Emilie ziek.

Miriam kwam niet naar huis; ze bleef weg. Ik hoorde niets van haar, nooit. In de hele periode dat Emilie ziek was en op sterven lag. Ik stuurde brieven, belde, maar ik was machteloos. Net zo machteloos als ik was als het ging om het in leven houden van Emilie of het vinden van Frieda.

Miriam was er niet. Ze was niet bij de kerkdienst voor Emilie.

Bij de wake zag ik haar aan de andere kant van de kamer zitten. Ik liep naar haar toe, maar Axel blokkeerde me de weg.

'Dat lijkt me geen goed idee, jou wel?' zei hij en ik weet niet meer wat ik dacht, ik zag alleen dat mijn dochter verdrietig was. Ik was zelf ook verdrietig en nu we allebei gemankeerd waren door de dood van Emilie dacht ik dat we elkaar konden steunen.

Axel plaatste een hand op mijn schouder en leidde me naar de bar, waar hij een drankje voor me bestelde. Ik kreeg een glas met wat bruin spul erin.

'Ik drink niet,' protesteerde ik, maar hij stond erop en het was lastig hem iets te weigeren. Ik kan me niet goed herinneren waarom, of wat hij zei, maar het voelde als een soort trance. Ik deed wat hij zei en had er later spijt van.

Dreigen met vage consequenties is voldoende om je dingen te laten doen die niet bij je passen. Ik wist dat Miriam diep in de problemen zat, maar kon geen manier vinden om om Axel heen te komen.

'Ze heeft het moeilijk, natuurlijk,' zei hij in mijn oor. Ik keerde me om om naar haar te kijken. Ze zag er verloren uit en zat aan de mouwen van haar kleren te plukken. *Hij heeft gelijk*, dacht ik.

'Om eerlijk te zijn is ze een beetje boos op je...' zei hij terwijl hij opnieuw zijn hand op mijn schouder legde.

'Waarom?'

'Ik denk dat ze vindt dat jij... Nou, de stress van Emilie die altijd zo hard moest werken en voor jou moest zorgen als je... onwel was.' Hij trok een wenkbrauw op, alsof ik moest weten wat hij bedoelde.

Toen drong het tot me door en viel alles keihard op z'n plaats.

Axel vervolgde: 'Ik denk dat Miriam boos is omdat Emilie, eh, tja, misschien een gemakkelijker leven had kunnen hebben?'

'Miriam vindt dat het mijn schuld is?'

'Schuld is wat sterk uitgedrukt. Gun haar de tijd en als ze wil neemt ze wel weer contact op. Gun haar de tijd,' zei hij nog een keer.

De alcohol wervelde door mijn hoofd. Natuurlijk was het mijn schuld! Ik had Emilie zoveel verdriet en pijn gedaan. Dat kon ik nooit meer goedmaken en dat wist Miriam natuurlijk ook.

Ik keek naar haar over Axels schouder terwijl hij tegen me stond te praten. Ik kon mijn ogen niet afwenden van de geknakte bloem die mijn dochter was geworden.

Axel kletste over kleinkinderen voor op mijn oude dag, maar ik kon me geen toekomst voorstellen waarin mijn dochter in dezelfde kamer zou willen zijn als ik.

En toen vertrokken ze.

Ik had haar niet eens gesproken.

Mijn dochter.

Als ik daarna belde, bleef de telefoon eindeloos overgaan en alle post kwam, ongeopend, retour afzender.

MIRIAM

Ze gaat naar huis om een tas in te pakken.

Ze voelt de bevrijding als haar tanden door de huid snijden en het bloed over het witte nagelbed vloeit.

Ze trekt haar witte handschoenen over haar kapotgescheurde vingers aan en loopt naar de brieven op tafel. Er zijn er nog maar vijf. Ze was van plan ze in te pakken, maar begint toch weer te lezen. Nog één voor ze weggaat.

Henryk,
De transporten komen steeds frequenter voor: 's ochtends worden er lange lijsten nummers opgenoemd – vrouwen die 's middags zijn verdwenen. Niemand weet waar ze heen gaan. Iedereen is bang voor de lijst. We worden hier allemaal hetzelfde behandeld, zoveel vrouwen, als één pot nat, allemaal eender. Maar zodra we worden opgenoemd, zijn we een individu, alleen. Een nummer betekent niets meer dan nóg een dode – dat is alles.

Hani en Bunny hebben al mijn brieven in Wanda's uniform genaaid. Haar reserve-uniform. Als cadeau voor mij. Ik ben zo opgelucht dat ik je in het Frans en in het Duits heb geschreven, talen die ze allebei niet spreken. De brieven zitten nu in een jurk verborgen en liggen niet meer onder de matras. Hani en ik delen

Wanda's jurk, want het wordt koud.
Het weer is omgeslagen.

Ze wordt gestoord door een klop op de deur. Ze doet open, in de hoop dat het Eva is. Dan zoemt de intercom. Afgeleid door het geluid, werpt ze een blik op het toestel.

Tegelijkertijd blokkeert een voet vanaf de andere kant de deuropening en trekt de ketting met een 'ping' strak. Miriam duwt tegen de deur maar ze krijgt hem niet dicht. Ze doet een paar stappen naar achteren en houdt de ketting in de gaten terwijl die, zo glanzend en nieuw, de deur tegenhoudt. De voet verdwijnt uit de opening en ze schiet naar voren om de deur dicht te doen.

Maar als ze wil duwen, verslapt de ketting opeens. De deur barst open en Axel vliegt naar binnen. Miriam verliest haar evenwicht en ze valt tegen de muur. Zijn geur golft over haar heen en ze ademt door haar mond om hem niet te ruiken. Hij gooit de deur dicht en schuift de grendel ervoor. Het kleed voelt dik onder haar voeten als ze naar achteren stapt en haar tenen zinken weg terwijl ze probeert haar evenwicht te hervinden en stevig op haar plek te blijven staan.

'Scheiden?' Hij lacht. 'Jíj wil scheiden?'

Ze weet dat terugvechten het erger maakt. Ze weet dat hij het heerlijk vindt als ze zich verzet, maar ze kan het er niet bij laten. Die dagen zijn voorgoed voorbij, hoopt ze. Haar lichaam begin te beven, als een druppel water die op het punt staat te vallen.

'Ja,' zegt ze, 'ik ga van je scheiden.'

'O nee, Mim, jij gaat naar het gesticht!'

Hij stapt op haar af. Maar ze blijft staan, rechtop, ze maakt zich zo groot mogelijk.

'Zodra ik je daar opgenomen krijg. Ik heb jóú gekozen, uit alle vrouwen die ik kon krijgen, heb ik jóú gekozen! Je bent van mij! Kijk!' Hij tilt zijn hand op en ze duikt ineen alsof hij haar gaat slaan. Haar oog wordt getrokken door zijn trouwring, goud en glanzend. 'Dit betekent dat je van míj bent.'

'Nee, Axel, dat ben ik niét.' Ze doet een paar passen naar hem toe in een poging hem uit de weg te krijgen, maar hij blijft staan en dus is hij nu nog dichterbij. Maar ze verzet geen stap en hij ook niet. Op zijn lippen ligt een glimlach. Een glimlach die niet weerspiegeld wordt in zijn ogen, een gevaarlijke glimlach, een bedreiging.

'Ga weg, alsjeblieft,' zegt ze.

Hij buigt zijn hoofd en brengt zijn gezicht naar haar hals. Hij ademt in haar oor, langzaam, als een fluistering, een belofte.

Ze probeert niet in elkaar te krimpen. 'Ga weg,' zegt ze nog een keer, maar de huivering die door haar lichaam gaat, klinkt door in haar stem.

'Nee,' is het enige wat hij zegt. 'Jíj kan weggaan natuurlijk, ik hou je niet tegen.'

Dan bijt hij heel hard in haar oorlel. Ze schiet omhoog alsof ze een elektrische schok krijgt en hij lacht. 'Maar ja, waar moet je naartoe? Je hebt niemand meer, helemaal niemand.'

De waarheid van zijn woorden doet Miriam meer pijn dan ze ooit had gedacht.

'Ik ga zoveel plezier met je hebben voordat je wordt afgevoerd.'

'Ik ga nergens heen, de artsen...'

'Staan in de rij om de papieren te ondertekenen,' onderbreekt hij haar.

'Ik ben niet gek.'

'Nog niet, maar kijk hier eens...' Hij houdt een tasje omhoog met wat potjes erin. Hij zwaait het heen en weer; ze kan niet goed zien wat erin zit. 'Je zult zo van de wereld zijn dat geen enkele arts het niét met me eens zal zijn.'

'Wat heb je daar?'

'Je vaders medicijnen uit het hospice,' zegt hij trots.

'Dus je gaat me drogeren?'

'Alsof dat iets nieuws is voor je.'

Ze wacht, tot echt tot haar doordringt wat hij zegt.

'Ik ben nooit ziek geweest, hè? Waarom? Wat heb ik gedaan?' vraagt ze.

'Ik heb gedaan wat iedere liefhebbende echtgenoot zou doen,' zegt hij met zoveel afschuw dat ze terugdeinst. 'Kom op, Mim.' Hij geeft een duwtje tegen haar schouder. 'Kom op, verzet je!'

Ze blijft doodstil staan en kijkt naar de lambrisering in de keuken. Ze concentreert zich op het stoflaagje dat erop ligt.

'Kom op, slet, je wilt het, dat is het, of niet? Je wílt het! Kom, dan doen we een spelletje. Net als vroeger... Voordat je ervandoor ging.'

Ze huivert.

'Ah, dat vond je lekker, hè?' Hij duwt haar zachtjes naar de woonkamer.

'Ga weg,' zegt ze weer.

'Kijk!' Hij voelt in zijn zak en haalt er een paar polaroids uit.

Ze draait haar hoofd af.

'Dit is mijn favoriet, wil je hem zien?' Hij pakt haar kin en draait haar hoofd. 'Kijk eens hoe je om me smeekt.'

Vanuit haar ooghoeken kan ze de foto van zichzelf zien. Ze proeft braaksel in haar mond en draait haar ogen af, terwijl hij haar kritisch opneemt en vergelijkt met de foto. 'Hm, er is wel het een en ander veranderd.'

Hij zet een pas naar achteren en stopt de polaroid weer in zijn zak. Dan stalt hij alle potjes met pillen op de tafel uit, trekt er een stoel onder vandaan, gaat er schrijlings op zitten en legt zijn armen over de rugleuning.

'Vrouwtje van me,' zegt hij zachtjes. Dan staat hij op en draait de stoel om. 'Je ziet er zo verdrietig uit, kom bij me zitten en vertel me wat er aan de hand is.'

Ze verroert geen vin.

'Nú!' Hij spuugt spetters en woorden uit en zonder het te willen, doet ze een stap naar voren.

'Sorry, Mim. Je moet weten hoe moeilijk dit voor me is geweest, jij zo ziek en ik alleen, dag en nacht. Je weet wat er dan met me gebeurt, hoe ik dan word. Ik heb echt heel erg in de put gezeten zonder jou. Vergeet je alles zo gemakkelijk?' Zijn gezicht verzacht en hij legt zijn hoofd op zijn armen.

Ze bekijkt hem; het is alsof ze in de spiegel naar zichzelf kijkt: op het eerste gezicht lijkt het een beeld dat ze kent, maar hoe dichterbij ze komt, hoe beter ze ziet wat er is veranderd, totdat hij niet méér is dan een vage vlek.

Abstracte vormen, licht en donker.

Als ze zich weer op hem focust, staan zijn ogen bijna vriendelijk, wijd open en vochtig aan de randen. Maar dat is een illusie: een bevroren filmbeeld in de flits van een bliksemschicht. Erna komt de donder.

'Ben je vergeten wie er bij je was met Michael?'

Michael. Alles staat plotseling stil. Haar hoofd is opeens leeg. Haar hersens stokken.

'Ben je vergeten wie je verzorgde, wie je haar borstelde, wie je aankleedde, wie voorkwam dat de "therapeuten" hun tanden in je zetten? Je vergeet zóveel! Je bent hém ook vergeten, hè?'

Ze schudt haar hoofd. *Nee.* Ze is hem niet vergeten.

Axel pakt haar hand in de zijne, die klam en warm is. Hij trekt haar naar zich toe en probeert haar op zijn schoot te nemen, maar ze geeft niet mee dus laat hij haar staan.

'Herinner je je zijn gezicht? Hoe we hem noemden? Herinner je je dat?' Hij geeft haar een paar minuten en ze verliest zich in de herinneringen aan haar zoon. De dag dat ze hem begroef. Zijn kleine lijfje.

Hij laat haar los en klapt in zijn handen. 'Ik heb een voorstel.'

Miriams hoofd tolt omdat hij zo opeens van onderwerp verandert. Ze kan niet begrijpen hoe hij dat zo snel kan, dat zijn stemming zo plotseling kan omslaan.

'Ik onderteken die scheidingspapieren van je. Nú. Meteen.' Hij heeft een envelop in zijn hand en haalt de papieren eruit. 'Maar dan moet jij je laten opnemen in een inrichting. Vrijwillig. Wat vind je? Dan word jij behandeld en ben ik gerust, dan weet ik dat je veilig bent. Een compromis! Dat hoort zo in een goed huwelijk, toch?' Hij zoekt de juiste pagina op en houdt zijn pen erboven.

Ze kijkt naar hem en staat op het punt haar vrijheid op te geven, ze wenst zó vurig dat hij tekent. *Alsjeblieft*, denkt ze. *Doe het! Zet die handtekening!*

'Dus...' Hij is kalmer nu. 'Wat vind je?'

Ze gaat iets zeggen, hoewel ze niet zeker weet wat, en als ze haar mond opendoet is 'waarom?' het enige wat eruit komt.

'Nou, zal ik je eens een geheimpje vertellen?' Hij probeert haar weer op zijn schoot te trekken maar ze houdt zich stram. 'Ook goed,' zegt hij als ze weigert dichterbij te komen. 'Ik begin moe te worden van dat zorgzame-echtgenoot-gedoe, ik denk dat ik het beter zou doen als de echtgenoot van een krankzinnige in een gesticht. Dat is al eerder de beste oplossing geweest.'

'Je bent gestoord,' zegt ze zo zachtjes dat het bijna tegen zichzelf is.

'En ik kan natuurlijk altijd nog de rouwende weduwnaar worden.' Hij houdt zijn hoofd scheef. 'Dat zou ook goed bij me passen, denk ik.'

En dan, plotseling, terwijl ze nog probeert te begrijpen wat hij zegt, is ze met een ruk terug in het verleden, bij de geur van regen en verse aarde.

En weer schakelt hij op een totaal ander onderwerp over. Het voelt als een zweepslag.

'Je weet dat ik betoverd was door je, de eerste keer dat ik je zag. Betoverd,' zegt hij zacht en langzaam.

Ze wankelt en hij grijpt haar hand vast. Deze keer lukt het hem wel haar op zijn schoot te trekken.

'Als je nu in de spiegel kijkt, wat zie je dan?' vraagt hij.

'Ik kijk niet in de spiegel,' antwoordt ze naar waarheid.

'Waarom niet?'

'Omdat ik jou dan hoor. Ik hoor jou.'

'En wat zeg ik?'

'Je zegt...' Ze hoeft de woorden niet te horen, ze kent ze, ze voelt ze. Het lukt haar niet om het getik van de regen op de paraplu niet te horen en ze voelt zich volkomen gedesoriënteerd. 'Michael,' fluistert ze.

Hij antwoordt duidelijk en gedecideerd. Vlak. 'Nee, ik zeg geen Michael, liefste. Je bent er weer niet bij.' En dan, zachtjes: 'Maar ik hou toch van je. Weet je nog hoe zwart je haar was, hoe het glansde? Hoe lang het was, hoe dik? Hoe ik het om mijn handen wond?'

Ze herinnert zich het trekken aan haar hoofdhuid, de pijn.

'Het valt uit, Miriam. Je hebt minder haar nu dan je vader.'

Dat is waar. Ze gaat met haar hand naar haar hoofd.

'Hoor je nog iets anders als je in de spiegel kijkt, andere stemmen?'

Ze schudt haar hoofd, staat op en keert haar rug naar hem toe.

'Draai je om, liefste, laat me je bekijken.'

Ze doet wat hij vraagt.

'Toen ik je ontmoette was je perfect, slank en zonder één smetje. Prachtig. Doe je trui uit,' commandeert hij en omdat hij opnieuw zo plotseling van toon verandert, kan ze hem weer niet goed volgen.

Ze staat nog steeds onder een paraplu, de regen roffelt op de stof, het witte kistje wordt in de koude, natte, zompige aarde neergelaten. Het lukt haar niet om aan dat beeld te ontsnappen.

Ze doet haar uiterste best om zich op Axel te concentreren.

'Ben je nog steeds daar met je gedachten? Zie je hem nog? Hoe blauw hij was? Ze zeggen dat baby's roze zijn, maar dat is niet waar. Hij was bijna paars, toch?' Hij komt op haar af en maakt de knoopjes van haar blouse los.

'Hij had wimpers,' zegt ze zacht, 'en nageltjes.'

Hij was uit haar lichaam gegleden; ze had zijn hartje nooit horen kloppen.

'Het is een schande dat je hem niet langer hebt binnengehouden. Tot hij voldragen was. Dat is pas echt iets om je schuldig over te voelen.' Hij trekt haar blouse over haar schouders en haar armen omlaag. De stof voelt als ijsklontjes en ze krijgt kippenvel.

'O! Kijk nou eens. Je was toch wel blij met mijn cadeautje, zo te zien,' zegt hij terwijl hij haar arm optilt en het verband bekijkt. Hij kust haar wang. 'Dat doet me plezier,' zegt hij, gevaarlijk kalm.

Hij heeft een lichte stoppelbaard maar die prikt niet – of ze is gewoon niet in staat het te voelen.

Dan doet hij een stap terug en zegt luid en opgewekt: 'Nou, we weten in ieder geval dat het níét aan mij lag!'

Ze weet wat er nu gaat komen, ze heeft het vaker gehoord, en bedekt haar borsten met haar arm.

'Het lag aan jóú! Jíj kon hem niet binnenhouden, hè? Jíj kon het niet.'

Ze schudt haar hoofd. 'Het spijt me, Axel.'

'Ja, dat weet ik.'

Haar tranen vallen niet, haar verdriet is te diep. Haar ogen blijven droog – maar haar hart huilt.

MIRIAM

Axel loopt van haar vandaan en laat haar dobberend achter – als een boei zonder anker.

Ze kijkt omlaag naar haar halfnaakte lichaam. Ze legt haar hand op haar buik, op dezelfde manier als ze deed toen ze zwanger was. Op dezelfde manier als ze deed toen haar buik weer leeg was; haar handen vol verdriet omdat er niets in haar armen lag.

Ze blijft staan terwijl ze hem met veel herrie hoort rondscharrelen en wacht gelaten op zijn terugkomst.

Hij zal haar vertellen wat ze moet doen, ze zal het doen, en dan zal hij weggaan.

Als hij weer de kamer in komt gaat hij voor haar zitten. Hij eet nootjes uit een zakje dat hij naar haar uitsteekt.

Ze schudt 'nee' en bukt om haar blouse op te rapen.

'Goed onthouden, Miriam...' zegt hij. Hij pakt de pen op en laat die boven het papier zweven totdat hij – voor zover Miriam kan zien – blijft hangen boven een stippellijntje.

Ik kan dit verdragen, denkt ze, voor mijn vrijheid. Ze denkt aan Eugenia en Wanda, die Bunny, allebei met veel pijn, op een kapotte stoel naar buiten dragen terwijl de bewakers staan te kijken en hen uitlachen. Zij deden het stapje voor stapje. Dat kan zíj ook! Laat hem doen wat hij wil, dan is het straks voorbij en gaat hij weg. Hij vouwt het papier op en stopt de pen weer in zijn borstzakje.

'Je was vroeger zo mooi. Maar nu... Kijk.' Hij wijst op zijn kruis, 'ik krijg hem niet meer omhoog voor je. Ik weet niet wat je hebt gedaan. Ik wil je geen kwaad doen, meisje, dat weet je toch, hè?'

Ze knikt.

'Maar in het ziekenhuis... Dat is de enige manier, snap je.'

Ze snapt het niet.

'Het spijt me, schat...' zegt hij zacht. Dan schreeuwt hij plotseling: 'Miriam!' Ze schrikt op. 'Sorry dat het zo ver heeft moeten komen.' Hij haalt een envelop uit zijn broekzak.

'Draai je om,' zegt hij.

'Axel...'

'Op je knieën. Liggen.'

Ze gehoorzaamt.

Ze hoort de rits van zijn gulp opengaan, de riem van zijn broek wordt losgegespt, ze wacht op hem.

Net zoals ze altijd heeft gedaan.

Net zoals ze altijd zal doen.

De nacht dat ze bij hem wegging, had hij haar betaald gezet dat ze, na het telefoontje dat haar vader in het ziekenhuis lag, had gevraagd of ze naar hem toe mocht.

Axel had haar laten smeken en weer een polaroid genomen, weer een rotfoto om haar te bewijzen dat ze zwak en afstotelijk was. Een hoer. Ze smeekte hem, zodat het voorbij zou zijn.

Ze wist dat er uiteindelijk een einde aan zou komen. Ooit. Hij zou haar vermoorden en als híj het niet deed, beroofde ze zichzelf van het leven...

Opeens lijkt het verleden verdwenen en beseft ze dat ze op de vloer ligt. Ze heeft de sloten vervangen, ze heeft een echtscheiding aangevraagd en toch ligt ze hier weer, precies zoals altijd.

'Nee!' zegt ze met Eva's woorden in haar hoofd. *Vecht terug!*

Ze staat abrupt op, zodat ze hem een stap voor is; ze is voor één keer in het voordeel.

'Ik dacht dat je hierdoor wel van gedachten zult veranderen.' Hij opent de envelop, keert hem om en laat de inhoud over haar heen dwarrelen.

Ze krimpt ineen, eerst onzeker over wat het is. Maar als het papier langs haar zweeft, weet ze het, ze herkent het. Hij heeft het aan snippers gescheurd.

'Dit is wat er gebeurt als je bij me weggaat. Ik heb geen keus, Miriam, je weet dat er geen keuze is. Je psychose... Dit was de oorzaak... Deze destructie...'

Maar zijn woorden vervagen als ze ziet wat er voor haar op de grond ligt. Haar enige aandenken, de voetafdrukjes op lichtblauw papier. En de foto uit het ziekenhuis. Ze liggen in snippers aan haar voeten.

'Jij wilde weg van alle pijn, alle verdriet, van de herinnering die ons heeft gebroken. Je nam te veel pillen en... tja... Het is een geluk dat ik je vond, niet?'

Plotseling is hij te dichtbij, hij omsingelt haar als een zwerm bijen. Ze kan niet horen wat hij zegt en begrijpt er niets van.

'Kom bij me terug, liefste,' fluistert hij. 'Het is niet te laat om het opnieuw te proberen. Een nieuwe baby, wat vind je? Je bent nog niet te oud, hè?'

Ze kijkt naar de snippers op de vloer en dan omhoog naar de man voor haar.

Hij heeft zijn troef uitgespeeld en lijkt euforisch.

'Na Michael...' zegt ze, zacht en kalm. 'Dat kan ik niet nog een keer. Nee, er komt nooit een tweede kind.' Ze huilt. 'Dat kan ik geen tweede keer.'

Hij kijkt verward. 'Maar we hebben het jaren geprobeerd.'

'Zes maanden na Michael was ik weer zwanger. Ik heb een abortus gehad. En me laten steriliseren. Ik kan dat niet nog een keer meemaken.' Ze huilt. 'Nooit meer.'

Hij kijkt haar aan. 'O, mijn Mim, wat heb je gedaan?' Hij veegt Miriams tranen weg met zijn duim. Hij buigt zich naar haar toe en kust haar zacht, een kus uit het verleden. Ze kust hem terug, vol passie, pijn en verdriet om het verlies van hun kind. Vol verlangen naar het leven waarop ze had gehoopt.

Hij kust haar lang, diep, langzaam. Hij trekt haar broek omlaag en ze stapt eruit.

Ze drukt zich tegen hem aan in een poging in hun omhelzing weg te zinken, een omhelzing die ze in jaren niet heeft gevoeld; weg te zinken in de liefde van de man met wie ze trouwde; in haar eigen dromen.

Hij maakt zich los.

Hij slaat haar in haar gezicht.

Hard.

Verward stapt ze naar achteren.

Hij slaat haar nog een keer.

Zo hard dat ze op de vloer valt.

'Ik walg van je,' zegt hij. 'Liegbeest! Heb je hém ook vermoord?'

'Wie?' Ze raakt haar wang aan, de huid voelt als glassplinters.

'Michael! Heb je hem vermoord, net als die andere? Abortus!'

'Nee! Ik hield van Michael. Dat weet je.'

'Maar je kon hem niet lang genoeg binnenhouden, je liet hem te vroeg uit je buik.'

'Dat was niet mijn schuld, ik heb heel erg mijn best gedaan hem te houden. Maar de nacht voordat we hem kwijtraakten... Weet je nog wat je toen hebt gedaan? Het deed heel veel pijn!'

'En daar heb ik spijt van, maar de artsen zeiden dat het niemands schuld was. Dat we niets hadden kunnen doen om het te voorkomen.'

'Je had me niet moeten verkrachten,' zegt ze zacht.

'Verkrachten? Verkráchten? Miriam, ik ben je mán! En kijk jóú nou, je bent halfnaakt en je dringt je aan me op terwijl ik...'

Hij gebaart dramatisch. 'Ik wíl je helemaal niet!'

'Je wilt me alleen maar pijn doen.'

'Jóú pijn doen? Terwijl jíj mijn hart hebt gebroken?'

'Ik kan dit niet meer,' zegt ze en ze trekt haar broek weer aan. 'Het maakt me niet uit dat ik nergens naartoe kan. Ik kan niet in jouw buurt zijn, Axel. Een scheiding, een inrichting, de gevangenis. Het maakt me niet uit. Alles is beter dan dit.'

Trillend op haar benen loopt ze naar de hal en grist een jas van de kapstok.

Hij is achter haar, maar ze hoort hem niet. Ze ziet niet dat hij zijn hand opheft. Ze ziet de blik in zijn ogen niet. Maar ze voelt zijn zweethand als hij haar nek vastpakt en suizelt van de klap die hij haar geeft. Haar voorhoofd bonkt tegen de deur.

'Miriam, Miriam, Miriam,' zegt hij terwijl ze staat te duizelen en hij haar omdraait zodat ze hem moet aankijken.

Zijn vingers omklemmen haar hals, ze kan niet weg. Hij drukt haar tegen de deur. Haar lichaam heeft het gevecht opgegeven en hoe meer ze hem probeert weg te duwen, hoe harder hij haar keel dichtknijpt. Totdat ze een rode waas voor haar ogen ziet.

'Dit gaan we niet doen,' zegt hij en hij buigt zijn gezicht naar haar toe. Ze staat met haar rug tegen de deur.In een fractie van een seconde springt ze omhoog en geeft hem een kopstoot.

Hij wankelt naar achteren en hij slaat beide handen voor zijn neus. Er sijpelt bloed doorheen.

Miriam duikt in elkaar en spurt weg, de gang in, naar de slaapkamer van haar vader, weg van de voordeur, weg van hem. Gevangen in haar eigen huis...

Er druipt bloed uit zijn neus, zijn ogen zijn zwart.

'Ik... Ik...' stamelt ze, maar er komen verder geen woorden.

'Als jij niet van mij bent, Miriam...' Hij komt de slaapkamer in.

Ze stapt instinctief naar achteren maar struikelt over de

drempel van de badkamer en valt.

Hij grijpt haar enkels en sleept haar terug naar de hal, waar hij zich op haar borstkas laat neerzakken en zijn handen om haar keel klemt. Zijn bloed druppelt op haar gezicht. Hij vermorzelt haar met zijn gewicht. Ze kan geen adem halen. Ze trapt met haar voeten en klauwt met haar handen om onder hem uit te komen, maar ze krijgt hem niet eens in beweging...

Het zwart van zijn ogen sijpelt bij haar naar binnen tot ze erin verdrinkt.

Ze ziet niets. Haar ogen zijn open maar alles is zwart.

Haar lichaam stopt met het verzet.

Haar handen verslappen om Axels pols.

Ze drijft weg op een zwarte, fluwelen zee.

HENRYK

Al die jaren lang kon ik geen manier vinden om zeker te weten of Frieda dood was.

Ik dacht vaak aan haar. Ik zag slechts uniformen. Ik hoorde gelach. Ik proefde vlammen en menselijke as. Ik zat uren- en urenlang stil, verstijfd. Mijn geest vertelde mijn lichaam dat het in beweging moest komen, maar het reageerde niet. Mijn neus brandde en mijn ogen zwommen – en werden daarna zo droog dat ze voelden als schuurpapier als ik knipperde, mijn tranen bloeddoorlopen. Ik kon mezelf met geen mogelijkheid in beweging krijgen, zelfs niet als Frieda aan de overkant van de straat zou hebben gestaan.

Uiteindelijk, na mezelf achter mijn bureau jarenlang te hebben gekweld met landkaarten en oorlogsmemoires om te zien of iemand haar ergens noemde, kwam de radio me te hulp:

> 'We onderbreken deze uitzending om te berichten dat demonstranten bezig zijn de Berlijnse Muur af te breken. Hoewel er politie bij aanwezig is, lijkt dit een vreedzaam protest. Jong en oud is bezig met hamers, stenen of blote handen de muur af te breken. Er is niets bekend over gewonden, maar de Berlijnse Muur wordt neergehaald...'

En alsof de stem van de nieuwslezer de kettingen smolt die me aan mijn bureau kluisterden, stond ik op, stopte een paar spullen in een tas, haalde het geld uit de kluis, stopte dat in mijn portefeuille en liep het huis uit. De sleutel liet ik achter bij Lionel.

Maar ik kwam niet ver...

33

MIRIAM

Er schreeuwt een stem naar haar. Een stem vanaf land, helemaal in de verte. Er trilt een enorme dreun om haar heen. Het lawaai brengt haar met een schok terug in het heden.

De druk om haar hals valt weg. Ze voelt het tapijt onder haar rug en Axel, boven op haar, niet langer met zijn handen om haar nek, zakt in. Miriam probeert zijn dode gewicht van zich af te duwen, maar krijgt er nog steeds geen beweging in. Er torent een schaduw boven haar uit. Ze kan niet denken maar ze weet dat er iemand in huis is.

Eva!

Eva tilt de hoorn van de intercom boven haar hoofd en ramt er nog een keer mee op Axels hoofd.

Miriam hoort iets versplinteren. Ze draait haar hoofd opzij en geeft over.

Axel zakt van haar af en belandt half naast haar op de vloer.

Nu kan ze Axel van zich af duwen en zich onder hem uit wringen.

Eva grijpt haar onder haar beide armen en sleurt haar overeind.

Ze wankelt en staat te zwaaien op haar benen. Met haar rug tegen de muur laat ze zich langzaam weer terug naar de vloer glijden.

Ze ziet hoe Eva haar eigen jas uittrekt en die om haar heen wikkelt. Dan veegt ze haar gezicht af met de mouw van haar jurk. Miriam ziet nog steeds vlekken voor haar ogen, maar Eva's armen houden haar vast en ze kijkt verbijsterd naar Axel, die uitgestrekt op de vloer ligt.

'Is-ie dood?' fluistert ze.

'Nee, hij ademt, kijk.'

Ze ziet zijn borstkas omhoog- en weer omlaaggaan, hij kreunt. Ze staat op maar wankelt meteen naar achteren, rechtstreeks terug in Eva's armen.

Axel blijft liggen.

'Moeten we de politie bellen?'

'Beter een ambulance.'

Miriam kijkt Eva aan, die haar met een ongerust gezicht bekijkt. 'Volgens mij heb je een ambulance nodig.'

'Niks aan de hand,' is haar automatische reactie, maar Miriam heeft eigenlijk geen idee of ze überhaupt nog heel is.

Eva trekt haar de jas aan, knoopt hem tot bovenaan dicht, pakt haar bij haar elleboog en leidt haar het appartement uit. Ze gaan de trap af en even later staan ze bij de balie in de gemeenschappelijke hal, voor de deuren van de ingang. Miriam staart naar de lichtjes van buiten die duizend keer worden gereflecteerd in het glas, als sterren. Eva geeft haar een telefoon en mimet naar haar dat ze iets moet zeggen.

'Alarmnummer. Wat hebt u nodig?' hoort ze een vrouwenstem zeggen.

'Ambulance,' kraakt Miriam schor.

Ze kijken toe terwijl Axel in een ambulance wordt geladen. Er ligt een wit laken over zijn benen en hij heeft een zuurstofmasker over zijn mond. Zijn gezicht zit onder het bloed, korrelig en donker tegen zijn bleke huid.

Miriam heeft een deken over haar schouders en Eva staat naast haar.

'Hoe ben je binnengekomen?' vraagt Miriam. Haar stem is

laag en schor, haar keel is ontzettend pijnlijk.

'Ik kwam laatst bij je langs en de slotenmaker dacht dat ik jou was. Dat heb ik zo gelaten.'

'Je hebt een sleutel?'

Eva houdt de goudkleurige sleutel in de lucht. 'Sorry, maar ik maakte me zorgen om je.'

'Excuses,' zegt een van de ambulancemedewerkers, 'maar kunnen wij u nu onderzoeken?'

Miriam laat zich bevoelen en betasten, en beantwoordt hun vragen terwijl ze de beurse, gezwollen huid in haar hals, haar knalrode wang en de bult op haar voorhoofd onderzoeken. Ze zeggen dat de zwelling haar stembanden verder kan beschadigen, er kans bestaat op hoofdletsel en ze het beste mee kan gaan ter observatie.

'Axel wordt naar het ziekenhuis gebracht,' zegt Miriam vastberaden. 'En ik wil zo ver mogelijk uit zijn buurt blijven.'

'Oké, maar als u duizelig bent, wisselend ziet of de pijn in uw keel verergert, moet u echt komen voor nader onderzoek.'

'Ik zal ervoor zorgen dat ze dat doet,' belooft Eva de ambulancemedewerker.

Miriam pakt Eva's hand en geeft er een kneepje in. 'Dank je wel dat je terug bent gekomen.'

Het ambulancepersoneel pakt alle spullen in en vertrekt met een 'Gelukkig nieuwjaar'.

Plotseling is het koud in de centrale hal. Miriam begint hevig te bibberen en beeft nog als ze terugkomen in het appartement. Daar hangt de geur van braaksel en bloed en Eva haast zich om alle ramen open te zetten. Ze pakt een krant en spreidt die uit over de smerige boel op het kleed. Dan gaat ze naar Miriam die in de badkamer is verdwenen.

Miriam voelt zich akelig kwetsbaar omdat ze haar bovenkleren uit moet trekken om het bloed weg te kunnen wassen. Ze probeert het verband dat om haar arm zit te verbergen, maar

Eva doet net of ze het niet opmerkt en warmt een handdoek voor haar waarmee ze zich snel afdroogt. Ze beeft nog steeds en heeft het ijskoud, dus trekt ze verschillende T-shirts en vesten over elkaar aan. Als laatste volgen de zijden handschoenen van haar moeder.

'O, die zijn mooi! Prachtig!' zegt Eva.

'Van mijn moeder geweest.'

'Heeft je vader na haar dood al haar spullen bewaard?'

Miriams handen trillen zo hevig dat Eva er haar eigen handen overheen legt. 'Prachtig,' zegt ze nog een keer.

'Ik wil ze zo houden en het lijkt te werken.'

'Je handen?'

'Ja, ze zien er iets beter uit. Eva...' Miriam snikt. 'Het spijt me.'

Eva houdt Miriams handen lang vast voor ze iets zegt: 'Ik zag zijn gezicht. Je hebt je flink verzet en teruggevochten, hè?'

'Ja, ja, ik heb me verzet.' Miriam kan pas stoppen met beven en snikken als ze een kop kokendhete koffie in haar handen houdt en haar best moet doen niet op haar handschoenen te morsen.

Eva raapt de papiersnippers van de vloer en legt die, zonder er iets over te vragen, keurig naast de brieven op tafel. Dan stopt ze alle potjes met pillen weer terug in het plastic tasje. Ze houdt het omhoog en vraagt: 'Waar wil je deze hebben?'

'Ik vermoed dat de politie me wel zal willen spreken. Misschien is dit bewijsmateriaal? Laat maar staan, denk ik.'

'Waarom zou de politie je willen spreken?'

'Omdat Axel, nou, hij leek er niet erg goed aan toe. En...' Ze wil zeggen dat ze haar nu misschien wél zullen geloven, maar haar onzekerheid steekt de kop weer op. 'Je denkt toch niet dat hij dood is, hè?'

'Nee, hij heeft barstende koppijn en een gebroken neus. Een cadeautje van ons beiden. Hij mag van geluk spreken dat het niet veel erger is.'

'We krijgen er problemen mee.'

'Met wie? Hij was bezig je te vermoorden!'

'Kun jij dat aan de politie vertellen?'

'De politie heeft wel betere dingen te doen,' zegt Eva en ze wil naar de keuken lopen.

'Eva, alsjeblieft, stop. Ga zitten.'

'Dat kan ik niet. Ik moet iets doen, als ik ga zitten...' Ze zwijgt. 'Ik was zo bang dat ik te laat was. Ik zag Axel naar binnen gaan en ik belde aan maar je gaf geen antwoord. En die bewaker beneden die verdomme denkt dat hij van de Stasi is, wilde me niet binnenlaten.'

'Maar Axel liet hij wel binnen...' zegt Miriam hoofdschuddend.

Na een stilte die de hele kamer lijkt te vullen, zegt Miriam met een klein stemmetje: 'Wat een puinhoop.'

'Nou, ik vind je moedig. Echt. Toen ik in de gevangenis zat, nadat ik in de ogen van de Stasi in ongenade was gevallen, werd ik regelmatig opgetrommeld voor een "routineverhoor". Eenzame opsluiting, uit je slaap worden houden, geen licht.' Eva haalt diep adem en vervolgt: 'Eens per maand werd ik achtenveertig uur opgesloten. Na de dood van mijn man werd het minder. Ik denk dat ze zijn trouw aan de partij op die manier probeerden te waarborgen,' zegt ze. Het woord 'partij' zegt ze met een enorme minachting.

'Tijdens een van die "routineverhoren", dacht ik echt dat ik niet meer kón, maar toen besefte ik opeens iets, iets veel belangrijkers dan dit allemaal.' Ze maakt een dramatisch gebaar. 'Het was zo klein als een gouden spikkeltje. Een lichtpuntje. Het gaf me kracht, hoop, een doel. En toen we op die kerktoren stonden, zag ik dat ook in jou. Je kunt proberen alles dood te maken door er een dikke muur omheen te zetten,' – Eva zet de vingers van haar beide handen tegen elkaar en maakt een cirkel – 'maar als er ergens een sprankje licht is, als er hoop is, als je een doel voor ogen hebt...' Ze haalt haar handen uit elkaar, 'kun je alles overleven. Jij had een doel voor ogen, de brieven, Frieda, en ik wilde dat je je bleef verzetten, hoe dan ook.'

'Dus zei je dat ik een muis was.' Miriam lacht, maar het klinkt meer als piepen en ze glimlachen allebei.

'Ik wilde dat je bleef vechten,' zegt Eva. 'Ik was heel bang dat je het zou opgeven. Clotilde verzette zich niet...'

'Clotilde? Je dochter?' vraagt Miriam geschrokken. 'Wat is er met haar gebeurd?'

'Ik weet het niet en ik denk dat ik het nooit zal weten. Ze stopte met vechten. Ze verbrak het contact met ons en we hebben onze kleinkinderen nooit meer gezien. Filipe, mijn man, was al een tijd ziek, maar ik denk dat het moeten meemaken dat zijn eigen dochter zich onderwierp aan haar Stasi-echtgenoot... Dat was hem te veel. En ik kon haar niet redden.'

Miriam draait haar hoofd af om Eva privacy te geven, zodat ze haar ogen kan drogen en zichzelf kan herpakken. Ze weegt haar woorden nauwkeurig af als ze zegt: 'Maar je hebt mij wél gered, hoewel ik niks heb gedaan om dat te verdienen.'

Beide vrouwen zijn lang stil.

Uiteindelijk zegt Miriam: 'Ik heb een idee. De brieven moeten in een museum terechtkomen of gepubliceerd worden of iets dergelijks, ze zijn zo van alle tijden. De vrouwen, de verhalen, die mogen niet verloren gaan.'

'Ze zijn niet verloren gegaan, ze zijn door jou gevonden.'

'Ja, maar ik vind dat anderen ze ook moeten lezen.'

'Misschien. Wacht even af tot je ze zelf allemaal hebt gelezen en beslis dan wat je ermee wilt. Ik heb je advertentie in de krant gezien, Miriam, over Frieda. Daarom ben ik hierheen gekomen. Je moet alle brieven lezen. Ik denk dat je dan al je antwoorden hebt.'

'Hoezo? Ze is dood, is dat het?'

'Ik denk,' zegt Eva langzaam, 'dat je ze allemaal moet lezen en dan moet beslissen wat goed voelt.'

Eva staat op en pakt de laatste brieven die ze heeft vertaald. Ze legt ze op tafel, naast de jurk, die in de tas op de stoel staat.

'Maar we gaan eerst iets eten. Ik zet nog een pot thee.' Ze werpt nogmaals een blik op de tas. 'Het is toch verbazend hoe die het zo lang heeft overleefd.'

Miriam hoort Eva in de keuken rondscharrelen en zinkt dieper in de bank. Ze sluit haar ogen, heel even maar.

HENRYK

Ik zat in de bus met alle forenzen die van Charlottenburg naar Checkpoint Charlie reizen. De zwarte pakken, de koffertjes, de kranten vol nieuws van gisteren, de kletspraatjes – de geluiden van mijn toekomst. Ik was eindelijk in beweging gekomen en moest er onwillekeurig om glimlachen, ik tikte zelfs met mijn voet op de vloer terwijl we heen en weer werden geslingerd. Ik zou uitvinden wat er met Frieda was gebeurd en om de een of andere duistere reden wist ik dat die zoektocht moest beginnen bij de Muur.

Ik was er klaar voor. Na al die tijd. Klaar om onder ogen te zien wat ik had gedaan, het eindelijk te wéten, toen er een vulkaan van pijn achter mijn ogen uitbarstte.

Stel dat ze in leven was?

Ze zou me aankijken en het zien.

Zien wat ik had gedaan.

Dat ik mensen in de verbrandingsovens gooide zonder te kijken of ze nog leefden.

De vulkaan explodeerde in mijn gezicht, bonkte onder mijn huid als magma.

Dat ik me niet heb verzet, dat ik niet ben opgestaan tegen het kwaad.

De pijn doorkliefde mijn hoofd.

De hitte slokte me op; één seconde en ik zou diep in de vlammen vallen. Tot as vergaan.

Dat ik brood stal om de volgende dag te halen.
De hitte trok bevend naar mijn hart.
Zoveel doden. Hoeveel heb ik er op mijn geweten?
De pijn brandde door mijn arm.
Het is voorbij. Dit moet het einde zijn.

MIRIAM

Ze zinkt naar de bodem van de zee, onder de duisternis. Frieda's brieven zweven als kleine visjes om haar heen. Een roestige ankerketting om haar hals houdt haar vast. De visjesbrieven verspreiden zich, het anker wordt omhooggehaald en haar ogen schrikken open door gebonk.

Ze schiet rechtop, klaar voor ze weet niet wat. De deken die om haar heen gedraaid zat valt op de grond.

'Miriam Voight,' roept een stem.

'Ja.' Haar stem komt zo geknepen uit haar keel dat ze haar handen tegen haar hals legt, maar ze ook meteen weer weghaalt – alsof ze zich brandt.

Ze opent de voordeur op een kier en ziet de twee agenten – dezelfde twee als van na 'het incident' – op de drempel staan. Hun gezichten staan bezorgd.

'Godzijdank,' zegt de jongste, agent Snelling. 'We stonden op het punt uw deur in te beuken.'

'Ik...' piept Miriam en ze vervolgt fluisterend: 'Ik sliep.' Haar woorden komen onduidelijk en gesmoord uit haar keel. 'Hoe laat is het?'

'Vroeg, excuses dat we nu al langskomen,' zegt de oudste, 'maar ik moest weten of alles in orde was met u en we zijn ook hier om bewijzen te verzamelen om het incident dat gisteravond heeft plaatsgevonden te onderzoeken.'

Miriam opent de deur wijder en ze doen precies hetzelfde als de vorige keer: ze gaan op dezelfde stoelen zitten en halen tegelijkertijd hun zwarte notitieboekjes tevoorschijn. Synchrone politierobots.

'Hebt u een dokter nodig?' vraagt agent Snelling. 'Ik heb begrepen dat u zelf ook gewond bent geraakt.'

'Het ambulancepersoneel vond het niet noodzakelijk dat ik naar het ziekenhuis ging,' stamelt ze. 'Sorry, maar mijn keel is erg pijnlijk.' Ze kijkt om zich heen waar Eva is, maar ze lijkt verdwenen.

'Mijn vriendin, hebt u haar gezien? Was ze misschien beneden?' Miriam probeert langs de agenten heen te kijken. Het huis is opgeruimd, het licht in de keuken is uit.

Ze kijken elkaar aan. 'Nee, we hebben niemand gezien. We houden het kort. We zijn hier omdat uw man in het ziekenhuis een klacht tegen u heeft ingediend. Hij zegt dat u hem op zijn hoofd hebt geslagen – waarmee weet hij niet – en hij het bewustzijn heeft verloren. Klopt dat?'

'Ja, maar...'

'U hebt de ambulance gebeld en hij is naar het ziekenhuis vervoerd.'

'Ja. Hoe gaat het met hem?'

'Hij heeft een aantal hechtingen, een gebroken neus en een hersenschudding, maar niets waarvan hij niet herstelt.'

'Gelukkig,' zegt Miriam. Hoewel ze geen idee heeft waarom ze dat zegt.

'Waarmee hebt u uw echtgenoot geslagen?'

'Ik heb hem niet geslagen.'

'Wie dan?'

'Mijn vriendin. Ze kwam binnen, heeft hem geslagen en mij gered. Axel probeerde me te vermoorden.'

Ze schrijven ijverig in hun boekjes. 'Kunt u me laten zien waar u was?'

Miriam staat op. Er gaat een rilling door haar heen.

'Gaat het, mevrouw Voight? Hebt u iets gebruikt? Alcohol? Drugs misschien?'

Miriam schudt haar hoofd. 'Nee, ik heb het koud. Ik ben bang dat ik nooit meer echt warm word.' Ze loopt met hen naar de hal, wijst aan waar ze was en vertelt dat Axel boven op haar lag. 'Hij bloedde over me heen.' Ze kijkt naar het kleed. Het beige kleed.

'Waarom bloedde hij?'

Miriam keert om en gebaart naar de deur. 'Hij probeerde me te wurgen, we stonden daar, en hij boog zich naar me toe om me goed te kunnen zien. Ik denk dat hij wilde dat ik doodging, dat hij wilde zien hoe ik doodging.' Ze huivert, niet van de kou deze keer. 'Ik heb hem een bloedneus geslagen en ben weggerend.'

De agent, Nikolls, wijst naar het einde van de hal, waar Snelling gehurkt zit. 'Ja, en toen?'

'Ik wilde mezelf in de badkamer opsluiten, maar ik struikelde over de drempel en viel. Hij pakte mijn enkels beet, sleurde me over de vloer en ging op mijn borstkas zitten en... en... Ik was bijna bewusteloos. En ik zat onder het bloed. Van hem.'

'En toen?'

'Toen was mijn vriendin er opeens. Ze sloeg hem op zijn kop. Hij zakte in elkaar en gleed van me af en toen zijn we allebei naar beneden gegaan en hebben we een ambulance gebeld.'

'Waar heeft ze hem mee geslagen?'

'Met de hoorn van de intercom.' Ze draait zich om om de hal weer in te kijken, naar de plek waar de intercom hangt. Maar die plek is leeg. De vier schroeven waarmee het toestel aan de muur was bevestigd steken er nog uit, maar de intercom zelf is weg. Miriam kijkt om zich heen, loopt de keuken in, doet de lange tl-buizen aan, die knipperen en dan aanspringen. Ze draait zich om om de keuken weer uit te gaan en loopt tegen de jongere agent aan.

'Waar is die intercom nu?' vraagt hij.

Ze geeft geen antwoord en loopt de woonkamer in. Dan zijn slaapkamer. Haar moeders kamer. Die van haarzelf. Ze doet de deur van de studeerkamer open, die tegen de boekenplanken aan klapt.

'Waar is de intercom?' vraagt de oudere agent.

Miriam doet de voordeur open, stapt naar buiten en tuurt de gang af. Niets.

'Wacht even, mevrouw Voight. Kom naar binnen, alstublieft.'

'Hij is weg,' zegt ze schor.

'Het is oké. Kom binnen, dan praten we verder.'

Ze draait zich om en wankelt wazig terug de hal in. Ze kijkt naar de plek op de vloer waar Axel boven op haar lag.

'Waar is het bloed?' vraagt ze. 'Hij bloedde flink, het kleed was helemaal rood. Hier.' Ze wijst.

De jongere agent bukt en voelt aan het kleed. 'Het is vochtig,' zegt hij. Hij kijkt naar de oudere agent en dan naar Miriam. 'Wanneer hebt u het schoongemaakt?'

'Dat heb ik niet gedaan.' Ze trekt haar handschoen uit en krabt aan haar hand en pols, hard, de korstjes komen los.

De agent legt zijn hand over de hare. 'Kom, dan gaan we weer naar binnen en beginnen we vanaf het begin.'

'Ik heb het niet schoongemaakt. Ik heb mezelf gewassen en me verkleed, maar niet het huis schoongemaakt. Dat moet Eva hebben gedaan.'

'Dat is uw vriendin?'

'Ja, Eva.'

'Eva hoe?'

Miriam kan het zich niet herinneren.

Een hele tijd en vele vragen later zegt agent Nikolls, die tot dusver weinig heeft gezegd: 'U hebt geen telefoonnummer van haar, haar familie is ene Jeffrey van de bibliotheek, u weet haar achternaam niet, u weet alleen dat ze in de bibliotheek komt en daar ergens om de hoek woont en kortgeleden uit het Oosten hierheen is gekomen. En ze heeft brieven vertaald voor uw vader?'

Miriam knikt.

'Waar zijn die brieven?'

'Op tafel,' zegt Miriam terwijl ze wijst.

De tafel glanst als een kastanje. Een warm bruin. En hij is leeg, op het tasje met de medicijnen van haar vader en het bergje papiersnippers na, dat Miriam met een schok weer herkent als de verkleurde foto en de voetafdrukjes van Michael.

Ze staat op en raakt de tafel aan, laat haar vingertoppen over het gladde oppervlak glijden.

'Ik snap het niet...' zegt ze.

'We gaan terug naar wat er gisteravond is gebeurd, ja? Uw echtgenoot arriveerde...'

Ze stellen haar eindeloos lang vragen, voor haar gevoel duurt het uren. Miriam weet onderhand niet meer wat ze moet zeggen.

'Uw vriendin sloeg Axel op zijn achterhoofd?'

'Met de hoorn van de intercom,' vult Miriam aan.

'Eén keer?'

Miriam knikt.

Dan herinnert ze zich dat dat niet klopt; Eva heeft hem twee keer geslagen. Maar ze corrigeert zichzelf niet. Ze denkt aan Eva, die haar heeft gered. Waar is ze? Miriam voelt zich nerveus en gespannen en kan niet stilzitten.

Ze laat de agenten de wurgsporen in haar hals zien en vindt het geruststellend dat haar stem zo laag en schor klinkt. Elke keer dat ze zichzelf iets hoort zeggen, weet ze dat het echt is gebeurd, dat ze de waarheid vertelt.

'U zult op een later moment naar het bureau moeten komen,' zegt agent Snelling. 'Om foto's van uw hals te laten maken. En misschien kunt u na wat rust alles beter op een rijtje krijgen. Ik begrijp heel goed dat het erg vroeg is en dat u een grote schok moet verwerken.'

'Ik ben het bewijs, ja? Ik verzin dit niet. Ik ben niet ziek. Ik ben gewond, fysiek gewond en ik heb blauwe plekken in mijn hals en een gebroken stem,' zegt ze, eigenlijk meer tegen zichzelf. Ze somt het op om zichzelf gerust te stellen; het is echt gebeurd en niet alleen in haar hoofd. 'Ze kunnen me er niet voor opsluiten, toch?'

'Opsluiten?'

'In een inrichting. Axel kwam hiernaartoe en bood aan de scheidingspapieren te ondertekenen als ik me vrijwillig liet opnemen in een inrichting. Ik zei nee, ik bén niet gek.' Ze staat op en pakt het tasje met medicijnen van de tafel. 'Hij zei dat hij me zou drogeren, zodat het eruitzag alsof... Ik weet het niet precies... En dat ik dan wel opgenomen zou worden. Ik bén niet gek,' zegt ze, zich ervan bewust dat ze te veel heeft gezegd en de agenten elkaar aankijken.

'Dit zijn de medicijnen waarmee hij u zei te willen drogeren?' De agent pakt het tasje uit Miriams hand en bekijkt de etiketten. 'Henryk Winter.'

Agent Snelling kijkt op.

'Dat is mijn vader.'

'Hoe kwam Axel hieraan?'

'Hij zei uit het hospice.'

'Had uw vader hier ook medicijnen? Toen u voor hem zorgde?' vraagt agent Nikolls.

'Kan ik dit meenemen?' komt agent Snelling tussendoor.

Miriam knikt. 'U gelooft me, hè?'

'We moeten dit bespreken met onze superieuren. Morgen ga ik nog eens met Axel praten. Het is noodzakelijk dat u naar het bureau komt om alle gebeurtenissen nog eens door te nemen, maar ik denk dat het beter is dat wij nu gaan. Redt u het in uw eentje?'

'Ja,' zegt ze, terwijl ze zich omdraaien.

Als ze de deur achter hen dichtdoet, valt haar oog op de stoflaag op de rand van de lambrisering. Dan merkt ze ook de lichtroze vlekken op het beige kleed op. Eva heeft opgeruimd, maar Miriam gaat het beige kleed weer echt beige maken.

Ze zet alle ramen open en begint alles schoon te maken, zodat het huis er weer uitziet zoals het hoort. Ze hoort feestgeluiden van nieuwjaarsfeesten die nog steeds aan de gang zijn. De lucht is koud en zwart.

Als ze naar de eettafel kijkt, schiet haar weer te binnen dat alle brieven weg zijn. Maar de snippers van het blauwe papier met de voetafdrukjes en de enige foto die ze heeft, liggen er nog wel.

Het glimmende tafelblad ziet er haast vreemd uit nu de witte zee van papieren weg is.

'Dat was het dan,' zegt ze hardop tegen de stilte om haar heen.

Ze probeert het bergje papiersnippers weer aan elkaar te puzzelen, maar dat lukt niet. Ze doet de snippers in een envelop, schrijft Michaels naam erop en loopt naar de studeerkamer van haar vader. Dan legt ze de envelop op zijn bureau en verzwaart hem met de presse-papier. Terug in de woonkamer gaat ze zitten en staat ze haar tranen eindelijk toe om tevoorschijn te komen.

35

MIRIAM

Ze drinkt kleine slokjes kruidenthee, checkt of haar stem werkt en pakt de telefoonhoorn op. Het appartement is smetteloos schoon, de ramen staan open en het briesje is fris en vrieskoud.

'Hoi Sue, met Miriam Voight.'

'Gelukkig nieuwjaar,' hoort ze.

'Jij ook.'

'Is alles in orde? Je klinkt niet echt oké.'

'Ja, hoor,' krast ze. 'Hoe gaat het met mijn vader?'

'Oké, geen echte veranderingen, hoewel hij weer naar Frieda vraagt vandaag. Is dat de naam van je moeder?'

'Nee, van een vroegere vriendin.'

'Hij is kalm en heeft al een paar keer rechtop gezeten. Hij is nog wel erg gedesoriënteerd. En we hebben de voedingsslang vandaag verwisseld voor een grotere, dan kunnen we hem beter voeden. Dus niet schrikken als je binnenkomt. De arme man is uitgehongerd. Wat ze toch uitvoeren in die ziekenhuizen is mij een raadsel...' En dan hoort Miriam een knapperig geluid aan de andere kant van de lijn. 'Sorry Miriam,' klinkt Sue, nu onduidelijk. 'Ik heb zo pauze en ik dacht: ik neem vast een hapje, maar het is nogal kruimelig.' Ze lacht.

Miriam glimlacht. 'Bedankt, Sue.'

'Zien we je morgen?'

'Ja.' Maar als ze de telefoon neerlegt, kan ze geen enkele reden bedenken waarom ze nog in het appartement zou blijven.

Eva is niet langsgekomen, ze heeft geen brieven en ze weet niet wat er is gebeurd. Ze heeft niets wat haar hier houdt.

Op de gang buiten het appartement komt ze een politieagent tegen, lang en mager, niet een van de twee agenten van die ochtend.

'Miriam Voight?'

'Ja?'

'Wilt u meekomen naar het bureau om een aantal vragen te beantwoorden over de gebeurtenissen die gisteravond hebben plaatsgevonden?'

Miriam schudt haar hoofd. 'Nee, ik wil niet –' begint ze.

Opeens staat Lionel naast haar. 'Alles in orde, Miriam?'

'Ja, dank je, Lionel.'

Ze ademt diep in. De ogen van de agent staan hard.

'Ben ik vanavond terug?' vraagt ze hem.

'Ik neem aan van wel.'

'Wil je dat ik aan iemand doorgeef waar je bent?' vraagt Lionel.

'Alleen als ze langskomt.' Miriam wil Eva's naam niet noemen. Ze wil niet dat zij in moeilijkheden raakt terwijl ze haar leven heeft gered. Ze hoopt dat Lionel begrijpt wie ze bedoelt.

Miriam wordt begeleid naar een politiewagen die buiten voor de deur geparkeerd staat. Er zit een agent achter het stuur. De auto is schoon en de zitting diep. Ze zit met haar handtas op haar schoot en haar jas er keurig opgevouwen overheen. Het is maar een kort ritje, maar ze is erger van streek en nerveuzer dan ze ooit voor mogelijk had gehouden.

In het bureau moet ze plaatsnemen op een plastic stoel. Er worden foto's gemaakt van haar hals en van haar handen. De verwondingen, de korstjes, de sneden en de gebroken vingernagels zijn akelig zichtbaar in het felle flitslicht en zodra de foto's zijn genomen, wil Miriam niets liever dan haar handen verstoppen.

Ze wordt een verhoorkamer binnengeleid en moet weer op

een harde plastic stoel gaan zitten; deze is grijs. De tafel voor haar is pokdalig: afdrukken van brandende peuken, krassen, vlekken. De huid van de agent is net zo beschadigd als de tafel en hij lijkt er al net zo lang te zijn. Hij gaat met een zucht tegenover haar zitten.

Het blijft lang stil. Dan gaat de deur open en komt er een andere agent binnen, in een keurig gestreken witte blouse en een blauwe plooirok met kittige hakjes eronder. Miriam herkent haar meteen. Agent Müller; de agente uit het ziekenhuis. Ze glimlacht opgelucht naar haar als ze gaat zitten en een dossier op tafel legt. De agent met de pokdalige huid spreekt in een opnameapparaat en installeert dat op tafel.

'Frau Voight, kunt u alstublieft vertellen waar u op de avond van eenendertig december tussen zes en negen uur 's avonds was?'

'Thuis.'

'Alleen?'

'Nee, Axel, mijn man, kwam. Ik weet niet precies hoe laat, rond acht uur, denk ik. Hij drong het huis binnen.'

'Drong het huis binnen?'

'Ja. Ik deed de deur open in de veronderstelling dat hij iemand anders was. De deur zat op de ketting maar hij trapte hem open en schoof de grendel ervoor, zodat we opgesloten zaten.'

'In het appartement van uw vader?'

'Dat klopt.'

'Wat gebeurde er toen?'

Ze kan de woorden niet vinden om te vertellen hoe het verderging. Haar hoofd tolt.

'Gepraat, ruziegemaakt, gegeten?' Agent Müller werpt Miriam een reddingsboei toe terwijl ze naar woorden zoekt om accuraat te beschrijven hoe de avond verliep. Haar stem is zacht en vriendelijk.

Miriam richt zich tot de agente en hoewel er niets van het

gezicht van de vrouw valt af te lezen, hoopt Miriam dat ze het begrijpt.

'Hij had de scheidingspapieren bij zich – ik heb een echtscheidingsaanvraag ingediend na wat er in het ziekenhuis is gebeurd.'

Agent Müller knikt en Miriam vat dat op als een teken dat ze zich haar herinnert en haar aanmoedigt verder te vertellen.

'Hij zei dat hij de papieren zou ondertekenen als ik me vrijwillig laat opnemen in een psychiatrische inrichting. Ik vroeg hem te vertrekken.'

'U vroeg hem te vertrekken?'

'Ja, na alles wat er was gebeurd in het ziekenhuis en omdat ik daarna, toen de politie kwam, hoorde dat ik duidelijk "nee" tegen Axel had moeten zeggen, begreep ik dat ik dat moet doen – wil ik serieus genomen worden.'

'Dus u zei dat u wilde dat hij wegging omdat dat u werd aangeraden door een agent?'

'Nou, de agent zei niet dat ik dat moest doen, maar hij geloofde niet echt dat er iets tegen mijn wil was gebeurd omdat ik niet had geprotesteerd. Maar ik zei nooit nee tegen Axel, omdat het vanaf het begin al niets uitmaakte wat ik vond of wilde.'

Miriam wacht tot ze wordt teruggeworpen in het verleden. Tot ze aan niets anders kan denken, alles wazig wordt en ze erdoor wordt verstikt.

Maar er gebeurt niets.

Ze vertelt verder tegen agent Müller, die bijna roerloos tegenover haar zit. Ze is jong, heeft haar blonde haar in een knotje opgestoken en een gave huid. Haar handen liggen in elkaar gevouwen op haar schoot.

Miriam, zich ervan bewust dat ze veel praat en niet alles even coherent is, gaat verder. Het raspen van haar stem doet niet alleen pijn, bij elke zin neemt het volume af. Maar ze blijft in het heden: ze zit op een plastic stoel, het ruikt naar schoonmaakmiddelen, oude koffie en rook. Dat is alles.

Het feit dat ze voor zichzelf is opgekomen en tegen Axel heeft gezegd dat hij weg moest gaan, is een beetje bedwelmend. Ze is tegen Axel opgestaan, heeft nee tegen hem gezegd en dat niet alleen: ze heeft ook aan de politie verteld dat ze nee heeft gezegd. En dat is ook nog opgenomen!

Dus de mensen zullen horen dat Miriam niet wilde, en dat ze het meende. Het is misschien iets kleins, een miniem spikkeltje zonlicht, maar Miriam voelt zich gesterkt en recht haar rug.

'En ging hij toen weg?'

'Nee. Hij weigerde. Hij zei dat ík kon vertrekken, maar waar moest ik heen? Dus toen zei ik nog een keer dat hij weg moest gaan. Ik probeerde vol te houden en voor mezelf op te komen. Tenslotte is het míjn appartement, of dat van mijn vader in ieder geval.'

De oudere agent vraagt zachtjes: 'Dus u koos ervoor te blijven?'

'Dat was geen keuze. Waar moest ik naartoe? Naar wie kón ik toe? Mijn moeder is dood. Mijn vader ligt op sterven. Ik heb niemand. Ik heb níémand,' herhaalt ze nog een keer.

Agent Müller schuift een doos tissues naar haar toe.

Miriam probeert zich te beheersen, maar ze kan er niets aan doen: ze begint vreselijk te huilen. Haar borstkas lijkt in te klappen en haar keel voelt heel dik. Hij zit potdicht.

Ze voelt een arm om haar schouders en agent Müller buigt zich naar haar over zodat Miriam haar kan zien; ze ruikt fris, naar schone lakens.

'Het spijt me dat je door dit alles heen moet, Miriam. We hebben nog maar een paar vragen. Zal ik iets te drinken voor u halen? Thee? Koffie? Water?'

Er ontsnapt een hik uit Miriams keel. 'Thee alstublieft, met een beetje melk,' zegt ze en dan dringt het tot haar door dat ze gewoon heeft geantwoord en niet heeft gewacht tot Axel antwoord gaf of heeft gecheckt of hij het goedvond dat ze zelf antwoordde. Ze zei precies wat ze wilde. 'Thee,' zegt ze nog een keer en ze glimlacht.

Ze is niet alleen. Dat kan niet, want eindelijk, eindelijk begint ze zichzelf te kennen. Als de agent terugkomt met een blad thee, neemt Miriam kleine teugjes en warmt ze haar handen aan de mok.

'Sorry,' zegt ze. Ze heeft weer een beetje stem, haar keelpijn is wat verzacht door de thee.

'Het is geen probleem, u hebt veel doorgemaakt.'

Miriam glimlacht. Ze weet dat wat zij heeft meegemaakt niets voorstelt vergeleken met wat anderen moesten doormaken.

De oudere agent pakt de draad weer op. 'Terug naar Axel die u de kans bood te vertrekken. Ik vraag me af waarom u de politie niet hebt gebeld?'

Ze ziet dat de vrouwelijke agent hem aankijkt en met haar ogen rolt, wat haar het vertrouwen geeft vrijuit te spreken.

'Waarom? Hij was in mijn huis, hij deed niets, hij praatte alleen tegen me en u kent Axel niet, hij is een heel geduldig iemand. Als ik de politie bel als Axel niets doet, denkt iedereen toch dat ik gek ben.'

'Dus u bleef.'

'Ja,' zegt ze en ze merkt op dat haar schouders inzakken en haar handen zichzelf vastdraaien in de zijden voering van haar jas. 'Ik doe altijd wat hij wil. Hij heeft me verkracht in het ziekenhuis. Dat heeft hij gebruikt, hij beweert dat het *mijn* neurose is, hij bewijst ermee hoe gestoord ik ben. Hij gebruikt de waarheid en weet die altijd te verdraaien.'

De mannelijke agent doet zijn mond open om iets te zeggen, maar Miriam praat door: 'Weet u dat ik al meer dan twintig jaar getrouwd ben? Al die tijd met een man die erop uit is me kapot te maken. Ik ben mijn baan kwijtgeraakt, hij heeft me medicijnen laten slikken waarvan ik slaperig werd, of heel vaag in mijn hoofd; van sommige pillen begon ik te kwijlen als een hond en van andere kreeg ik zo'n droge mond dat mijn tong wel schuurpapier leek. Dat was allemaal zíjn werk. Hij dwong me die pillen te nemen en bespeelde de artsen zodat ze ze bleven voorschrijven. Hij wierp zich op als mijn verzorger, maakte de relatie met mijn ouders kapot terwijl ik te erg gedrogeerd was om te merken wat er gebeurde. Dus ik wil van hem scheiden en nu zit ik hier. Gaat u me nu arresteren?' Haar stem breekt en ze neemt de laatste slok thee.

'Miriam, dit is alleen een gesprek om jouw versie van de gebeurtenissen duidelijk te krijgen,' zegt agent Müller.

'Mijn versie van de gebeurtenissen is wat er is gebéúrd. Weet u dat ik liever de rest van mijn leven de gevangenis in ga dan dat ik met die man moet leven? Ik zou me vrijwillig laten opnemen in een inrichting, als ik daar niet werd volgestopt met pillen. Ik haat het om niet in staat te zijn na te denken.'

'Miriam, heb je me gehoord?' Agent Müller steekt haar hand naar haar uit over de tafel. 'Er is geen enkele aanleiding om te denken dat je in de problemen zit. We hebben de blauwe plekken in je hals gezien, je verwondingen, de schade aan zijn neus, de krabben op zijn polsen. Alles wijst erop dat hij je probeerde te wurgen. Wat we moeten weten, en dat is belangrijk, is het waarom van de aanval op hem. Jouw intentie. Hij zegt dat je hem hebt geslagen met de hoorn van de intercom, klopt dat?'

'Nee, ik was zowat bewusteloos, ik kon geen adem halen, ik dacht dat ik doodging. Maar toen moet Eva hem een klap hebben gegeven, want zijn greep verslapte en hij gleed van me af. Het duurde eeuwen voordat ik weer iets kon zien en toen zag ik Eva. Ze zat naast me. Ze heeft mijn leven gered.'

'Hoe is Eva je appartement binnengekomen?'

'Ze heeft een sleutel. Ik heb de sloten laten veranderen nadat Axel laatst toen ik thuiskwam in mijn appartement op me zat te wachten. Eva heeft de nieuwe sleutel.'

'Hoelang ken je haar al?'

'Niet lang, ze is een oude vriendin van mijn ouders.' Hoewel dat niet waar is, komt het er zonder nadenken uit.

'Waar is Eva nu?'

'Dat weet ik niet,' antwoordt Miriam.

'Heb je een adres van haar, een telefoonnummer? Ze zal deze gebeurtenissen moeten bevestigen.'

'Komt ze daardoor in de problemen?'

'Dat denk ik niet, maar dit soort situaties...'

'Gaat Axel het me moeilijk maken?'

'Hij heeft een klacht ingediend, ja, maar ik zie niet hoe we die moeten opvolgen, nu duidelijk is dat hij je heeft aangevallen.'

'In je eigen huis,' vult de oudere agent aan. 'Hij beweert dat hij de scheidingspapieren heeft ondertekend en die bij je heeft achtergelaten, klopt dat?'

'Ik heb ze niet.' Ze schudt haar hoofd. Ze is dood- en doodmoe. Huilen is uitputtend. Ze probeert zich te concentreren, maar de thee heeft haar rozig gemaakt en terwijl de agenten aan het praten zijn, voelt ze haar ogen dichtzakken.

'We zien dat je heel erg moe bent. Dus we gaan dit nu afronden en nemen later contact met je op.' Agent Müller tikt op het dossier voor haar. 'We hebben al je gegevens. En kun je je vriendin vragen om naar het bureau te komen, zodat we haar ook kunnen spreken? De portier van je appartementengebouw,' – ze kijkt op het papier voor haar – 'Herr Lionel Ambrose, heeft de aanwezigheid van een derde partij, een vrouw, bevestigd, dus het zal wel een sluitend verhaal worden. Maar we moeten je vriendin echt spreken.'

'Ja.' Miriam staat op als de agenten dat ook doen. 'Dank u.' Ze voelt zich onvast op haar benen en schudt beide agenten de hand. 'Sorry voor die huilbui,' piept ze. Haar stem is weer bijna weg.

'Je kunt je keel beter laten nakijken door een arts, denk ik.'

Als de deur opengaat en Miriam haar jas aantrekt, hoort ze een bekende stem.

'Ik ben Eva Bertrandt. Ik heb geprobeerd Axel Voight te doden.'

Miriam kijkt naar de ontvangstbalie en daar staat Eva. Haar stem galmt luid en duidelijk door de lege ruimte. Ze heeft het intercomtoestel bij zich en overhandigt dat, zo voorzichtig alsof het een baby is, aan de agent achter de balie.

'Nee, Eva!' zegt Miriam, maar ze is onhoorbaar, haar stem is weg. 'Eva!' probeert ze nog een keer vergeefs. Ze schraapt haar keel krachtig. Dan wil ze naar haar toe lopen, maar de oudere agent is haar voor.

In een paar stappen is hij bij haar vriendin. Hij neemt haar mee de andere kant op, weg van Miriam, terwijl agent Müller Miriams arm pakt om haar te beletten naar Eva toe te gaan.

'Ze heeft hem niet gedood,' fluistert ze. 'Ze heeft mij van de dood geréd. Axel is niet dood, toch?'

'Nee, hij is thuis, en neemt rust.'

'Alsjeblieft, zeg dat dan tegen haar.'

'Het is belangrijk dat we haar verhaal horen.'

'Maar ze probeert mij te beschermen.'

'Waarom? Je zit niet in de problemen.'

'Maar dat weet zíj niet!' Miriams opmerking is onhoorbaar, zelfs voor haar eigen oren.

'Ga naar huis, neem rust, en wij nemen contact op.'

'Wat gaat er met haar gebeuren?'

Agent Müller buigt zich naar Miriam toe om te verstaan wat ze zegt en ze herhaalt haar vraag.

'Ze zal worden ondervraagd.'

'Kan ik op haar wachten?'

'Nee, ga naar huis. Het komt allemaal wel in orde.'

Agent Müller houdt de toegangsdeur voor haar open en Miriam stapt naar buiten; de deur zoeft achter haar dicht. Ze wordt opgeslokt door de namiddag, die zo zwart is als de nacht.

36

MIRIAM

Lionel zit met zijn mond open te slapen op zijn stoel. Hij snurkt en de krant op zijn borst ritselt bij elke ademtocht.

'Is het niet een beetje laat voor u?' fluistert ze. Haar stem klinkt vreemd en onbekend. 'Waarom bent u niet thuis?' vraagt ze geluidloos. 'Het is nieuwjaarsdag.'

'O, hallo meisje, is alles in orde? Ik dacht dat die agenten je kwamen arresteren.'

'Nee, nee, niks aan de hand.'

'Met al die rare geintjes die hier tegenwoordig gebeuren, dacht ik dat ik vandaag beter hier kon zijn. In ieder geval tot alle bewoners terug zijn. De gezusters Smyth zijn naar het theater, dus heb ik beloofd dat ik zou blijven tot ze terug zijn. Wat er met jouw man en dat mens, die vrouw, is gebeurd heeft ons allemaal geschokt. Het hele gebouw heeft het vandaag over niks anders.'

'Dat zal wel.'

'En dat mens, die vrouw, die komt uit het Oosten, geen twijfel mogelijk. Ik heb het al eerder gezegd, maar die Muur, die Muur was misschien een zegen. Nu die weg is weet je maar nooit wie er allemaal deze kant op komt. Kijk maar naar die arme man van je.'

'Nee! Eva heeft niets verkeerds gedaan. Ze heeft me gered!'

Maar Lionel luistert niet of hij kan haar niet horen, hoewel Miriam haar uiterste best doet om verstaanbaar te zijn.

'Ze kwam vandaag weer langs, de brutale trut, na alles wat ze heeft aangericht.' Hij rekt zich uit en zijn knoopjes staan plots op knappen. Eronder piept een grauwe borstrok tevoorschijn. 'Ik heb haar verteld dat het allemaal háár schuld was, en dat jij gearresteerd was, in plaats van dat zij was opgepakt. Slecht nieuws, die lui uit het Oosten.' Hij schudt zijn hoofd. 'Ze vloog ervandoor als een kat met een duif in zijn bek.' Hij lacht. 'Dus meisje, er is niks om je ongerust over te maken. Jij gaat rustig naar boven en ik hou hier beneden een oogje in het zeil. Je zult merken dat die lui uit het Oosten alle kanten op verdwijnen als de politie zijn gezicht laat zien. Ik wed dat dat mens zo rood was als ik weet niet wat en zo.' Hij leunt naar achteren in zijn stoel.

'Lionel,' probeert Miriam nog een keer, maar ze heeft geen stem en wijst op haar keel om duidelijk te maken dat dat zo is.

'O!' Hij schiet rechtop en kijkt naar haar hals. Haar sjaal is losgeraakt. 'O, meisje toch, dat ziet er lelijk uit! Heeft ze dat ook al op haar geweten?'

Miriam zegt: 'Nee, dat heeft Axel gedaan,' maar hij kan haar niet horen en schudt zijn hoofd.

'Pas goed op jezelf, meisje, ik zit hier tot de gezusters terug zijn. Ze zijn dol op ballet, die twee. Welterusten.'

Ze loopt de trap op en trekt de sjaal van haar hals. Gefrustreerd omdat ze geen stem heeft, piekert ze over hoe ze Eva vrij moet krijgen, hoe ze haar kan helpen. Het huis is donker en ze doet de deur op slot.

Op de eettafel ligt het uniform.

Miriam doet de lichten aan. De brieven liggen op kleine stapeltjes op de tailleband van de jurk en erboven ligt een envelop met nieuwe vertaalde brieven.

Ze begrijpt niet wat Eva heeft gedaan. Waarom? Waarom nam ze de jurk mee en bracht ze die daarna weer terug? Maar misschien weet ze heel goed wat ze doet... Eva moet, van het kleine beetje dat Miriam ervan weet, zoveel hebben meegemaakt. En ze heeft volgehouden, doorgezet. Dat doet ze nog steeds.

Ze kijkt naar de steekjes van de jurk, die helemaal is gerepareerd, alsof Miriam hem nooit heeft opengeknipt. Voor haar gaan de brieven niet langer over het vinden van de vrouw die de geliefde van haar vader was, maar over hoe iemand dit soort verschrikkingen kan overleven. Áls ze ze heeft overleefd. Uit de opmerking die Eva maakte, leidt ze af dat wat ze nog te lezen krijgt zwaar zal zijn. Het zal niet goed eindigen.

De brieven liggen op volgorde. Ze legt weg wat ze al heeft gelezen en ziet dat er nog maar een paar resteren. Ze slaat een deken om haar schouders en begint.

Henryk,
Bunny is, hoewel ze niet praat, een duidelijke aanwezigheid in het kamp.

Ze mist de helft van haar rechteronderbeen, van net onder de knie tot haar enkel, en heeft nog maar één bot waar er twee horen te zitten, en als ze beweegt kun je de pezen nog zien spannen. Ze naait om haar vingers bezig te houden. Ze repareert legeruniformen en maakt zakjes. Haar handen maken heel wat kapot is.

Ze houdt Stella als een pasgeboren baby in haar armen, en absorbeert haar onschuld en kinderlijke warmte.

We waren geschokt toen we die ochtend een hartverscheurende gil hoorden; het hele kamp kwam abrupt tot stilstand op het moment dat Bunny's jammerkreet door het kamp galmde – een kreet die ons hart nog meer pijn deed dan onze oren.

Konijnen maken geen geluid. Het zijn stille dieren. Totdat ze krijsen. Een konijn dat lijdt zal het uitgillen.

Het was een jammerkreet die in niets leek op iets wat ik eerder had gehoord.

We liepen op dat moment met onze soep terug naar de barak, Hani en ik, en we zagen bewakers in onze barak. We wilden de soep het liefst laten vallen maar omklemden onze kommen zonder één druppel te morsen.

'Wat is dat?' We keken elkaar aan. Het geluid ging door merg en been, het drong diep mijn wezen binnen, verwondde me – er brak iets in me. Ik begon te kokhalzen, hoewel ik niets in mijn maag had.

De bewakers kwamen met Stella naar buiten. Ze sloeg en trapte wild om zich heen en gilde om Bunny.

Hani en ik lieten onze soep vallen en begonnen te rennen. Naar Stella, die door de bewakers werd meegevoerd. Maar een tel later stonden we abrupt stil. Een schot. Het galmde na – het geluid bleef rondcirkelen en klonk steeds harder en onheilspellender.

Stella huilde, slap nu, een dood gewicht; de bewakers konden haar bijna niet houden.

Ik rende naar haar toe.

Ze omklemde mijn hals als een bankschroef. 'Bunny!' gilde ze.

Hani liep langs me heen de barak in.

Ik wiegde Stella in mijn armen en hield mijn ogen op de deur gericht.

De bewakers praatten onderling met elkaar.

Hani kwam naar buiten. Ze schudde haar hoofd en kwam bij ons zitten, aan de voeten van drie bewakers. 'Bunny,' zei ze droevig en ze dook samen met Stella weg in mijn armen.

Miriam heeft kippenvel op haar armen en in haar hals. Er glijden tranen over haar wangen. 'Bunny,' zegt ze zachtjes voor zich uit in de donkere kamer. Ze schudt haar hoofd en snuit haar neus.

Ze kijkt op haar horloge. Het is laat, maar het vooruitzicht 's avonds alleen over straat te lopen, schrikt haar niet langer af. Miriam stopt de ongelezen brieven in haar tas en gaat op weg naar het hospice.

Daar is de buitendeur afgesloten en moet ze lang wachten totdat ze wordt binnengelaten. Ze luistert naar het geritsel van de bladeren in Ruhwald Park. Dan gaat de deur eindelijk open.

'Het is al laat,' zegt de verpleegster die erachter staat en Miriam herkent de stem, de diepe nasale stem van de vrouw die ze aan de telefoon heeft gehad toen ze belde voor haar vader nadat hij door de ambulance was opgehaald.

'Sue zei dat ik hier kon logeren,' zegt ze, en ze duikt langs de vrouw heen de gang in.

'Het is al laat,' zegt de verpleegster weer, maar Miriam is de kamer van haar vader al binnen en doet de deur zachtjes achter zich dicht.

Er brandt alleen een nachtlampje boven zijn hoofd en het ruikt bedompt naar slaap en duisternis.

Miriam klapt het bed uit. Het kraakt en de vering piept.

'Ik ben het maar, pap,' zegt ze. 'Ik ben nogal schor, maar ik ben het. Alles is goed.'

Ze pakt zijn hand en kust hem op zijn voorhoofd. De slang in zijn neus is groot. Hij is geschoren en ziet er jonger uit.

'Ik heb spijt van Axel, ik heb van een heleboel dingen spijt. Maar pap, ik ga al mijn fouten goedmaken.'

Hij glimlacht, een echte glimlach, en geeft een klapje op het bed.

Miriam gaat op de rand zitten en pakt zijn hand tussen haar beide handen; zijn nagels zijn keurig geknipt en zijn handpalm voelt zacht. Ze buigt zich naar hem toe en geeft hem nog een kus op zijn hoofd.

Langzaam legt hij zijn hand op haar haar. 'Miriam,' zegt hij, 'mijn Miriam.'

Ze ligt lang met haar hoofd op zijn borst, niet in staat zich los te maken. En dat wil ze ook helemaal niet. 'Ik heb een advertentie in de krant gezet, pap. Voor jou. Als ze nog leeft, komt ze naar je toe. Dat weet ik zeker. Tot die tijd lees ik je al haar brieven voor, dat beloof ik, maar alsjeblieft,' – haar stem breekt – 'als je het alleen volhoudt voor háár, alsjeblieft, geef niet op. Ik heb je óók zo nodig...'

Als zijn arm wegglijdt, droogt ze haar ogen en gaat in de comfortabele armstoel zitten om de rest van de brieven te lezen. Hoewel ze niet in staat is meer geluid uit haar keel te krijgen dan slechts een fluistering, prevelt ze de woorden toch voor zich uit – als een belofte in de donkere warmte van de kamer.

Henryk,
Stella's nummer werd afgeroepen voor transport. Bunny is vermoord op haar brits.

Hani en ik moesten iets beslissen, en snel. We zaten buiten op de grond.

Eugenia kwam ook naar buiten. Ze kwam bij ons zitten.

De bewakers probeerden Stella uit mijn armen te rukken.

Eugenia, Hani en ik keken elkaar aan.

Hani en ik ontfermden ons over Stella. We hielden het snikkende kind vast. Ze jammerde om Bunny. De bewaker gaf haar een klap en haar tranen vielen, maar haar handen waren intussen in de onze geklemd. We liepen met haar mee.

Eugenia deed een stap terug. Ze ging niet mee.

We zijn uit onze omgeving gerukt, ons groepje is uit elkaar gevallen. En we zijn weer op reis naar een onbekende bestemming.

Ik dacht niet aan ons kind, aan mijn eigen leven, of aan jou.

Henryk, het spijt me.

Eugenia bleef achter? Wat was er met haar gebeurd?

Maar Miriam kan het wel begrijpen. Waarom zou ze zich wagen aan iets anders als ze weet wat ze heeft? Daarom was zijzelf tenslotte zo lang bij Axel gebleven. Als je in het diepe springt, kun je verdrinken...

Maar Frieda maakte de keus en nam het risico.

Miriam leest de volgende brief, op een piepklein stukje papier, zo groot als een vinger.

Toen ik met Stella in de treinwagon stapte, dacht ik aan haar moeder – die allang dood is, dat kan niet anders – en dat ik zelf heel graag zou willen dat er iemand bij míjn kind is als ze sterft. Eindelijk begreep ik wat Wanda had geprobeerd te doen voor de baby's. Ze gaf hun liefde en warmte terwijl ze stierven, iets wat hun moeders niet mochten doen.

Het briefje krult steeds vanzelf op. Ze rolt het een paar keer opnieuw uit, heel voorzichtig; het papier is zo klein en dun, ze is bang het te scheuren.

We hielden Stella vast terwijl ze om Bunny huilde. Wij huilden met haar mee, uit verdriet om Bunny, om Eugenia die was achtergebleven, en om Wanda.

We hielden haar vast terwijl ze beefde van angst. We gaven haar alles wat we konden, eten en verhaaltjes en liedjes.

Toen werd ze koortsig.

We hielden haar handen vast toen ze het steeds kou-

der kreeg. Het houten konijntje hield ze stevig in haar hand geklemd. Ze praatte alleen maar over haar Bunny.

We hielden haar vast terwijl ze stierf. We wikkelden haar in onze liefde, maar we moesten haar laten gaan. Op het transport naar 'Pitchipoi'.

Nu zijn alleen Hani en ik nog over. We huiveren en snikken en krijsen vol verdriet naar een vergeten wereld. Maar we kijken elkaar ook angstig aan.

Wat gaat er nu gebeuren?

Miriam wil niet verder lezen, ze wil het niet weten. Maar ze heeft het haar vader beloofd en ze moet onder ogen zien wat er nu gaat gebeuren. Met een zwaarte in haar hart die helemaal teruggaat naar de dood van Michael, pakt Miriam de volgende brief.

Ik ben nu in Auschwitz-Birkenau.

'Jullie hebben in hetzelfde kamp gezeten?' zegt ze. 'Pap, Frieda heeft ook in Auschwitz gezeten. Hebben jullie elkaar misschien nog gezien?' Ze legt haar hand in de zijne en hij omklemt hem stevig.

Dit is een hel, niet voor te stellen zo gruwelijk. Baby's worden levend in het vuur gegooid, moeders en vaders springen ze na, iedereen wordt neergeschoten. Er vallen zwarte vlokken als sneeuw uit de lucht. As. De ovens branden hier dag en nacht. Dit is ons lot.

Door de een of andere vergissing hebben we ons niet hoeven uitkleden, zijn we niet gevisiteerd en niet gedoucht. We hebben onze kleren nog, hebben de douches gemist en zijn bij elkaar gebleven. Uiteindelijk kwamen we in een lange rij terecht. Er is een rood kruis op mijn Ravensbrück-uniform geverfd. Op dat van Hani ook. We hebben uren in die rij gestaan, wachtend op we-wisten-niet-wat.

Op een gegeven moment zagen we een man zitten, een gevangene, met een pet en net zo'n gestreept uniform als dat van ons, met een naald aan een soort pen. Hij verhitte de naald onder een lamp, doopte die in de inkt en markeerde de armen van de mensen voor ons met een reeks puntjes.

We wachtten en Hani huiverde. 'Ik wil dat niet. Ik wil geen tatoeage.'

'Nee, Hani, hou vol. Blijf bij me, alsjeblieft, we komen er wel doorheen. Ik heb je nodig, echt.'

Ik schoof haar voor me en hield haar met beide handen op haar plek terwijl ik tegen haar bleef praten. Toen ze op de stoel zat, trok ze haar arm zo hard terug dat de tafel bijna omviel, maar ik hield haar op haar plaats.

Het deed pijn. Ze hebben mijn huid opnieuw gemarkeerd. Deze keer met inkt en niet met zweepslagen. Meer littekens.

We zijn nu 72828 en 72829. Maar mijn negen lijkt op een acht omdat het staartje bijna een rondje is en Hani's acht lijkt een negen omdat het rondje niet sluit. Dus als je onze nummers van veraf ziet, lijken ze bijna eender.

Toen kregen we een barak toegewezen waar we één matras voor acht vrouwen hebben. Het is er overvol; zo vol dat het me herinnert aan de tent waar we zaten toen we net in Ravensbrück waren. Hani en ik blijven dicht bij elkaar en proberen te begrijpen hoe het hier werkt.

Het enige wat ik weet is dat dit een dodenkamp is. We komen hier nooit meer uit.

We staren naar onze nummers. Misschien zullen die ons op de een of andere manier redden. Maar we weten allebei heel goed dat die kans heel, heel klein is en dat er dan maar een van ons gered kan worden.

HENRYK

Miriam leeft! Ze leeft! Mijn kind leeft.

Ik klem me vast aan die gedachte, die hoop, terwijl ze alles aan me voorleest wat Frieda heeft doorgemaakt. Ik kan niks doen. Ik hoor alles nu. Ik knijp in dat kleine handje dat in de mijne ligt. Ik dank Miriam met heel mijn hart voor wat ze doet. Het moet zo moeilijk voor haar zijn, het is zo'n offer dat ze brengt. Ik weet dat dit mijn straf is. Ik moet uit de mond van de dochter van wie ik zoveel houd, horen hoe Frieda is gestorven. En niet alleen hoe Frieda is gestorven, ook welke martelingen ze heeft moeten doorstaan. En hoe ze van me hield, hoewel ik de oorzaak was van alles.

Ik heb zo vaak gedroomd dat ik een lichaam in de oven zou gooien en terwijl ik wachtte op het geloei van de vlammen zou beseffen dat het Frieda was. Dat ik wankelde en viel, in het vuur sprong om mijn geliefde te vinden en vergeven te worden. Want ik ben verloren. En ik ben bang dat Frieda nooit gevonden zal worden.

Omdat ík het was. Het was míjn naam. Mijn naam die op haar onschuldige lippen lag. Háár leven is weg; voor míj.

En ik ben niets, want het kwaad heeft een naam: de mijne.

37

MIRIAM

Als hij rustig ademt en slaapt, gaat ze op de stretcher zitten en knipt een lampje aan. Ze begint aan de laatste brieven.

De eerste blijkt er een aan haar moeder te zijn.

Beste Emilie,
Vergeef ons alsjeblieft. Ik weet dat je van Henryk houdt. Sta trots naast hem en zorg voor hem.

Ik hoop dat de diamanten ketting je vrijheid heeft gebracht. Toen ik hem aan je gaf, kon ik alleen naar hém kijken. Want ik wist dat hij, als jij vluchtte naar de veiligheid, met je mee zou gaan. Hij koos elke dag voor je en doordat hij dat deed, had jij ook míjn liefde.

Ik hoop dat jullie weer bij elkaar zijn. Ik hoop dat jullie een toekomst hebben samen. Alsjeblieft, hou van hem met heel je hart, het is geen schande als je iemand nodig hebt, een ander naast je wil, naar iemand verlangt en vervuld wordt van een ander. Je hoeft niet altijd alles alleen te doen.

Dank je wel dat je me hebt toegelaten in jouw wereld, ook al was het maar even. Zorg voor Henryk en hou voor ons alle twee van hem.

Frieda.

Wat beschrijft de brief haar moeder goed! En wat is hij eerlijk. Ze probeert haar onrustig fladderende hart te kalmeren. Haar moeder heeft dit natuurlijk nooit gelezen, maar het was misschien goed geweest als ze dat wél had kunnen doen. Mama was sterk, ze zorgde voor papa, ze hield van Miriam en ze deed alles alleen. Ze had het nodig om nodig te zijn en Miriam – kleine, fragiele Miriam – had háár altijd nodig. Papa koos mama, maar maken we onze keuzes voor anderen of voor onszelf? Stel dat papa Frieda had gekozen? Stel dat hij die keuze nooit had hoeven maken?

Ze pakt de volgende brief. Hij is heel moeilijk te lezen en Miriam buigt zich over de kriebelige letters. De pagina is aan twee kanten volgeperst met woorden.

Henryk,
We werden ruw wakker gemaakt. Hani en ik, met drie andere vrouwen op onze brits. We houden elkaar vast in onze slaap zodat we veilig zijn.

'Alsjeblieft, kom snel. We hebben jullie nodig.'

Het was een jong meisje. 'Mijn mama haalt de baby's, we hebben jullie hulp nodig. Jullie spreken Nederlands, toch?'

'Ja, we spreken allebei Nederlands,' zei ik. Ik was bang dat we gescheiden zouden worden, dus klemde ik me aan Hani vast.

We gingen samen met het meisje mee, door het doolhof van de barakken hier. Het zijn er veel meer en ze zijn groter; er zitten hier duizenden mensen samengeperst, geen honderden, zoals in Ravensbrück. Ik ken hier niemand, geen enkel gezicht, maar toch ken ik ze allemaal. De lege blik. Beschuldigend: hoe komt het dat jij nog leeft en mijn moeder, mijn zus, mijn dochter, kleindochter naar de verbrandingsoven moest? Waar-

om? Dat doen we allemaal. Onwillekeurig, lijkt het. We proberen te zien wat iemand onderscheidt. Maar het is een kwestie van geluk, dat kan niet anders.

We hoorden de commotie voordat we zagen wat er gaande was.

Een vrouw, Matka, stond met opgeheven handen – een kalmerend gebaar – tegenover een jong meisje dat als een wild dier, met ontblote tanden, tegenover haar stond.

Het meisje, een kind nog, was hoogzwanger en hield haar ene hand beschermend over haar buik en strekte de andere afwerend voor zich uit, als waarschuwing dat iedereen van haar af moest blijven.

'Mama,' zei het meisje dat ons was komen halen. 'Hier zijn de vrouwen die Nederlands spreken.'

'Ik moet kunnen zien hoever ze is. Ze moet kalmeren. Als ze zo doorgaat komt de baby niet en krijgt ze veel pijn.'

Ik legde aan het meisje uit dat haar baby kwam, dat Matka haar wilde helpen, maar ze begon in zulk gebroken Nederlands tegen me te praten dat ik er weinig van begreep.

Ik keek Matka aan. 'Sorry, maar ik geloof niet dat ze Nederlands spreekt, ik kan haar niet verstaan.'

'Ze is een Romavrouw,' zei Hani.

Hani praatte met haar. De woorden gingen door drie monden, van het meisje naar Hani, die ze in het Nederlands vertaalde, naar mij, en van mij in het Duits naar Matka. Sylvie, Matka's dochter, keek toe.

Het hoogzwangere meisje was veertien jaar. Ze heette Elisabeth en kuste Hani een, twee, drie keer en zei dat ze niet wist wat er gebeurde. 'De Duitsers hebben iets in mij gestopt, dat deed heel veel pijn,' vertelde ze. 'Is het een bom, ga ik nu ontploffen?'

Hani legde haar uit dat het erop leek dat ze een baby kreeg.

Hani praatte tegen Elisabeth en haar gezichtsuitdrukking veranderde toen ze begreep wat er aan de hand was. Haar ademhaling werd rustiger en ze stond toe dat Matka naar haar toe kwam.

Matka had heel veel geduld met haar. Ik keek toe hoe ze de situatie in zich opnam en vertaalde alles wat Matka zei voor Hani, die het weer aan Elisabeth doorgaf. Hani hield haar vast en probeerde haar gerust te stellen. Het werkte. Elisabeth kalmeerde en algauw vroeg Matka ons om de strooien matras op de vloer te leggen.

Na een paar luide, lange kreunen werd er een babytje geboren, blauw en bedekt met bloed. Ik dacht dat het kindje dood was, maar het kleurde algauw roze en begon te krijsen om de hele wereld te vertellen dat het er was.

Matka legde de baby in de armen van het meisje en zei dat ze het aan de borst moest leggen. Ze gebruikte repen katoen om de navel af te binden.

Elisabeth, met een waas van zweetdruppeltjes op haar voorhoofd, glimlachte. Ze keek naar de baby en begon te huilen; Hani huilde, ik huilde. Het was prachtig.

Even later begon Matka de buik van het meisje te masseren en begonnen de weeën weer.

'Komt er nog een?'

'Nee, de nageboorte moet nog komen.'

Die kwam even later zonder problemen. Matka legde de placenta op een katoenen doek en Sylvie bekeek hem van alle kanten.

'Wat doe je?' vroeg ik haar.

'Kijken of hij helemaal intact is. Dat is belangrijk.'

De baby en de moeder maakten kleine geluidjes, Elisabeths gezicht werd getekend door pure uitputting, maar straalde tegelijkertijd gelukzalig.

Hani zat naast haar.

Toen kwam zuster Klara binnen. Ze rukte de baby uit de armen van de moeder. Het was een jongetje. Ze pakte het kindje bij z'n beentjes, alsof het een ding was – het hing ondersteboven, mond wijd open, krijsend.

'Niet kijken,' fluisterde Matka, maar dat kon ik niet.

Zuster Klara struinde weg met het kind.

Elisabeth probeerde op te staan, maar haar benen konden haar niet dragen. Ondersteund door Matka en Hani wankelde ze naar de dichte deur.

Er zijn geen baby's in Auschwitz.

Bij zonsopkomst liepen Hani en ik terug naar onze barak. Er dwarrelden sneeuwvlokken naar de grond die verdwenen tussen de as.

Verdronken onschuld.

De hele dag dragen we het beeld van het kindje met ons mee dat buiten de barak in de waterton dreef. Matka wikkelde de baby in een doek en haalde het weg. Elisabeth, het arme verdrietige kindmoedertje, bleef alleen achter.

Miriam voelt een knoop, zwaar en koud, in haar borst. Ze probeert hem weg te ademen, maar hij lijkt alles, als het middelpunt van een web, bij elkaar te houden. Aan één draadje trekken betekent dat alles ontrafelt en uit elkaar valt.

Hoewel Axel er altijd was, was ze heel alleen geweest nadat Michael was begraven. Alleen in een zee van verdriet. Ze kon het met niemand delen, er met niemand over praten.

Dan schudt ze de gedachte aan haar eigen verdriet van zich

af. Ze denkt aan Frieda en bekijkt het verhaal door Frieda's ogen. Frieda, zwanger, die wist dat haar hetzelfde zou gebeuren.

De twee volgende brieven zijn in Eva's handschrift geschreven, op prachtig wit papier, vertaald van een driehoekige snipper ter grootte van Miriams handpalm.

Aan de baby in mijn buik.
Je bent uit liefde gemaakt en ik hield ervan je te voelen groeien.

Ik zal nooit vredig op je gezichtje kunnen neerkijken. Er is geen toekomst voor ons, dat weet ik zeker. Maar ik weet dat we elkaar in een ander leven, in een andere wereld, weer zullen vinden. Moeder en kind.

Van je vader houden en jou kennen, hoewel ik je nooit zal ontmoeten, is de beste en de zwaarste tijd uit mijn leven.

Ze zeggen dat de liefde prachtig is, vriendelijk, maar dat is niet waar. Echte liefde doet pijn, de heftigheid ervan bindt twee mensen samen, hoewel ze voorbestemd zijn om uit elkaar gerukt te worden. Liefde is wreed.

Jij bent sterker dan ik ooit voor mogelijk had gehouden en alleen al door elke dag te overleven, heb je me geholpen de lucht te zien, de puurheid van een regendruppel, de spikkels zonlicht.

Dank je dat je me in leven hebt gehouden.

Het spijt me zo erg dat er niet meer zal zijn dan dit.

Ik zal nooit het woord 'mama' horen of je kleine handje vasthouden. Het spijt me dat geboren worden betekent dat je zult sterven. Het leven heeft geen zin, geen betekenis. Maar weet dat er, ondanks alle chaos, van je wordt gehouden. En daardoor zal je overleven – al is het in de geest.

Je bent mijn beschermengel geweest en hebt me behoed voor mijn eigen destructie.
Dank je wel.
Je mama.

Miriam veegt de tranen van haar wangen. Haar keel zit dicht van emotie. Ze kijkt naar haar vader, zijn vredige, slapende gestalte, en vraagt zich af van welke gruwelijkheden hij getuige is geweest. Ze kan begrijpen waarom hij ervoor koos alles achter zich te laten.

Ze weet dat hij er nooit iets tegen iemand over zou hebben verteld, hij zou de last alleen hebben gedragen, de pijn dat hij niet voldeed aan zijn eigen verwachtingen.

'Heb je jezelf ooit vergeven?' vraagt ze hardop. 'Niets hiervan is jouw schuld, pap. Het is zo in- en intriest, maar weet dat het je is vergeven, wat je ook hebt gedaan. En het is al zo lang geleden. Een heel leven, mijn leven. Alles wat je voor míj hebt gedaan is genoeg. Ik hou van je.'

Huilend pakt ze de volgende brief en begint het kriebelige handschrift te ontcijferen.

Lieve Henryk,
Het is voorbij voor ons. We waren pas net begonnen en nu is het al voorbij.

Ik zal dit kamp niet overleven. Misschien overleef ik de bevalling niet eens. In Ravensbrück was ik nog optimistisch, maar hier... Hier zijn ze zo efficiënt in doden, in moorden, dat ik geen kans maak. Ik bid, tot wie weet ik niet, dat ik lang genoeg leef om het gezichtje te zien. Het gezichtje van ons kind. Ik wil jóú zien; de baby is het enige wat ik van je heb.

Ik mis de eigenaardigheden, de kleine dingetjes die ik me niet meer kan herinneren. Ik zie je in gedachten voor me, maar het is slechts een schaduw van je. Je zult nooit ouder worden of vervagen voor mij.

Ik kan je nog steeds voelen, je aanwezigheid, als een tweede huid over de mijne. Ik mis je. Ik denk dat woorden overbodig zouden zijn als we nu elkaar zagen. We zouden elkaar aanraken zonder elkaar aan te raken, spreken zonder woorden. Een symfonie van stilte. Ik zou deze wereld verlaten met jouw smaak op mijn lippen. Ik zou je voelen onder mijn vingertoppen, de contouren van je gezicht uit graniet gebeiteld, in mijn geheugen gegrift. Als ik had geweten dat de laatste keer dat ik je in mijn armen hield de laatste was... dan had ik dieper in je ogen gekeken, mijn ziel in de jouwe gebrand. Ik zou gesprankeld hebben onder jouw blik, helder licht hebben uitgestraald van liefde.

Ik zal aan je denken als mijn einde daar is. Ik heb je gekend en ben gekend door jou.

We leven hier in een steeds kleiner wordende cirkel. Er wordt niet meer gerept over vrijheid, geallieerden of bevrijding. Het enige waar we het over hebben is 'thuis'. Onze levens, hoe kort ook, we willen ze delen met anderen. Ons koesteren in verhalen over liefde, of moed, dapperheid en kracht.

Ik zal aan je denken als mijn einde komt. Aan alle hoop en mogelijkheden die zich voor me openden op het moment dat we elkaar ontmoetten. Dank je wel dat je in mijn leven bent geweest.

Ik zal je niet ouder zien worden; je hand vasthouden, een toekomst hebben samen, het is voorbij. Maar jij zult míj hebben, in mijn hart; ik heb het aan je gegeven. Kregen we de kans het opnieuw te doen, Henryk, dan zou ik precies hetzelfde doen. Honderd keer, voor onze gestolen momenten.

Geen papier meer.
Geen brieven meer.
Geen woorden meer.

Miriam legt de brief neer. Het potlood moet als een fluistering over het papier zijn gegleden terwijl het Frieda's gedachten volgde. Wat is er met haar gebeurd? En met de baby? Als Miriam naar de collectie brieven kijkt, beseft ze dat ze het misschien nooit zal weten. Ze legt de brieven weg en bereidt zich voor op de volgende dag.

De volgende ochtend vroeg is de lucht loodgrijs; de wolken zijn gevuld met sneeuw. Ze wordt wakker van de geluiden in het hospice en staat op.

Als ze hem een kus op zijn hoofd geeft, zegt hij: 'Frieda.'

'Nee, pap. Ik ben het, Miriam. Ik probeer erachter te komen wat er met haar is gebeurd. Maar eerst... eerst moet ik weg om een vriendin te helpen.' Haar gedachten gaan van de brieven naar de vrouw die haar heeft gered. 'Ik moet eerst Eva gaan helpen.'

'Frieda,' zegt hij nog een keer, smekend. Maar dan wordt hij rustig en mompelt: 'Mijn Frieda...'

Het is te vroeg om al naar het politiebureau te gaan. Nu ze er de tijd voor heeft, legt ze de brieven weer netjes terug op volgorde en stopt ze veilig in haar handtas. Als ze de laatste die door Eva is vertaald in haar handen heeft, ziet ze dat het origineel ervan anders is dan dat van de andere. Hoewel de woorden dicht opeengekriebeld staan, is de pagina aan beide kanten beschreven en het papier, hoewel vergeeld en dun, is niet uit een boek gescheurd; de woorden zijn niet om een andere tekst heen geweven. Dit is een leeg vel papier – of dat was het... meer dan veertig jaar geleden.

38

MIRIAM

Liefste Henryk,
Papier en potlood zijn mijn enige troost. Ik weet dat er geen toekomst is; maar ik moet je alles vertellen wat er is gebeurd. Mijn handen beven... maar ik heb het niet koud meer. Dit is mijn einde:

De laatste dag begon bij het avondappel. De Kommandant stond vlak bij ons en marcheerde toen weg. Zijn laarzen reflecteerden de zoeklichten die onze maan zijn geworden.

'Dreckhund!' *Obsceniteiten, hardvochtig en koud, schalden om me heen als de klokken van een kerk. Ik dacht veel aan mijn familie. Ik zag ze in gedachten aan tafel zitten, ik hoorde de braadworsten sissen en dansen in een dun laagje vet, het vel, bruinend, wachtte op een mes dat het zou opensnijden, waarna het sap eruit zou vloeien om opgezogen te worden door aardappels en brood met een flinke laag boter op de witte bovenkant.*

Uitgehongerd en bevroren als ik was, was de gedachte aan eten als poëzie voor een hunkerende ziel. Gesprekken gingen vaak over genoten maaltijden, buitensporig en overvloedig. We begonnen te kwijlen als het eten tot in de kleinste details werd beschreven, en hoewel het geen voedsel was voor onze maag, was het voedsel voor ons hart.

De douches hadden die dag twee keer gerookt, dus de Kommandant zette een hoge borst op, zo trots als een pauw. Hij stond te dichtbij en ik kon zijn half opgerookte sigaret ruiken, voelde de warmte ervan in mijn neus prikken. Hij kwam op me af, stond zo vlak bij me dat ik het leer van zijn uniform kon horen kraken toen hij zich naar me toe boog en bukte om op ooghoogte met me te komen. Toen keerde hij zich naar Hani.

'Zigeunerin,' was alles wat hij zei. Dat was waar, maar uit zijn mond was het vergif.

Ik bleef stokstijf staan toen de sigaret zacht sissend op Hani's koude voorhoofd werd uitgedrukt. De brandwonden breidden zich uit als acne. Hij knipte de peuk weg met zijn vingers, in haar gezicht, en toen was het appel, na een zwaai van zijn hand, afgelopen. We gingen zo vlug mogelijk terug naar onze barak, de honden op onze hielen, scheldwoorden in onze oren. Ik voelde me bedroefd om die hete sigaret terwijl we de stank van het gewone leven in de barak binnengingen en probeerde Hani's hand te pakken terwijl we onze weg om en langs iedereen heen zochten. Ze trok hem weg en werd door de menigte voortgedreven.

Ik herinner me dat ik moest stilstaan vanwege een enorme druk in mijn buik. Mijn buik zette uit als rijzend deeg en voelde keihard onder mijn handen. Mijn adem stokte.

Het was tijd.

Ik vond mijn weg naar onze britsen, maar ging op de onderste liggen. Behoedzaam; er trok een verzengende pijn door mijn lijf, vanaf mijn onderbuik naar mijn borstkas – die even later weer wegebde.

Ondanks mijn uitgeputte ledematen, een lege maag en een gekwetste ziel, kon ik niet rusten.

Het kamp sliep en even leek het vredig, leek de wereld zich een beetje te herstellen. Ik duwde mijn vingers rechts boven in mijn buik, waar ik normaliter een voetje voelde, wachtte, en voelde even later inderdaad een voetje tegen mijn vingers drukken. Ik glimlachte en deed het nog een keer. Geen zorgen, met de baby was alles in orde.

Maar de druk groeide weer en mijn buik verhardde onder mijn handen.

De ratten begonnen de barak binnen te komen, ze hadden genoeg van het dode vlees dat ze overdag aten en kwamen 's nachts om aan de levenden te knagen. Toen mijn buik verzachtte rolde ik op mijn zij om ze in de gaten te houden. Weer een wee.

Mijn buik bevatte leven en liefde. Elke dag herinnerde mijn buik me eraan wat liefde kan doen.

Er klonk gekras van ratten die op jacht zijn, hun lange klauwen tikten om me heen, scherp van het vlees van botten krabben. Hani liet zich van de brits boven me naar beneden zakken en stond voor me. Ze sloeg haar ijskoude arm om me heen en warmde zich aan mijn lichaam. Ze had het zo koud dat ze alleen warmte opzoog en niets terug kon geven. Ik trok haar arm verder naar me toe en nestelde haar magere lijfje tegen mijn borst aan, terwijl ik erop lette dat ik mijn bolle buik, zoals altijd, van haar weghield. Er waren veel dikke buiken in Auschwitz door ondervoeding; niemand wist dat ik zwanger was.

'Ik voel me zo... zo... vernederd. Ik haat het,' zei Hani. Ik wist waar dit heenging, dezelfde monoloog in verschillende variaties. 'Ze zijn zo slecht. Waarom doet niemand iets om dit te stoppen? We kunnen niet van de aarde geveegd worden. Ik zal hier nooit meer weggaan.

Ik had liever dat ze het nu deden, dan had ik het maar gehad, dat ze me nu laten verdwijnen, in plaats van zo gemarteld te worden.' Het was een kwestie van tijd om te zien hoeveel peuken er op Hani's gezicht konden worden uitgedrukt, hoeveel brandwonden ze nog moest verdragen voordat er een einde kwam aan haar lijden.

Ik kneep in haar arm en wreef de kou weg. De baby gaf me een flinke trap terwijl er een enorme wee door mijn buik trok en er ontsnapte onwillekeurig een zachte kreet uit mijn keel. Hani legde haar hand op mijn buik en met een kracht alsof ik een elektrische schok kreeg maaide ze mijn arm weg, zo hard dat ik bijna over de rand van de brits viel.

'Wat ís dat?' Haar stem werd vervormd door pure angst. 'Ben je zwanger?'

Er ging weer een golf van pijn door me heen, deze keer zo heftig dat ik niet kon antwoorden. Ik focuste me op mijn ademhaling, zoals ik Matka het jonge meisje had horen instrueren.

'Wat gebeurt er? Hoe...' Ik kon haar ogen op me voelen en was blij dat de zoeklichten op dat moment over een andere barak gleden. De emotie in haar stem was genoeg, ik kon het niet aan haar ook nog in de ogen te moeten kijken.

'Een kind? Híér?' Ze klonk zo bang dat ik een brok in mijn keel kreeg. 'Wat ga je doen?' Ze raakte mijn gezicht aan om me weer terug in de werkelijkheid te brengen.

Bij de gedachte aan de waterton en zuster Klara die mijn kleine engeltje zou verdrinken, trok er een heel ander soort huivering door me heen.

Ik drukte mijn lippen op de bovenkant van Hani's hoofd terwijl zij alles wat ze net had ontdekt probeerde te verwerken. Ik wist dat het haar verdrietig maakte, maar het was zo'n opluchting voor me dat ze het eindelijk wíst.

Hani legde haar hand op mijn buik. Alle emoties die ze moet hebben gevoeld, de teleurstelling dat ik dit niet met haar had gedeeld, deden haar pijn en ze wilde me eigenlijk niet aanraken, maar toch hield ze haar hand daar. Een hand die in het open vuur werd gehouden, een hand waar de vlammen aan likten maar die toch bleef waar hij was. Uiteindelijk ontspande ze wat terwijl ze voelde hoe mijn lichaam iets unieks deed, hoe spieren zich spanden en ontspanden zonder bewuste aansturing.

Ik merkte dat ik fluisterend voor haar zong terwijl ik op het ritme van mijn baby ademhaalde.

Hani huilde. Ik huilde. Het voelde als het einde en dat was het ook.

Die nacht dobberden we samen op de golven van mijn contracties, ademden we samen, liepen we in de smalle gangetjes tussen de britsen door, haar hand altijd in contact met de mijne. De zoeklichten, onze oprijzende zon, de knal van een geweerschot als er op een rat werd geschoten, een vrouw, een schaduw.

De dag was ingepakt in een zwarte deken. Er ontsnapte een onderdrukte kreet uit mijn keel. Paniek. Geluid was een kans op ontdekking.

'Zal ik Matka halen?' vroeg Hani. Ze boog naar me toe om met mijn eigen jurk het zweet van mijn voorhoofd te vegen. Ik zat op handen en voeten op de strooien matras op de grond en worstelde met mijn weeën. In een overrompelende vlaag van paniek besefte ik dat deze reis gauw zou eindigen. Mijn kind zou zo geboren worden en dan zou alles veranderen. Ik pakte Hani's

hand en dwong haar me aan te kijken.

'Nee, Hani. Mijn baby wordt niet van me afgepakt.'

Hani zei, heel zachtjes en heel voorzichtig: 'Maar Frieda, als ze niet komt, wordt het dood geboren.' Haar woorden schokten me.

Het is onvoorstelbaar hoe hard een hulpeloze baby zich aan het leven vastklampt als hij onder water wordt gehouden. Hij gorgelt en spartelt maar door, totdat hij eindelijk verdronken is. Iedereen die dat moet aanzien en -horen, wordt verscheurd, getekend, voor altijd – diepe wonden die nooit, nooit meer helen.

Ik greep Hani's arm, ze wendde haar ogen af. 'Ik laat het niet gebeuren. Al wordt het mijn dood.' Ik trok haar nog dichter naar me toe. 'Kijk me aan! Het. Gebeurt. Niet!' Ik stootte de woorden tussen de weeën door uit mijn keel. Fel, meedogenloos.

'Ik zal vóór jullie gaan staan.'

Ik liet haar arm los toen een wee al mijn aandacht weer opeiste en focuste me op de baby, de baby, een nieuw leven dat door mijn buik richting de wereld bewoog, nu zo dichtbij.

Overleven betekende slechts dagen, op z'n hoogst weken, en dan zou de dood toch volgen, wegens ondervoeding, ziekte. Moeders die skeletachtige baby's in hun armen hielden, te lusteloos om aan de tepel van een lege borst te zuigen. Geen remedie tegen een lege maag, alleen tegen een leeg hart. Rijen na rijen van dode baby's. Barak 22. De wreedheden, de onschuld, de kwelling. Alsjeblieft. Nee! dacht ik.

'Smeek de dokter hem mee te nemen en groot te brengen. Alsjeblieft, Frieda, laat me naar de ziekenboeg gaan om dat te vragen. Dan blijft de baby leven! Anders is hij dood.' Hani huilde zulke dikke tranen dat ze

me van streek maakten en ik huilde met haar mee. En dezelfde vraag bleef rond- en rondmalen: 'Wat moeten we doen?'

Een ongelofelijk sterke, alles opeisende wee walste over me heen, anders dan alle vorige. Een contractie die zo krachtig was dat ik een kreet slaakte, niet van de pijn, maar van schrik. De wee bleef aanhouden en werd nóg heviger, dieper. En toen: een zwaarte. Mijn baby kwam naar buiten. Nog een van mijn kreten werd gemaskeerd omdat de luidsprekers losbarstten, er galmde een stem door de barak.

De jacht was geopend. Ik hoorde vaag het oproepen van nummers, de dreun van de dood.

Elk nummer een einde. Bij het ontwaken van de luidsprekers, verdwenen de ratten. Opgeschrokken uit de slaap van de bijna-doden, schakelde iedereen over naar het gejammer van de levenden. Het ritme van de nummers, overstemd door gehuil, gekrijs en beweging.

Hani gilde. 'Frieda!' Ze greep mijn pols en rukte die naar zich toe. Mijn nummer was 72829, zwart op wit. Ze gilde weer en stond paniekerig op; zowat de hele barak was in paniek, een massahysterie. De nummers bleven komen. Bewakers schreeuwden, vrouwen gilden, op willekeurige plekken in de barak ging gejammer op.

Het leek allemaal zo veraf. Ik wist dat mijn baby er bijna was; het zou niet lang meer duren.

'Ze hebben jouw nummer afgeroepen!' Hani boog zich zo dicht naar me toe dat onze neuzen elkaar raakten.

Ik brulde met de kracht van mijn lichaam; mijn lichaam perste en perste mijn baby verder de chaos van deze wereld in.

Een kleine groep vrouwen uit onze barak verzamelde zich om ons heen. Vertrouwde gezichten. De luidsprekers stopten met nummers uitspuwen, het krijsen en gillen was ver weg.

Ik reikte met mijn hand over mijn buik; haartjes, zacht en krullerig in mijn opening – die geheime, prachtige plek die de liefde van een goede man had geaccepteerd.

Er bouwde zich weer een golf van pijn op en ik voelde aan de bovenkant van het hoofdje; warm en nat. Mijn baby.

Hani was volkomen radeloos. Met haar handen om haar hoofd liep ze zenuwachtige rondjes. 'Matka,' zei ze uiteindelijk. Ze liep weg.

Zodra ze verdween, kwamen de andere vrouwen dichterbij. Het besef dat we allemaal vrouwen waren terwijl elke vrouwelijkheid ons was ontnomen, verenigde ons. Koele handen, huid op huid, een stukje brood gedeeld. Woorden, prachtige woorden in de taal van de liefde, schermden me af van de horror van de jacht.

Onderdrukte opwinding toen er een kleine vrouw arriveerde. Matka's vredige kalmte daalde over me neer. Ze gaf instructies en knielde naast me. Haar handen waren warm. Mijn kind zou geboren worden in die handen.

'Mag ik kijken?'

Ik knikte terwijl er weer een wee in me oprees, ik voelde haartjes en verlegde mijn hand zodat ze kon kijken.

'De baby heeft haar – donker haar,' zei ze. De woorden waren als balsem voor mijn ziel. Net zulk haar als de vader.

Diep in me laaide een soort vuur op. Een wee, heel snel, en de baby gleed in Matka's wachtende handen. Matka tilde mijn hemd op en legde een nat, warm, plakkerig en verrassend zwaar hoopje tussen mijn borst en het hemd.

'Een meisje,' zei ze terwijl ze nog een hemd over ons heen legde. De bovenkant van het hoofdje van de baby stak er net boven uit, de stof en Matka's warme hand koesterend om haar heen.

Opluchting. Ze was prachtig. Heel klein maar perfect. Ik werd overrompeld door de behoefte haar te likken, ze rook naar leven, naar de binnenkant van mijn buik, warmte en bloed. Ze kronkelde op mijn borst, boog haar hoofdje naar achteren en opende haar ogen naar me.

Matka haalde een schaar tevoorschijn, maar ik hield het glimmende metaal tegen met mijn hand. Nee. We waren één, ik wilde onze band niet verbreken. Ik voelde de dikke hete streng kloppen op mijn buik, haar hartje klopte ook door mijn hart.

Van elkaar gescheiden worden betekende de dood. Dat wist ik nu. Ik keek op toen Hani terugkwam. Ik trok haar tegen me aan zodat ze naast me op de doorweekte matras zat, die zich had volgezogen met vruchtwater, het water dat mijn kind had beschermd en gevoed.

'Kijk.'

Ik tilde de bovenkant van mijn hemd op en de baby opende haar oogjes, stak een klein roze tongetje uit tussen haar rode lipjes en schoof haar hoofdje naar de welving van mijn borst. We keken allebei gefascineerd toe en gingen helemaal in haar op. Ze wreef haar neusje tegen mijn borst, nam mijn tepel in haar mond en legde haar handje op mijn hart.

Het gevoel van volmaaktheid, compleet zijn. Eén moment was het er.

Liefde.

De luidsprekers bleven nummers uitbraken toen er een Blockova van een andere barak binnenkwam met een knuppel in haar hand. Ze rukte een vrouw die zich schuilhield onder een matras van een van de bovenste britsen eronderuit. Haar brute actie echode door de hele barak: aan alle kanten klonken de angstkreten weer op. De beschermende cirkel van vrouwen om me heen viel uiteen en ik zag de Blockova klap na klap uitdelen. Toen iemand bijna het loodje legde, sloeg ze nog even door – weer eentje minder voor de douches, rechtstreeks naar de stapel. Wel zo gemakkelijk. Een menselijk leven, volkomen waardeloos. De vrouw werd aan haar voeten weggesleurd, het rode spoor dat achterbleef was het enige bewijs dat ze ooit had bestaan.

Toen ik dat zag, wist ik wat ik ging doen.

Ik stond op en voelde de navelstreng trekken, een vreemd gevoel in mijn buik. Hani ademde diep in, het klonk als een kogel die voorbijsuisde. Matka zegende ons. Veel vrouwen kwamen weer dichterbij; ze raakten ons aan, hielden ons vast, leidden ons. Mijn lichaam was uitgeput. Ik beefde. Struikelde, maar viel niet. Ze hielden Hani in hun armen, ze werd omhelsd door benige handen.

Ik kuste voor de laatste keer de bovenkant van Hani's hoofd, inhaleerde de geur van vriendschap. Ik keek in haar liefdevolle ogen. Ik voelde haar pijn. Mijn baby en ik zouden niet door de dood van elkaar worden gescheiden, we zouden sterven als één. Ze zou eeuwig bij mij zijn, eeuwig in mijn armen, veilig en geliefd.

Ik liep langs Hani en Matka heen, mijn passen traag, en schoof mijn voeten in klompen. Met blote benen – mijn hemd kwam tot mijn bovenbenen – volgde ik het bloedspoor van de weggesleurde vrouw.

'Frieda,' zei Hani. Al haar liefde voor mij lag in dat ene woord.

Ik glimlachte en toen ik me van haar afkeerde, begon ze te zingen. En toen zongen ze allemaal. Een koor van stemmen viel in, de woorden verloren in een zee van talen; een wiegeliedje terwijl ik onze dood tegemoetliep.

Er stromen tranen over Miriams wangen, ze druipen van haar neus en kin. Ze schudt haar hoofd en onderdrukt een snik als ze de laatste pagina leest.

Ik kwam niet ver. Hani kwam me achternarennen en even later rende ze voor me uit.

De Blockova met de knuppel en haar klembord torende boven haar uit.

Hani trok haar mouw op.

De Blockova zette een kruisje en stuurde haar door.

Naar de douches.

In mijn plaats.

Ik schuifelde zo snel mogelijk vooruit maar wankelde en viel – op de bevroren grond, een klein eindje van de Blockova vandaan, die met haar rug naar me toe stond.

Toen kreeg ik weer een wee. Is het een tweeling? flitste het door mijn hoofd. De Blockova zag me nog niet, maar als ik nu nóg een kind baarde, bleef dat natuurlijk niet onopgemerkt.

Matka was me op een afstandje gevolgd. Nu tilde ze snel mijn hemd op en knipte de navelstreng door.

Toen de Blockova zich even later omdraaide, zag ze bloed langs mijn benen lopen, en een bloederige massa, de placenta, aan mijn voeten liggen. Ze schreeuwde: 'Ziekenboeg!'

Matka pakte de placenta en wikkelde die in papier.

Andere vrouwen hielpen me overeind, ze ondersteunden me.

De baby gaf geen kik, haar hoofdje lag op mijn borst.

'Mijn vriendin,' zei ik radeloos tegen de Blockova en terwijl ik het zei besefte ik dat Hani de enige vriendin was die ik ooit had gehad. Ik kon haar niet meer zien, ze ging op in de massa strepen. Terwijl ik bij de Blockova stond, bleef ik haar zoeken met mijn ogen.

Toen keek Hani nog één keer om en zag ik haar voor het laatst...

Opeens begreep ik waarom Bunny nooit meer praatte.

39

MIRIAM

Ze wandelt naar het politiebureau, haar ogen moe, haar hart triest. Ze komt er om negen uur aan, maar de deuren zijn nog niet open. Ze wacht, stampt met haar voeten en blaast haar handen warm. Ze denkt aan de brieven, aan Hani en aan Frieda.

Een agent doet de deur open.

Binnen is het warm en Miriam voelt haar vingers, wangen en tenen tintelen. 'Ik ben hier om iemand te spreken over Eva. Haar achternaam is Bertrandt, geloof ik.'

Ze wordt naar een plastic stoel in de wachtruimte gebracht.

'Is ze hier nog?'

'Ja. Ze is hier vannacht vastgehouden.'

'Is ze gearresteerd?'

'Niet dat ik weet. Ik ben net binnen, dus geef me een paar minuten om op gang te komen. Koffie?'

'Nee, dank u.'

Ze kijkt naar het verspringen van de wijzers van de klok en stelt zich Eva voor, ineengedoken op een brits in een kleine, grijze cel, koud en onnoemelijk alleen. Wéér gevangen achter een muur. Er gaat een huivering van kou en angst door haar heen. Als haar handen weer wat warmer zijn, trekt ze haar jas uit.

'U bent een vriendin van Frau Bertrandt?' De agent staat naast haar met wat papieren in zijn hand die hij snel doorkijkt.

'Ja.'

'Wilt u met me meelopen?'

Miriam staat op en als ze de jonge agent volgt, kan ze het niet laten om iets te zeggen: 'Ik ben gisteren ondervraagd en toen ik wegging, stond Eva aan de balie. Ze bekende iets wat ze zou hebben gedaan. Dat had ze niet moeten doen. Ik denk dat ze het deed om mij te redden, maar ik hoefde niet gered te worden. We hebben allebei niets verkeerds gedaan.'

'Hm,' reageert de agent en hij wijst op een stoel in precies zo'n kamertje als waarin ze gisteren was, alleen is deze tafel glanzend wit.

'Ik zie hier,' zegt hij, terwijl hij door de papieren bladert, 'dat ze is ondervraagd en vannacht hier is gehouden. Als dat nodig blijkt, zal ze zo een verklaring moeten ondertekenen en zich beschikbaar moeten houden voor vragen van de politie omdat ze getuige is geweest van een misdaad. Een misdaad tegen u, zo te zien.'

'Niet tegen Axel?'

'Herr Voight blijkt niet in staat zich te herinneren wat hem is overkomen.'

'Hoezo?'

'Ik vermoed dat de feiten die we hem hebben voorgelegd, inclusief die van uw verwondingen, zijn verhaal niet de impact geven waarop hij had gehoopt,' zegt de agent minachtend. 'We hebben ook een brief ontvangen die uw verklaring ondersteunt, geschreven door...' – hij kijkt in het dossier – '... een verpleegkundige, ene mevrouw Hensher, waarin ze verklaart dat uw echtgenoot gewelddadige neigingen had en dat de vragen over uw mentale gezondheid niet relevant meer zijn nu u bij hem weg bent.'

'Hoe weet Hilda wat er is gebeurd?'

'De brief is meegebracht door Frau Bertrandt,' zegt de agent. 'Ik denk dat men hoopt dat dit, hoewel ernstig, zal worden beschouwd als een huiselijke ruzie en er geen verdere actie nodig is. Ik wil u wel aanraden, en dat zal ik uw echtgenoot ook aanraden, om uit elkaars buurt te blijven.'

'Dank u.'

Eva komt de receptieruimte kleintjes en gekreukeld binnen. Haar gezicht lijkt ingevallen en ze ziet er erg oud uit. Haar witblonde haar is grijs in het tl-licht.

'Ben je hier voor mij?'

Miriam geeft geen antwoord maar laat haar tas en jas op de stoel vallen en omhelst Eva stevig. 'Jij kwam ook naar mij toe,' zegt ze en ze kust Eva's koude wang.

Ze beginnen allebei te huilen, waarop de agent een doos tissues op de balie zet. Ze drogen hun ogen en glimlachen wat verlegen naar elkaar.

'Kan ik je naar huis brengen?'

Miriam belt met de telefoon op de balie een taxi en even later zitten ze in een oververhitte auto die naar rook en leer ruikt.

Eva wrijft haar handen om ze te warmen. 'Zou je heel boos zijn op me...' fluistert ze.

'Huh?'

'Ik zag op het politiebureau iets in het dossier zitten. En dat heb ik eh... meegenomen,' bekent Eva zachtjes terwijl ze verder naar Miriam toe schuift in de hobbelende auto. Ze haalt wat papieren uit haar mouw. 'Ik kon ze daar niet laten liggen.' Ze geeft de papieren aan Miriam.

'Dat zijn de scheidings...' zegt Miriam zo hard dat haar stem ervan overslaat. Dan begint ze te kuchen.

'Sst,' zegt Eva en ze slaat de pagina's om. 'Kijk.' Ze wijst op een pagina die wordt gedomineerd door Axels handtekening.

Miriam staart naar het papier en dan naar Eva. 'Denk je...' begint ze, maar dan richt ze zich tot de chauffeur. 'Sorry...' Ze slikt moeizaam en zegt dan luider: 'Kunnen we alstublieft een tussenstop maken?' Ze geeft een adres op en de taxi slaat een smalle straat in, manoeuvreert voorzichtig langs de geparkeerde auto's en draait weer de Neuerstraße op.

Als ze stil blijven staan, stapt Miriam uit en drukt ze op de bel van het appartement boven de winkel.

Eva wacht in de taxi. De meter loopt door.

'We zijn gesloten,' zegt David Abbott, die zijn ogen uitwrijft en een dikke gebreide trui aanheeft. 'O, Frau Voight, is er iets aan de hand?'

'Sorry dat ik u stoor, maar ik heb deze,' – ze overhandigt hem de papieren – 'en wilde ze niet via de post versturen.'

'Hij heeft getekend?' vraagt David Abbott, terwijl hij de papieren openvouwt.

'Hij heeft getekend.'

Terug in de taxi glimlacht Miriam blij en zegt: 'Dank je wel', wat natuurlijk bij lange na niet uitdrukt hoe dankbaar ze Eva is.

'Ik sterf van de honger,' zegt Eva. 'Zullen we feestelijk gaan ontbijten om het te vieren?'

Miriam knikt. Ze kan niet begrijpen hoe het kan dat Axel heeft getekend.

'Kunnen we eerst langs mijn huis zodat ik me kan opfrissen? En ik heb nog iets voor je,' zegt Eva.

Miriam knikt en Eva vertelt de chauffeur waar ze woont. Als ze er zijn, wacht Miriam met het raampje open in de taxi.

Eva verdwijnt achter een rode deur in een gebouw dat lijkt op het appartementengebouw waar Miriam woont.

Miriam vervalt in gepeins. Er is zoveel veranderd in zo'n korte tijd. Een paar weken geleden stond de Muur nog overeind, had ze Eva nog niet ontmoet en was haar vader nog gezond. Maar ze zou de tijd niet terugdraaien. Ze begrijpt haar vader nu beter, ze heeft een vriendin, en zelfs Hilda heeft haar uiteindelijk gesteund. Ze heeft een kans op bevrijding en dat is niet bevrijding door haar eigen dood.

'Waarom had je de brieven en de jurk meegenomen?' vraagt ze als Eva weer de taxi in stapt.

Ze heeft zich verkleed en ruikt naar tandpasta.

'Ik was bang.'

'Voor de politie?'

'Ja, maar dat was het niet alleen. De laatste brieven... Ik wilde niet dat je die in je eentje las. Ik wilde niet dat je wakker zou worden en ze zou gaan lezen. Ik wilde je beschermen, denk ik.'

'Hoezo?'

'Er is nog één brief... Ik heb ze allemaal vertaald en heb het gevoel dat ik je de laatste tijd heb leren kennen...' Eva stopt met praten als de taxi stilstaat voor een stoplicht. Pas als de auto optrekt, praat ze weer verder. 'Ik ben teruggekomen om alles terug te brengen, maar je was er niet. En toen die man vertelde dat je was gearresteerd, ben ik meteen weggegaan om te zien wat ik kon doen om je te helpen.'

'Lionel heeft je verteld dat ik was gearresteerd?'

'Ja, en ik wist dat het allemaal mijn schuld was. Ik ben naar de artsenpost gegaan. Ik had Hilda ontmoet toen de slotenmaker bij je was, en dus kende ze mijn gezicht. Ik heb haar om een brief gevraagd om te bewijzen dat je niet krankzinnig bent, in de hoop dat dat voldoende zou zijn. Toen heb ik alles teruggelegd in je appartement en ben ik naar het politiebureau gegaan.'

'Gelukkig wás het voldoende... Eva, je hebt mijn leven gered en me zo geholpen... Je bent een echte vriendin. Dat betekent heel veel voor me.'

'Dank je. En voor mij betekent dat ook heel veel.' Eva zegt een tijdje niets terwijl de taxi door het verkeer zigzagt.

De paleistuinen en de Spree zijn stil en verlaten en de lucht is grijs.

Het vooruitzicht op een heel nieuw leven... Ongelofelijk.

Ze betalen de taxi en lopen langzaam door de drukke straten. Bij de Neufertstraße steken ze over en lopen een paar meter tot de kruising, waar, tussen een fietsenwinkel en een oud Italiaans restaurant in, een groot, groen gebouw met aan de voorkant maar één klein raam staat.

'Hier?' vraagt Miriam terwijl ze blijft staan.

'Ja? Is dat niet goed?'

'Ik kwam hier altijd met mama,' zegt Miriam.

Eva houdt de deur voor haar open en de geur van warm brood komt hun tegemoet.

Miriams maag rammelt.

Het is rustig in het café, er zit alleen een ouder stel thee te drinken uit mooi beschilderde porseleinen kopjes. De wand hangt vol met foto's van Parijs. Eronder staan tafeltjes en stoeltjes in een lange rij. De spiegel ertegenover is beslagen van de warmte. Er staat een toonbankvitrine vol taartjes, cakejes en belegde broodjes.

'Waar heb je zin in?' vraagt Eva, en ze wijst op de vitrine terwijl een serveerster erachter met haar pen boven een notitieblokje wacht op hun bestelling.

Miriam kijkt wat de specialiteit van de dag is en kiest een *Lebkuchen* die ruikt naar Kerstmis, gember en warmte.

Eva kiest een veel groter stuk taart met glazuur erop.

Even later lopen ze met hun bordjes en koffies naar een tafeltje bij het raam.

Miriam richt haar aandacht op haar Lebkuchen en probeert niet om zich heen te kijken, maar ze is zich hinderlijk bewust van het feit dat ze bij het raam zit. Dat ze de straat kan zien.

'Wat is er?' vraagt Eva.

'Niks.'

Eva neemt een slokje koffie. 'Op de vrijheid,' zegt ze.

'Ik kwam hier vroeger met mama,' zegt Miriam zonder acht te slaan op Eva's toast. Ze neemt ook een slokje koffie. Hij smaakt bitter.

Eva neemt een hap van haar taart.

'We hebben hier geluncht. De laatste keer dat ik haar zag. Niet dat we toen een hap door onze keel kregen...'

Het was een heldere dag. Mama had een zwarte jurk met een grijze bies aan; ze zag er prachtig uit en had haar witte haar, zoals meestal, opgestoken. Allebei hadden ze slechts een beetje gespeeld met het eten op hun bord en er nauwelijks een hap van genomen.

'Waarom is papa niet meegekomen?'

'Je weet waarom. We hebben je zo enorm gemist. Je woont vlakbij, maar we zien je nauwelijks. Papa wil niet dat je nog verder weggaat van ons.'

'Jij vraagt me niet om te blijven?'

'Dat kan niet.' Ze zuchtte diep. 'Axel is je man, je bent met hem getrouwd, je moet met hem mee. En bovendien, het is maar een paar uurtjes met de bus, toch?'

Er viel een stilte die zich uitrekte. Miriam staarde naar de ouderdomsvlekken op de handen van haar moeder en probeerde er niet aan te denken hoe erg ze haar zou missen. Maar ze kon die gedachte niet uit haar hoofd zetten. 'Ik mis je,' zei ze. De tranen drongen achter haar ogen.

'Ik mis jou ook, Miriam. Wat moet ik zonder jou?' Haar moeder bracht haar servet naar haar gezicht en depte haar ooghoeken.

'Alsjeblieft, mam, niet huilen. Je leeft al jaren zonder mij en bovendien heb je papa,' zei ze lachend. 'Ik wil helemaal niet weg hier.'

Haar moeder ademde diep in. Ze schoof haar bord weg en pakte Miriams beide handen. 'Soms moeten we dingen verduren in een huwelijk om het te laten werken. Het komt allemaal wel goed. Je bent samen met Axel. Hij houdt van je. Jullie krijgen een nieuwe start in Wolfsburg – het schijnt er prachtig te zijn en nu je je kindje bent verloren, is frisse lucht precies wat je nodig hebt om weer gelukkig te worden.' Ze glimlachte.

Miriam gaf haar een zoen op haar wang. 'Ik hou van je.'

'Kom, we nemen een toetje! Om jullie nieuwe start te vieren.'

Miriam tuurde naar de straat, terwijl haar moeder naar de toonbank liep om nog iets te bestellen.

Zijn rode auto stond aan de overkant geparkeerd. Hij zat erin. Hij had het raampje omlaaggedraaid zodat ze hem kon zien.

Toen haar moeder terugkwam zei ze: 'We krijgen chocolademousse en roomijs. Ze komen het zo brengen.'

'Ik moet gaan.'

'Huh? Hoezo?' vroeg haar moeder terwijl ze ging zitten en haar servet op haar schoot legde.

'Axel staat buiten te wachten.'

'Maar hij zei dat hij je later bij ons thuis zou ophalen, zodat je je vader ook nog even ziet.'

'Kijk.' Miriam wees.

Toen haar moeder naar buiten keek, stapte Axel uit. Hij leunde met zijn armen op het dak. Zijn ogen gingen verborgen achter zijn zonnebril.

'Sorry, mam.'

Haar moeders gezicht betrok. Ze zag er plotseling totaal ontmoedigd uit. Haar hele lichaam zakte in en haar servet viel van haar schoot.

Miriam boog zich naar haar toe om haar een kus te geven, maar haar moeder keek niet op. Dus zoende ze haar snel op haar zachte, golvende haren. 'Ik hou van je.'

'Goede reis,' reageerde ze en ze ademde beverig in. 'Bel je me?'

'Zodra we gesetteld zijn. Beloofd.' Miriam pakte haar tas en draaide zich om.

'Ik hou ook van jou, lieverd. Doe voorzichtig.'

Miriam was de straat overgestoken. Haar ogen zwommen van de tranen.

Dat was de laatste keer dat ze haar moeder had gezien. Ze had in Wolfsburg gewoond, vijf jaar lang, twee uurtjes van haar vandaan, en was maar één keer teruggekomen.

Voor haar moeders wake.

Miriam zet haar bordje rinkelend op het tafeltje neer. 'Sorry Eva, wat zei je?' Ze veegt met een hand over haar ogen.

'Gaat het?'

'Hoewel Frieda van papa hield en papa ook van haar moet hebben gehouden, verandert dat er voor mij niets aan. Ik hou heel erg veel van mama. Het doet pijn, echt pijn, dat ze er niet meer is.'

Eva zet haar kopje neer en steekt het laatste hapje taart in haar mond. Dan pakt ze haar tas, haalt er een papier uit en schuift dat zonder iets te zeggen naar Miriam toe. De brief beslaat één kantje van een A4'tje en zoals gewoonlijk heeft Eva haar vertaling eraan vastgemaakt.

Miriam haalt diep adem. 'De laatste?'

'Ja.'

Ze pakt het papier op en begint te lezen.

Henryk,
Hani offerde zichzelf op zodat ik kon leven. Ze was zo dapper, zo moedig, ze is in mijn plaats gestorven.

Matka hielp me. Voeden. Voeden. Voeden.

En toen vertrokken op een dag alle bewakers, met al het eten en alle gevangenen die konden lopen. De rest sloten ze op. Ik kon niet lopen. Ik kon niet eten. Ik bleef.

De volgende dag werd het kamp bevrijd.

We werden gered en de soldaten spraken Engels en ik hield me stil. Ik kwam in het ziekenhuis terecht met de baby. Ze groeide! Een wonder.

Emilie is bij me op bezoek geweest hier. Ik ben heel ziek maar de baby maakt het goed en wordt goed verzorgd op de babyafdeling. Ik zag Emilie in de deuropening van mijn kamer staan. Ze aarzelde. Ik neem aan dat ik totaal niet lijk op de 'Frieda' die zij kende. De verpleegster die de deur opende bevestigde dat ik tyfus had. 'Ze heeft nog maar een paar dagen te leven,' waarschuwde ze.

Het voelt zo vreemd om te horen dat ik nog maar een paar dagen heb, terwijl ik zo lang heb gevochten voor mijn leven.

Ik ben stervende, Henryk. Ik schrijf dit aan je terwijl Emilie naar me kijkt. Ze staat op een afstand, tegen de andere muur, met onze dochter in haar armen.

Ik ruik oranjebloesem en babymelk en ik zie geluk. Puur geluk. Ik ga dood maar ik laat iets moois achter. Je hebt al mijn brieven, je hebt onze dochter en je hebt mijn liefde.

Alsjeblieft, vergeet me niet.

Alles wat ik nog heb zijn beelden en Emilies belofte dat ze voor de baby en voor jou zal zorgen.

Emilie komt ook vaak zónder de baby. Dan houdt ze mijn hand vast. Ze huilt.

En het enige wat ik weet is dat ik jou wil zien voor ik doodga.

Ik vraag alleen maar naar jou.

Zodat ik afscheid van je kan nemen...

40

MIRIAM

De lucht om haar heen lijkt in haar oren te trillen, alsof ze onder water zit. Haar voeten zijn verlamd, aan de grond vastgenageld.

'Ik snap het niet,' zegt Miriam.

'Kijk eens op de achterkant,' zegt Eva.

Frieda stierf op 14 februari 1945 om 04.00 uur. Haar baby overleefde.

'Dat is het handschrift van mijn moeder!' Miriam kijkt nog een keer. 'Dus mama wist het?' Haar hoofd zit plotseling vol watten en ze kan niet denken. 'Wat betekent dit?'

'Ik denk...' zegt Eva, terwijl ze Miriams hand over de tafel vastpakt, '... ik denk dat dit betekent dat jij de baby bent...'

Miriam is stil.

De herrie in het café teistert haar oren, maar ze kijkt naar Eva's sterke gezicht en haar hand ligt in Eva's zachte, warme hand en dan kijkt ze weer naar de brief. 'Wát?' Abrupt staat ze op, maar het bloed schiet naar haar hoofd en het café tolt plotseling om haar heen. 'Ik bedoel... Néé!' Ze laat zich terug op haar stoel vallen, wacht in de hoop er iets van te begrijpen. 'Dat kunnen we niet weten,' zegt Miriam. 'We weten niet of de baby is blijven leven, we weten niet eens of mama het kindje heeft meegenomen.' Miriam kijkt Eva aan. 'Was dit alles?'

'Ja, toen ik de jurk mee naar huis had genomen, heb ik gecheckt of er nog ergens iets verstopt zat, iets wat jou zou helpen,' zegt Eva.

'En?'

Eva schudt haar hoofd.

'Je kunt haar niet zomaar van me afnemen! Ik bedoel, dit, de brieven... Ik héb haar al een keer verloren, Eva. Alsjeblieft. Hou op,' zegt Miriam en ze verlangt opeens heel erg naar haar moeder. Die zou dit wel rechtzetten.

Miriam weet wel dat het niet Eva's fout is, maar zij heeft het wel vertaald. 'Je had deze brief helemaal niet aan me hoeven geven. Waarom moet ik dit weten?' vraagt ze. 'Waarom?'

'Omdat je het verdient de waarheid te kennen. Het is niet aan míj om te besluiten iets achter te houden voor je. Je ouders hebben je erg beschermd. Dat is niet slecht, maar misschien ben je wel veel sterker dan je zelf beseft,' zegt Eva voorzichtig.

'Waarom hebben ze het me niet verteld?'

'Dat weet ik niet, maar Miriam, als het waar is, als je Frieda's kind bent...'

'Áls,' zegt Miriam. 'Een heel grote "als"! En zelfs als het waar is, dan blijft mama mijn moeder.'

'Natuurlijk, dat blijft ze altijd. Maar denk eens aan de kracht die je had om te overleven, vanaf het allereerste begin? Als jij dit bent en dit ook jóúw verhaal is...' Eva maakt haar zin niet af. 'Ik vond dat je het moest weten.'

Hoe langer Miriam erover nadenkt, hoe beter ze het begrijpt. Haar vader roept om Frieda. Misschien... Maar misschien roept hij niet omdat hij naar Frieda op zoek is, misschien probeert hij haar, Miriam, te vertellen dat ze het kind van Frieda is. Of... Haar gedachten struikelen over elkaar. Of misschien denkt papa dat zij Frieda ís? Het is zo lang geleden... Lijkt ze op Frieda?

'Ik zal nooit iets zeker weten, hè? De enige die kan weten hoe het is gegaan, is dood. Mama was mijn beste vriendin. Dit...' –

ze wappert met de brief – '... kan dat niet van me afnemen. Dat laat ik niet toe.'

'Niets kan je herinneringen van je afnemen. Je moeder heeft veel van je gehouden, dat weet ik zeker.'

'En Frieda?'

Eva staat op, loopt om de tafel heen en trekt Miriam overeind. Ze slaat haar armen stevig om haar heen en er ontsnapt een onderdrukte jammerkreet uit Miriams keel.

Als ze zich losmaakt uit Eva's armen ziet ze haar eigen verdriet weerspiegeld in Eva's ogen. De andere gasten kijken naar hen. 'Ik wil weg hier,' zegt Miriam.

Eva rekent af en ze lopen naar buiten.

Miriam blijft plotseling stilstaan en haalt de laatste brief weer tevoorschijn; het verdriet in de brief van Frieda lijkt door haar huid heen te dringen en zich in haar binnenste te nestelen, alsof het haar eigen pijn is.

Is haar vader bij Frieda geweest toen ze stervende was? Of is ze alleen gestorven? Zonder hem?

Als ze na een tijdje wat rustiger is, gaat ze naar Eva toe, die een eindje achter haar heeft staan wachten, en pakt haar hand. Samen lopen ze de straat af.

Eva zegt niets; ze geeft Miriam de tijd om bij te komen.

De kerstversieringen hangen nog als juwelen in de bomen en aan de lantaarnpalen. Ze lopen totdat het zo druk is op straat dat er bijna geen doorkomen aan is. Ze wandelen naar de andere kant van Ruhwald Park. Overal om hen heen klinkt vrolijk gebabbel terwijl ze in de richting van het hospice lopen.

Miriams hoofd voelt alsof het uit elkaar gaat barsten van alle gedachten, de brieven, de verloren levens...

Dan klinkt er een stem op, zo helder als een vogel die naar de hemel vliegt. Iedereen stopt met praten en kijkt omhoog, het is alsof ze een engel horen.

Eva legt haar hand op Miriams onderarm. Niemand zegt

iets. Het lied doet de tijd stilstaan voor iedereen die het hoort en Miriam voelt zich kalm worden. Het is een stem zonder begeleiding, één stem die opklinkt naar de hemel en Miriam meeneemt naar een andere tijd en plaats.

Ze herinnert zich een jaar vlak voor Kerstmis, toen haar vader laat thuiskwam.

'Het spijt me, hebben jullie het allemaal zonder mij gedaan?' riep hij vanuit de deuropening.

'Bijna,' zei Miriam.

Hij kwam de kamer in en gaf hen allebei een zoen: mama, die de bovenste helft van de boom aan het versieren was, en Miriam, die een lintje strikte om een klein presentje dat ze voor Axel had gekocht. Haar vader trok zijn das los en zette zijn aktetas op tafel.

'Is hij er al?'

'Nog niet.' Mama klonk helemaal opgewonden.

'Hoe is hij?'

'Super,' verklaarde Miriam giechelend. 'Je zult hem leuk vinden, mam.' Er borrelde iets uitgelatens in haar op, ze kon niet ophouden met glimlachen.

'Wat moet ik nog doen?' vroeg haar vader.

'De piek, zoals elk jaar,' antwoordde mama.

De boom was prachtig, goud met zilver. De radio speelde zachtjes kerstliederen.

Miriam gaf de piek aan haar vader en hij zette hem op de top van de boom.

'Aftellen!' zei hij en Miriam liep naar het lichtknopje en deed het licht uit, zodat ze opeens in het donker stonden.

'Drie... twee... één!' telden ze alle drie en mama knipte de lichtjes van de kerstboom aan.

De piek schitterde. Miriam keek toe hoe haar vader de strik van haar moeders schort lostrok, het afdeed en over de rug van een stoel hing. Toen pakte hij haar hand in de zijne.

Haar moeder stapte in zijn armen en hij walste haar de kamer rond. 'Pas op de kerstversiering,' zei haar moeder nog terwijl ze hem glimlachend in de ogen keek.

Miriam keek toe terwijl ze een paar rondjes door de kamer dansten, zo gracieus; haar moeders rok zweefde om haar heen zodat ze zelf wel een engeltje leek dat in de boom moest hangen. Haar wangen waren rood en haar opgestoken haar was scheefgezakt. Miriam hoopte dat ze zich al snel net zo gelukkig zou voelen als haar moeder, maar dan in de armen van Axel.

'Gelukkig kerstfeest, Emilie,' zei haar vader en hij kuste haar vol op haar mond. Miriam zag mama blozen onder zijn blik.

'Gelukkig kerstfeest,' reageerde ze. Ze bleef stilstaan om haar haar goed te doen terwijl haar vader haar tegen zich aan trok.

'Gelukkig kerstfeest, Mir,' zei papa en hij gaf haar een zoen op haar wang.

Haar hart stroomde over van geluk; het was bijna Kerstmis.

Het applaus van de menigte begint langzaam en aarzelend, maar wordt dan luid en enthousiast, doorspekt met gefluit en gejuich, waardoor Miriam weer terug is in het heden.

Het orkest begint te spelen en het publiek deint mee op de muziek; het volgende nummer klinkt. Miriam kijkt naar voren en ziet een jongetje staan dat een slok water neemt en wordt omringd door volwassenen. Het was zíjn stem die ze net hebben gehoord.

Miriam legt haar hand op Eva's arm.

'Gaat het?' vraagt Eva.

'Ik ben dubbel gezegend... Maar ik vraag me af of papa het wist en ik moet hem gaan vertellen wat er in de brieven staat. Ook al is het het einde. Dat heb ik hem beloofd.' Ze doet een paar passen en draait zich dan om naar Eva.

Haar moeders stem flitst door haar hoofd. 'Het enige wat we kunnen doen is hun einde zo kalm en vredig mogelijk maken,' zei ze. Miriam ademt diep in. Ze kan dit. Ze kan dit voor hem doen.

Bij de ingang van het hospice kijkt ze omhoog. De maan staat aan de hemel, omgeven door heldere sterren, en het is net of de sterren vallen.

Het zijn witte vlokken.

Het sneeuwt.

Miriam steekt haar hand uit en vangt de vlokken in de palm van haar hand. Ze kijkt omhoog en bewondert de schoonheid van iets wat zo vluchtig is.

'Hun as stijgt zwart op, maar valt wit,' zegt ze. 'Dat zei papa altijd als het sneeuwde, dat de as van degenen die we hadden verloren met elke vlok omlaagviel om te landen op hun geliefden. "Sneeuwvlokkusjes". Toen ik klein was, begreep ik het nooit echt, maar ik moest altijd lachen als de sneeuwvlokkusjes papa-en-mamakusjes werden. Hoe het ook zit, ze hielden van me.'

'Dat geloof ik zeker. Ik wacht wel op je, voor als je me nodig hebt. Oké?' zegt Eva, maar Miriam kijkt naar de smeltende sneeuwvlokken op haar handpalm. In gedachten hoort ze de stem van haar vader. Ze voelt zijn gehandschoende hand om de hare, zijn ademwolkjes mengen zich met de verse witte sneeuw.

'Met elke sneeuwvlok die smelt, geeft iemand die er niet meer is je iets. Een cadeau, iets van zichzelf,' had papa verteld.

Miriam denkt aan de konijntjes en Hani, Frieda en haar moeder en alle anderen die dood en vergeten zijn. Als het steeds harder gaat sneeuwen, vraagt ze zich af of de doden misschien heel erg veel cadeaus te geven hebben.

Miriam voelt dat Eva haar arm vastpakt en de deur openduwt. Binnen wachten ze bij de kerstboom tot Sue komt aanlopen door de gang.

Sue neemt Miriams beide handen in de hare. 'Je vader is heel alert vandaag, maar zijn conditie verslechtert. Ik denk...' zegt

Sue ernstig, terwijl ze Miriam meeneemt naar de kamer van haar vader, '... ik denk dat zijn tijd is gekomen.'

De kamer ruikt flauwtjes naar kruidnagel, naar de voorbije Kerstmis. Sue gaat naar binnen, buigt zich over het bed en pakt haar vaders hand. 'Herr Winter, Henryk, Miriam is hier,' zegt ze en ze knikt naar Miriam om aan te geven dat ze dichterbij moet komen.

Sue draait zich om. 'Ik laat jullie alleen. Er staan nog kerstkoekjes voor je,' zegt ze wijzend en ze strijkt over Miriams arm terwijl ze langs haar heen loopt.

Miriam weet dat ze moet vertellen wat er in de brieven staat. Ze weet dat ze haar vader moet vertellen dat Frieda dood is. Ze weet dat ze hem moet vragen of hij het wist, of hij wist dat ze misschien, heel misschien, een kind van hem en Frieda is.

Maar in plaats daarvan loopt ze naar het bed en geeft ze hem een lichte zoen op zijn voorhoofd.

Ze denkt aan het gedicht en Frieda's briefje dat ze in zijn studeerkamer heeft gevonden en weet hoe ze hem vredig kan laten inslapen.

Hij verdient een gelukkig einde.

HENRYK

Ze is het. Frieda.

Ik kan mijn ogen niet opendoen, maar ze is het.

Na al die jaren.

Ze kust mijn voorhoofd en ik voel de kussen van vroeger; haar hete adem, elektrisch, knetterend, zo direct en rauw dat ik ervan duizel. Op mij. Haar lippen, haar aanraking, het centrum van de wereld. Zo lang geleden...

Een mist, vaag, ik zweef, laat mijn lichaam achter, een leven.

'Henryk.' Ik voel haar inademen, dan zijn haar lippen weer terug op mijn huid. Ze brengt ze naar mijn oor, haar adem zorgt ervoor dat er kippenvel over mijn hele lichaam danst.

'Als de duisternis valt, ben ik jouw licht.'

En ja, dat is ze. Mijn licht en mijn duisternis. Ze leeft.

'Ik hou van je,' zegt ze, met een stem vol tranen. 'Het is goed.'

Frieda zit op het bankje onder de dennenbomen. Haar blonde haar beweegt in het briesje, ze leunt tegen me aan. Ze houdt mijn hand vast, zacht maar stevig. Ze ruikt naar verse sneeuw, rozen en sterren.

Ik omklem haar hand. Ik slik en adem diep in. De stem die uit mijn droge lippen ontsnapt lijkt niet op de mijne, maar ik zeg: 'Frieda.'

December 1990

Het sneeuwde hevig. De vlokken landden met zachte plofjes op de voorruit terwijl de oude Trabant noordwaarts sputterde. Beide vrouwen zwegen, aandachtig, respectvol.

Ze doorkruisten de witte velden, langs bomen en verlaten collectieve boerderijen. Een richtingbord naar Sachsenhausen betekende dat ze op de goede weg zaten – naar Ravensbrück.

Het was zo dichtbij, slechts twee uur rijden van Berlijn.

Ze ademde diep in en wees op de kerktoren van Fürstenburg toen die opdoemde. Ze reden langs het station en ze schudde haar hoofd. Dat bleef ze doen tot ze aan de andere kant van Fürstenburg parkeerden. Er was een met keitjes geplaveid pad dat door de bossen naar het kamp liep. Huizen met schuine daken aan de linkerkant; rechts van hen kwam het meer tevoorschijn: wit, enorm en bevroren.

Dik ingepakt in jassen, dassen en handschoenen, arm in arm, zochten ze voorzichtig hun weg naar de ingang.

Hoge muren en borden in het Russisch. Verder konden ze niet.

Houtduiven koerden boven in de lindebomen, die doorbogen van de sneeuw. Ze bleven staan en staarden over het meer. De kerktoren priemde door de deken van sneeuw zwart de lucht in.

'Ze liggen op de bodem van het meer,' zei ze. 'Allemaal.'

De wind beet in hun wangen, hun ogen. Geen van hen tweeën huilde. Ze stonden in stilte naast elkaar tot hun voeten, benen en armen verdoofd waren van de kou.

Een veertje, klein, donzig en wit, zweefde even vlak voor hen en verdween toen over het ijs.

Dankwoord

Dit boek was er niet geweest zonder de steun van mijn ouders, die in me geloofden lang voordat ík het deed, en lang voordat ik überhaupt iets hád om in te geloven. Ik heb alles aan jullie te danken.

Dank aan Juliet Mushens, die vond dat er iets bijzonders verborgen lag in mijn manuscript en me een contract aanbood, met me werkte, me stimuleerde en uitdaagde. Dit boek zou niet half zo goed zijn zonder jouw aanwijzingen, jouw steun en mijn vastberadenheid je niet teleur te stellen. Dank aan Laura Deacon en iedereen van Lake Union omdat ze mijn boek aan de wereld hebben getoond. Dank aan Arzu Tahsin voor zijn verbeteringen, die een betere schrijver van me maakten.

Ik had dit nooit voor elkaar gekregen zonder mijn vrienden – nieuw en oud. Dank je wel voor het luisteren, me te eten geven, belangstelling tonen maar niet vragen 'hoe vordert het met het boek?' als ik (wéér) aan het herschrijven was, de kopjes thee, de tassen eten, de '*shoe-drills*' en de beloning als ik niet opgaf.

Dank aan mijn 'Slechte Wederhelft', Demo Dan, Shawn en mijn Krav-familie. Aan mijn Faber-vriendinnen Fran, Mandy en Louise en nieuwe schrijversvriendinnen Louise, Priscilla, Lina en Liz. Stuk voor stuk op hun eigen manier uitzonderlijke schrijvers. Dank aan mijn 'mama-vriendinnen', in het bijzonder Beth Hollington, omdat ze me echt begreep en me trouw bleef – terwijl anderen me allang verteld zouden hebben dat ik er beter mee kon stoppen.

En als laatste dank aan Jane Reece, omdat ze zo'n fantastische docent is, aan Fay Weldon, omdat ze me hielp in mezelf te geloven en aan Clint Badlam, omdat hij de persoon achter de pen zag.